清涼國師華嚴經疏鈔

1

청량국사 화엄경소초 55

십지품 ②

청량징관 찬술 · 관허수진 현토역주

운주사

서언

천이백 년 침묵의 역사를 깨고

오늘도 나는 여전히 거제만을 바라본다.
겹겹이 조종하는 산들
산자락 사이 실가닥 저잣길을 지나 낙동강의 시린 눈빛
그 너머 미동도 없는 평온의 물결 저 거제만을 바라본다.
십오 년 전 그날 아침을 그리며 말이다.
나는 2006년 1월 10일 은해사 운부암을 다녀왔다.
그리고 그날 밤 열한 시 대적광전에서 평소에 꿈꾸어 왔던『청량국사 화엄경소초』완역의 무장무애를 지심으로 발원하고 번역에 착수하였다.
나의 가냘픈 지혜와 미약한 지견으로 부처님의 비단과도 같은 화장세계에 청량국사의 화려하게 수놓은 소초의 꽃을 피워내는 긴 여정을 시작한 것이다.
화엄은 바다였고 수미산이었다.
그 바다에는 부처님의 용이 살고 있었고
그 산에는 부처님의 코끼리가 노닐고 있었다.
예쁘게 단장한 청량국사 소초의 꽃잎에는 부처님의 생명이 태동하고 있었고,
겁외의 연꽃 밭에는 영원히 지지 않는 일승의 꽃이 향기를 뿜어내고

있었다.
그 바다 그 산 그리고 그 꽃밭에서 10년 7개월(구체적으로는 2006년 1월 10일부터 2016년 8월 1일까지) 동안 자유롭게 노닐었다.
때로는 산 넘고 강 건너 협곡을 지나고
때로는 은하수 별빛 따라 오작교도 다니었다.
삼경 오경의 그 영롱한 밤
숨쉬기조차 미안한 고요의 숭고함
그 시공은 영원한 나의 역경의 놀이터였다.

애시당초 이 작업은 세계 인문학의 자존심
내가 살아 숨쉬는 이 나라 대한민국 그리고 불교의 자존심에 기인한 것이다.
일찍이 그 누가 이 청량국사의 『화엄경소초』를 완역하였다면 나는 이 작업을 하지 않았을 것이다.
지금도 여전히 완역자는 없다.
더욱이 이 『청량국사화엄경소초』의 유일한 안내자 인악스님의 『잡화기』와 연담스님의 『유망기』도 그 누가 번역한 사실이 없다.
그러나 내 손안에 있는 두 분의 『사기』는 모두 다 번역하여 주석으로 정리하였다.

이 청량국사 화엄경의 소는 초를 판독하지 않으면 알 수가 없다. 그래서 그 이름을 구체적으로 대방광불화엄경수소연의초大方廣佛華嚴經隨疏演義鈔라 한 것이다.

즉 대방광불화엄경의 소문을 따라 그 뜻을 강연한 초안의 글이라는 것이다.
청량국사는 『화엄경』의 소문을 4년(혹은 5년) 쓰시되 2년차부터는 소문과 초문을 함께 써서 완성하시고 5년차부터 8년 동안 초문을 쓰셨다.
따라서 그 소문의 양은 초문에 비하면 겨우 삼분의 일에 지나지 않는다 할 것이다.

나는 1976년 해인사 강원에서 처음 『청량국사화엄경소초 현담』 여덟 권을 독파하였고,
1981년부터 3년간 금산사 화엄학림에서 『청량국사화엄경소초』를 독파하였다.
그때 이미 현토와 역주까지 최초 번역의 도면을 완성하였고, 당시에 아쉽게 독파하지 못한 십정품에서 입법계품까지의 소초는 1984년 이후 수선 안거시절 해제 때마다 독파하여 모두 정리하였다.

그러나 번역의 기연이 맞지 않아 미루다가 해인사 강주시절 잠시 번역에 착수하였으나 역시 기연이 맞지 않아 미루었다.
그리고 드디어 2006년 1월 10일 번역에 착수하여 2016년 8월 1일 십만 매 원고로 완역 탈고하고, 2020년 봄날 시공을 초월한 사상 초유 『청량국사화엄경소초』가 1,200년 침묵의 역사를 깨고 이 세상에 처음 눈을 뜨게 된 것이다.

번역의 순서는 먼저 입법계품의 소초, 다음에는 세주묘엄품 소초에서 이세간품 소초까지, 마지막으로 소초 현담을 번역하였다.
번역의 형식은 직역으로 한 글자도 빠뜨리지 않고 번역하였다. 따라서 어색하게 느껴지는 곳도 있을 것이다.
예를 들면 소所 자를 "바"라 하고, 지之 자를 지시대명사로 "이것, 저것"이라 하고, 이而 자를 "그러나"로 번역한 등이 그렇다.
판본은 징광사로부터 태동한 영각사본을 뿌리로 하였고, 대만에서 나온 본과 인악스님의 『잡화기』와 연담스님의 『유망기』와 또 다른 사기 『잡화부』(잡화부는 검자권부터 광자권까지 8권만 있다)를 대조하여 번역하였다.

앞에서 이미 말한 것처럼, 그 누가 청량국사의 『화엄경소초』를 완역한 적이 있었다면 나는 이 번역에 착수하지 않았을 것이다. 지금까지 이 황금보옥黃金寶玉의 『청량국사화엄경소초』가 번역되지 아니한 것은 나에게 주어진 시대적 사명이고 역사적 명령이라 생각한다.
나는 이 『청량국사화엄경소초』의 완역으로 불조의 은혜를 갚고 청량국사와 은사이신 문성노사 그리고 나를 낳아준 부모의 은혜를 일분 갚는다 여길 것이다.

끝으로 이 『청량국사화엄경소초』가 1,200년의 시간을 지나 이 세상에 눈뜨기까지 나와 인연한 모든 사람들 그리고 영산거사 가족과 김시열 거사님께 원력의 보살이라 찬언讚言하며, 나의 미약한 번역으로 선지자의 안목을 의심케 할까 염려한다.

마지막 희망이 있다면 이 『청량국사화엄경소초』의 완역 출판으로 청량국사에 대한 더욱 깊고 넓은 연구와 『화엄경』에 대한 더욱 다양한 연구가 이루어지기를 바라는 것뿐이다.

장세토록 구안자의 자비와 질책을 기다리며 고개 들어 다시 저 멀리 거제만을 바라본다.

여전히 변함없는 저 거제만을.

2016년 8월 1일 절필시에 게송을 그리며

長廣大說無一字 장광대설무일자
無碍眞理亦無義 무애진리역무의
能所兩詮雙忘時 능소양전쌍망시
劫外一經常放光 겁외일경상방광

화엄경의 장대한 광장설에는 한 글자도 없고
화엄경의 걸림없는 진리에는 또한 한 뜻도 없다.
능전의 문자와 소전의 뜻을 함께 잊은 때에
시공을 초월한 경전 하나 영원히 광명을 놓누나.

　　　　　　　　불기 2569년 음력 1월 10일 최초 완역장
　　　　　　　　　　승학산 해인정사 관허 수진

· 청량국사화엄경소초 ·

- 화엄경소초현담華嚴經疏鈔玄談(1~8)

- 화엄경소초華嚴經疏鈔
    1. 세주묘엄품世主妙嚴品
    2. 여래현상품如來現相品
    3. 보현삼매품普賢三昧品
    4. 세계성취품世界成就品
    5. 화장세계품華藏世界品
    6. 비로자나품毘盧遮那品
    7. 여래명호품如來名號品
    8. 사성제품四聖諦品
    9. 광명각품光明覺品
    10. 보살문명품菩薩問明品
    11. 정행품淨行品
    12. 현수품賢首品
    13. 승수미산정품昇須彌山頂品
    14. 수미정상게찬품須彌頂上偈讚品
    15. 십주품十住品
    16. 범행품梵行品
    17. 초발심공덕품初發心功德品
    18. 명법품明法品

- 청량국사화엄경소초 -

19. 승야마천궁품昇夜摩天宮品
20. 야마천궁게찬품夜摩天宮偈讚品
21. 십행품十行品
22. 십무진장품十無盡藏品
23. 승도솔천궁품昇兜率天宮品
24. 도솔천궁게찬품兜率天宮偈讚品
25. 십회향품十廻向品
26. 십지품十地品
27. 십정품十定品
28. 십통품十通品
29. 십인품十忍品
30. 아승지품阿僧祇品
31. 여래수량품如來壽量品
32. 보살주처품菩薩住處品
33. 불부사의법품佛不思議法品
34. 여래십신상해품如來十身相海品
35. 여래수호광명공덕품如來隨好光明功德品
36. 보현행품普賢行品
37. 여래출현품如來出現品
38. 이세간품離世間品
39. 입법계품入法界品

영인본 9책 水字卷

대방광불화엄경수소연의초 제삼십사권의 이권
大方廣佛華嚴經隨疏演義鈔 第三十四卷之二卷

우진국 삼장사문 실차난타 번역
청량산 대화엄사 사문 징관 찬술
대한민국 조계종 사문 수진 현토역주

經

又令得菩薩의 十地始終故며 如實說菩薩의 十地差別相故며 緣念一切佛法故며 修習分別無漏法故며 善選擇觀察大智光明하야 巧莊嚴故며 善入決定智門故며 隨所住處하야 次第顯說無所畏故며 得無礙辯才光明故며 住大辯才地하야 善決定故며 憶念菩提호대 心不忘失故며 成熟一切衆生界故며 能遍至一切處하야 決定開悟故니라

또 하여금 보살의 십지에 처음과 끝을 얻게 하고자 하는 까닭이며
여실하게 보살의 십지에 차별한 모습을 설하게 하고자 하는 까닭이며
일체 불법을 반연하여 생각케 하고자 하는 까닭이며
무루의 법을 닦아 익히고 분별케 하고자 하는 까닭이며
큰 지혜의 광명을[1] 잘 선택하고 관찰하여 교묘하게 장엄케 하고자 하는 까닭이며
결정한 지혜의 문에 잘 들어가게 하고자 하는 까닭이며
머무는 바 처소를 따라 차례로 두려워할 바가 없음을 현시하여 설하게 하고자 하는 까닭이며
걸림이 없는 변재의 광명을 얻게 하고자 하는 까닭이며
큰 변재의 지위에 머물러 잘 결정케 하고자 하는 까닭이며

---

1 광명 "하야" 토는 『잡화기』에 광명 "으로" 토라 하고 아래 초문에 두 가지 해석이 있는 까닭이다 하였다.

보리²를 기억하고 생각하되 마음에 잊지 않게 하고자 하는 까닭이며

일체중생의 세계를 성숙케 하고자 하는 까닭이며

능히 일체 처소에 두루 이르러 결정코 깨닫게 하고자 하는 까닭입니다.

疏

第二에 又令得下에 十句는 依利他行이라 是增數十이니 經有十二句어니와 論經엔 合七八二句일새 故唯十一이니라

제 두 번째 또 하여금 보살의 십지에 처음과 끝을 얻게 하고자 한다고 한 아래에 열 구절은 이타행을 의지한 것이다.
이것은 증수십增數十이니
이 경에는 열두 구절이 있거니와 『십지론경』에는 제칠구와 제팔구³를 합하였기에 그런 까닭으로 오직 열한 구절뿐이다.

---

2 보살菩薩이라고 한 살薩 자는 리提 자가 옳다. 『십지론경十地論經』엔 提 자이다. 『잡화기』에는 본론을 참고한즉 提 자이다 하였다.

3 원문에 七八二句라고 한 것은 十地論엔 다만 隨所住處하야 正說無畏辯才故라고만 말하였다. 역시 『잡화기』의 말이다. 번역하면 『십지론』에는 다만 머무는 바 처소를 따라 두려움이 없는 변재를 바로 설하는 까닭이라고만 말하였다는 것이다.

鈔

第二에 又令得下에 十句는 依利他行은 疏文分二리니 先總明句數開合이라 言增數十者는 依大智度論인댄 數法有二하니 一은 小요 二는 大라 以十爲十에 數狹名小요 少減名狹이며 數寬少增은 名寬名大라 하니 七八等은 名少減이요 十一十二等은 名爲少增이라 今據大數하야 名增數十이니 以十二로 爲十故니라

제 두 번째 또 하여금 보살의 십지에 처음과 끝을 얻게 하고자 한다고 한 아래에 열 구절은 이타행을 의지한 것이라고 한 것은 소문에 두 가지로 나누리니
먼저는 구절의 수를 열고 합한 것을 한꺼번에 밝힌 것이다.
증수십이라고 말한 것은 『대지도론』을 의지한다면 수법數法이 두 가지가 있나니
첫 번째는 소수법이요
두 번째는 대수법이다.
십으로써 십을 삼음에 수가 좁은 것은 소수라 이름하고[4] 조금 감소한 것은 협수라 이름하며 수가 넓은 것과 조금 증가한[5] 것은 관수라

---

4 원문에 명소名小라고 한 것은 응당 바로 아래 명협名狹이라고 한 아래에 있어야 하고, 명대名大라고 한 것은 응당 수관數寬이라고 한 아래에 있어야 할 것이니 각각 한 뜻이다. 역시 『잡화기』의 말이다.
5 원문에 수관數寬 운운은 應云 數寬名大요 少增名寬이라하리라. 번역하면 응당 말하기를 수가 넓은 것은 대수라 이름하고 조금 증가한 것은 관수라 이름한다 해야 할 것이라는 것이다.

이름하고 대수라 이름한다 하였으니
일곱 구절과 여덟 구절 등은 소감수少減數라 이름하고 열한 구절과
열두 구절 등은 소증수少增數라 이름하는 것이다.
지금에는 대수를 의거하여 증수십이라 이름한 것이니
열두 구절로써 십十을 삼은 까닭이다.

疏

初句爲總이요 餘十爲別이라 總中始者는 內起信欲하고 外近善友
하야 聽聞이요 終者는 憶念任持所聞地法이니 地地皆爾일새 故云
十地始終이라하니 此約敎行이라

처음 구절은 총이 되고 나머지 열 구절[6]은 별이 되는 것이다.
총구 가운데 처음이라고 한 것은 안으로 믿음의 욕망을 일으키고
밖으로 선지식을 친근하여 법문을 듣는 것이요
끝이라고 한 것은 들을 바 십지의 법문을 기억하여 생각하고 맡아
가지는 것이니
지위 지위가 다 그러하기에 그런 까닭으로 말하기를 십지의 처음과
끝이라 하였으니
이것은 교敎와 행行을 잡은 것이다.

---

6 나머지 열 구절이라고 한 것은 차경此經은 열두 구절이고 『십지론』은 제칠구와
  제팔구를 합하여 십일구이니 이것은 『십지론』을 의지하여 말한 것이라 하겠다.

鈔

初句爲總下는 正釋文이라 先釋總句中에 依論有二解하니 一은 就敎行解요 二는 敎證相對解라 前中에 始於地法에 決定名信이요 信增名欲이니 欲是信果故니라 依欲趣法일새 名爲親近이요 攝法在心일새 故名憶念이요 念法不失일새 故說爲持니 地法은 是其所持니라 地地皆爾일새 故云十地始終者는 疏結釋經文이요 非論文也니라 十入은 約次位요 始終은 約行修이니 行位並擧니라 如下經云호대 復應於諸佛과 善知識所에 請問第二와 第三地等의 相及得果는 爲欲成就彼地法故等이 皆其例也니 明知하라 地地之內에 皆有始終하니라 問이라 何故로 自利云入이라하고 利他云始終이라하닛고 答이라 自利는 以入證爲本일새 故皆云入이라하고 利他는 令知性相일새 故有始終이라하니라

처음 구절은 총이 된다고 한 아래는 바로 경문을 해석한 것이다. 먼저는 총구를 해석한 가운데 『십지론』을 의지함에 두 가지 해석이 있나니
첫 번째는 교와 행에 나아가 해석한 것이요
두 번째는 교와 증을 상대하여 해석한 것이다.

앞의 교와 행에 나아가 해석한 가운데 처음으로 십지법문에 결정하는 마음은 이름이 믿음이 되고
믿음이 증장하는 것은 이름이 욕망이 되는 것이니

욕망은 이 믿음의 결과인 까닭이다.
욕망을 의지하여 법에 나아가기에 이름을 친근한다 하고
법을 섭수하는 것이 마음에 있기에 그런 까닭으로 이름을 기억하여 생각한다 하고
법을 생각하여 잃지 않기에 그런 까닭으로 말하기를 가진다 한 것이니
십지의 법은 그 보살이 가질 바인 것이다.

지위 지위가 다 그러하기에 그런 까닭으로 말하기를 십지의 처음과 끝이라고 한 것은 소가가 경문을 맺어 해석한 것이고 『십지론』 문이 아니다.
열 가지 들어간다[7]고 한 것은 지위의 차례[8]를 잡은 것이요
처음과 끝이라고 한 것은 수행을 잡은[9] 것이니
수행과 지위를 함께 거론한 것이다.
저 아래 경[10]에 말하기를 다시 응당 모든 부처님과 선지식의 처소에서 제이지와 제삼지 등의 모습과 그리고 과보를 얻는[11] 것을 청문하는

---

7 원문에 십입十入이라고 한 것은 전영입지지고前令入智地故 이하에 十句이니 즉자리卽自利요, 금차십구今此十句는 즉이타卽利他이다. 혹 십입十入은 십지十地라 하기도 하나 미상未詳이다. 『잡화기』는 십입十入은 십지十地의 잘못(誤)이라 하였다. 십입은 전 영인본 화엄 8책, p.831, 9행 이하 십구이다.
8 원문에 차위次位는 位次이다.
9 원문에 행수行修는 修行이다.
10 원문에 하경下經은, 즉 초지경문初地經文이다.
11 원문에 상급득과상及得果는 相은 처음이요 果는 끝이니 『잡화기』도 이와

것은 저 지위의 법을 성취케 하고자 하기 위한 까닭이다 한 것과 같은 등이 다 그 예이니,

분명히 알아라. 지위 지위의 안에 다 처음과 끝이 있는 것이다.[12]

묻겠다.

무슨 까닭으로 자리를 들어간다(入) 말하고[13] 이타를 처음과 끝이라 말하는가.

답하겠다.

자리는 들어가 증득하는 것으로써 근본을 삼기에 그런 까닭으로 다 들어간다 말하고

이타는 하여금 성상性相을 알게 하기에 그런 까닭으로 처음과 끝이 있다[14] 한 것이다.

같이 말하였다.

12 원문에 지지지내개유시종地地之內皆有始終은 위에서 인용한 하경下經인 초지경初地經 중에 처음과 끝이다.

저 초지경初地經에 묻고 알고 행하고 이르는(問·知·行·到) 사단四段이 있나니 묻고 아는 것은 처음(始)이 되고, 행하고 이르는 것은 끝(終)이 되는 것이다. 그러나 이 가운데는 다만 묻는 단락(問段)만 성립하고 나머지 삼단三段은 等 자로써 등취等取하였다. 자세한 것은 아래 곤자권崑字卷 下卷 三十八丈에 있으니 살펴볼 것이다. 역시 『잡화기』의 말이다.

13 원문에 자리운입自利云入은 전십구입前十句入을 自利라 하는 것이다.

14 처음과 끝이 있다고 한 것은 상相은 처음이고 성性은 끝이니 구중九重의 교教와 증證이 다 교상教相과 증성證性을 상대한 까닭이다. 역시 『잡화기』의 말이다. 구중의 교와 증은 바로 다음 다음 소문에 있다.

疏

復有阿含爲始하고 以證爲終하니 則前皆是敎니라

다시 어떤 사람은 아함(敎)으로써 처음을 삼고
증證으로써 끝을 삼나니
곧 앞[15]은 다 이 교敎인 것이다.

鈔

復有阿含爲始下는 第二에 敎證相對也라 疏中三이니 初總이요 次別이요 後結이라 今初니 言阿含者는 梵言이니 此云淨敎라 旣唯以證爲終인댄 而行非是證일새 故前敎始行終이 並名爲始니 故疏結云호대 則前皆是敎라하니라

다시 어떤 사람은 아함(敎)으로써 처음을 삼는다고 한 아래는 제 두 번째 교와 증을 상대한 것이다.
소문 가운데 세 가지가 있나니
처음에는 한꺼번에 표한 것이요
다음[16]에는 따로 해석한 것이요
뒤에는 맺는 것이다.
지금은 처음으로 아함이라고 말한 것은 범어이니

---

15 앞이라고 한 것은 이해二解 가운데 第一解이다.
16 원문에 次란, 바로 뒤에 구중九重을 말한다.

여기서 말하면 청정한 가르침이라는 뜻이다.
이미 오직 증證으로써 끝을 삼았다면 행行은 이 증이 아니기에 그런 까닭으로 앞[17]에 교의 처음과 행의 끝이 모두 이름이 처음이 되는 것이니
그런 까닭으로 소문에 맺어 말하기를 곧 앞은 다 이 교인 것이다 하였다.

疏

此敎證義가 總有九重하니 一은 敎行相對니 言聲爲敎요 行德爲證이니 猶下請中에 字義二藏하니라

이 교와 증의 뜻이 모두 구중상대가 있나니
첫 번째는 교와 행을 상대한 것이니
말소리는 교가 되고 행덕은 증이 되는[18] 것이니
아래 청분 가운데 자장과 의장[19]의 이장二藏과 같다.

---

17 앞이란, 이해二解 가운데 第一이다.
18 원문에 행덕위증行德爲證이라고 한 것은 바로 앞의 鈔文에 行은 證이 아니라고 한 것은 다만 行만을 잡아 說한 까닭이고, 지금에 行德은 證이 된다고 한 것은 德으로써 行을 攝收하는 까닭이다 하였다. 역시 『잡화기』의 말이다.
19 원문에 자의이장字義二藏이라고 한 것은 하청중소문下請中疏文에 별탄승장別歎勝藏에 유기이종有其二種하니 一은 의장성취義藏成就요 二는 자장성취字藏成就라 하였다. 승장勝藏은 법왕최승장法王最勝藏이다.

鈔

此敎證義下는 第二에 別釋也라 猶下請中에 字義二藏者는 卽下如來의 加請中義니 偈云호대 佛子當承諸佛力하야 開此法王最勝藏하고 諸地廣智勝妙行을 以佛威神分別說이어다하얏거늘 論云호대 歎此法藏에 有二種하니 一은 義藏成就요 二는 字藏成就라 云何義藏고 諸地上妙行이라하니 卽今經勝妙行이라 論云호대 行者는 諸菩薩行이니 所謂助道法故요 妙者는 眞實智故요 上者는 神力勝故니 如是顯示深妙勝上故라하니라 釋曰初是助道요 眞實智는 卽證道요 神力勝은 是不住道니라 次論云호대 云何字藏고 偈言호대 分別智地義라 하니 卽今經의 諸地廣智와 及分別說이니 謂十地差別相故니라 論云 分別說者는 說十地差別故라하니 旣以分別說로 爲字인댄 明是言敎요 三道로 皆爲義藏인댄 明以行德爲證이니 論에 以字義로 爲敎證故니라

이 교와 증의 뜻이라고 한 아래는 제 두 번째 따로 해석한 것이다. 아래 청분 가운데 자장과 의장의 이장과 같다고 말한 것은 곧 아래 여래가 가피하여 청한(如來加請)[20] 가운데 뜻이니
그 게송에 말하기를[21]

---

[20] 원문에 하여래가청下如來加請이라고 한 것은 대만본 화엄소초는 42권의 청분 중청분中請分에 여래가청如來加請이니 p.70, 1행이다.

[21] 원문에 게왈偈曰 운운은 十方諸佛이 眉間放光하시니 時光明雲臺에 諸佛威神力故로 而說頌言하사대 佛子야 當承諸佛力 云云이다. 즉 시방에 모든 부처님

불자여, 마땅히 모든 부처님의 위신력을 받아
이 법왕의 가장 수승한 창고를 열고
모든 지위의 광대한 지혜와 수승하고 묘한 행을
부처님의 위신력으로써 분별하여 설할 것이다 하였거늘,

『십지론』[22]에 말하기를 이 법왕의 수승한 창고를 찬탄함에 두 가지가 있나니
첫 번째는 의장義藏 성취요
두 번째는 자장字藏 성취다.
어떤 것이 의장인가.
모든 지위의 최상으로 묘한 행이다 하였으니
곧 지금 경에 수승하고 묘한 행이다 한 것이다.
『십지론』에 말하기를 행이라고 한 것은 모든 보살의 행이니
말하자면 조도의 법인 까닭이요
묘하다고 한 것은 진실한 지혜인 까닭이요
최상이라고 한 것은 위신력이 수승한 까닭이니
이와 같이 행이 깊고 지혜가 묘하고 위신력이 수승하기에 최상임을 현시하는 까닭이다 하였다.
해석하여 말하면 처음은 조도요,

　이 미간에 광명을 놓으시니 그때에 광명의 구름 누각에서 부처님의 위신력인 까닭으로 게송을 설하여 말씀하시기를 불자여, 마땅히 부처님의 위신력을 받아 운운하여 여기와 같다. 여기서 불자佛子는 금강장보살金剛藏菩薩이다.
22 원문에 논論은 『십지론十地論』 제이권第二卷이다.

진실한 지혜는 곧 증도요,
위신력이 수승한 것은 부주도이다.
이 다음 『십지론』[23]에 말하기를 어떤 것이 자장인가.
게송에 말하기를 지혜의 지위의 뜻을 분별하는 것이다 하였으니 곧 지금 경에[24] 모든 지위의 광대한 지혜와 그리고 분별하여 설한다 한 것이니
말하자면 십지의 차별한 모습인 까닭이다.
『십지론』에 말하기를 분별하여 설한다고 한 것은 십지의 차별을 설하는 까닭이다 하였으니
이미 분별하여 설하는 것으로써 자장을 삼는다면 분명히 이것은 교를 말한 것이요
삼도三道[25]로써 다 의장을 삼는다면 분명히 행덕으로써 증을 삼는 것이니
『십지론』에 자장과 의장으로써 교와 증을 삼은 까닭이다.

---

23 원문에 차론次論이라고 한 것은 위에 인용한 의장義藏 다음 게송문偈頌文이다.
24 원문에 즉금경卽今經 운운은 『십지론경十地論經』으로 바로 지금 경을 바라본다면 분별分別하여 說한다는 말이 의장義藏과 자장字藏에 통하지만, 지금에 『십지론경十地論經』을 상대하여 문장이 같은 것만 取한 까닭이니, 此後의 옥자권玉字卷 61장에 잘 나타나 있다. 文同이라 한 것은 십지게송十地偈頌에 分別이라 하고, 금경今經에 分別說이라 한 것이다. 잘 나타나 있다고 한 것까지는 『잡화기』의 말이고, 그 아래는 나의 말이다.
25 삼도三道는 조도助道, 증도證道, 부주도不住道이다.

疏

二는 地前地上相對니 如下請中歎衆에 以地前은 聞思修等으로 爲敎淨하고 地上은 行德으로 爲證淨하니라

두 번째는 십지 이전과 십지 이상을 상대한 것이니
아래 청분 가운데[26] 대중이 찬탄하여 청함에 십지 이전은 문·사·수[27]
등으로 교가 청정함을 삼고
십지 이상은 행덕으로 증이 청정함을 삼은 것과 같다.

鈔

二地前地上相對者는 遠公云호대 二는 約位相對니 解行已前은 依敎
修行일새 名爲阿含이요 初地已上은 離言合實일새 說之爲證이라하니

---

[26] 아래 청분 가운데라고 한 것은 대만본 화엄소초 42권, p.34, 8행에 제 세 번째 해탈월보살이 대중이 듣고 감당함을 찬탄하여 청하는 가운데 말하기를 아래 아홉 구절의 별구 가운데 앞에 다섯 구절은 아함정阿含淨이고 뒤에 네 구절은 증정證淨이니 교敎는 지전地前에 통하고 증證은 오직 지상地上에만 통한다 하고 그 초문鈔文에 앞의 다섯 구절 가운데 앞에 두 구절은 문혜聞慧이고 제 세 번째 구절과 제 네 번째 구절은 사혜思慧이고 제 다섯 번째 구절은 수혜修慧이다 하였다. 此下 초문에 十句가 있다.

[27] 문사수聞思修라고 한 것은 위에(영인본 화엄 9책, p.8, 5행) 언성言聲은 문聞이 되고 차행덕此行德은 사수思修가 된다. 차행덕此行德을 전제일前第一에 행덕行德(영인본 화엄 9책, p.8, 6행)을 바라본다면 넓고 좁은 것이 같지 않나니, 앞에 행덕行德은 삼도三道에 통하고 지금에 행덕行德은 오직 진실지眞實智인 증도證道에만 통하는 것이다. 『잡화기』의 말이다.

라 如下請中에 歎衆에 以地前은 聞思修等으로 爲敎淨等者는 卽解脫月이 歎衆堪聞請中文이라 經云호대 善淨深心이라하니 此句는 爲總이라 下九는 別이니 云호대 善潔思念하며 善修諸行하며 善集助道하며 善能親近百千億佛하며 成就無量功德善根이라하니 此五別句는 名爲敎淨이요 次云호대 捨離癡惑하며 無有垢染하며 深心信解하며 於佛法中에 不隨他敎는 名爲證淨이라하니 釋曰以前五句는 屬地前故니라

두 번째는 십지 이전과 십지 이상을 상대한 것이라고 한 것은 혜원慧遠법사가 말하기를 두 번째는 지위를 잡아 상대한 것이니 해행解行 이전에는 교를 의지하여 수행하기에 아함이라 이름하고 초지 이상에는 말을 떠나 진실에 계합하기에 증이라 말한다 하였다.

아래 청분 가운데 대중이 찬탄하여 청함에 십지 이전은 문·사·수 등으로 교가 청정함을 삼는다고 한 등과 같다고 말한 것은 곧 해탈월 보살이 대중이 듣고[28] 감당함[29]을 찬탄하여 청하는 가운데 경문이다. 그 경문에 말하기를[30] 깊은 마음을 잘 청정하게 한다 하였으니 이 한 구절은 총이 되는 것이다.

---

28 원문에 문聞이란, 上에 證信難得이니, 즉 증과 신을 얻기 어렵다는 것이다.
29 원문에 감堪이란, 此衆이 有信有證하야 有堪能故니, 즉 이 대중이 신도 있고 증도 있어 감당할 능력이 있는 까닭이라는 것이다. 대만본 화엄소초는 42권, p.33, 9행이다.
30 원문에 경운經云이란, 대만본 화엄소초는 42권, p.34, 4행이다.

아래 아홉 구절은 별이 되는 것이니
그 경문에 말하기를 생각을 잘 맑게 하며[31]
모든 행을 잘 닦으며
조도법을 잘 모으며
백천억 부처님을 잘 능히 친근하며
한량없는 공덕의 선근을 성취한다 하였으니
이 다섯 구절[32]의 별구는 이름이 교가 청정함이 되는 것이요
다음에 말하기를 어리석음의 미혹을 버리고[33] 떠나며

---

31 생각을 잘 맑게 한다고 한 등의 다섯 구절은 처음 구절은 욕정欲淨이고 다음 구절은 구정求淨이니 이 두 구절은 문혜聞慧가 되는 것이다. 다음 구절은 생득정生得淨이고 다음 구절은 수지修持이니 이 두 구절은 사혜思慧가 되는 것이다. 뒤에 구절은 행정行淨이니 이 한 구절은 수혜修慧가 되는 것이다. 차후 옥자권玉字卷 29장에 잘 나타나 있으니 참고하라. 역시 『잡화기』의 말이다.

32 여기에 此四와 두 줄 뒤에 前四라 한 四 자는 五 자의 잘못이다고 『잡화기』는 말한다. 여기 영각사본은 此四는 此五로 교정되어 있고 아래 前四는 그대로 四 자이니 五 자로 고친다. 이 다섯 구절의 별구는 이름이 교가 청정이 된다고 한 것과 그리고 다음에 이름이 증이 청정함이 된다고 한 말은 다 이 아래 소문인 까닭으로 여기 초문에 과판하여 말하기를 석왈釋曰이라 하였다. 역시 『잡화기』의 말이다.

33 다음에 말하기를 어리석음의 미혹을 버린다 운운한 것은 처음 구절은 득정得淨이니 견도見道이고 다음 구절은 불행정不行淨이니 수도修道이니 이지 이상이고 다음 구절은 무염족정無厭足淨이니 팔지 이상이고 뒤에 구절은 불수타교정不隨他敎淨이니 보살지진菩薩地盡이다. 옥자권玉字卷 32장에 잘 나타나 있으니 참고하라. 역시 『잡화기』의 말이다. 대만본 화엄소초는 42권, p.36에 있다

번뇌에 물들지 아니하며
깊은 마음으로 믿고 이해하며
불법 가운데 다른 가르침을 따르지 않는다고 한 것은 이름이 증이
청정함이 된다 하였으니
해석하여 말하면 앞에 다섯 구절은 십지 이전에 속하는 까닭이다.

疏

三은 眞僞相對니 卽於地中에 聞思修慧와 報生識智가 緣照之解
는 名曰阿含이요 眞智出言은 爲證이니 下論云호대 聞思修等은
是則可說거니와 地智는 離言이라하니라

세 번째는 진실과 거짓을 상대한 것이니
곧 십지 가운데 문·사·수의 지혜와 과보로 생긴 분별의 지혜(識智)가
비춤을 반연하여 아는 것은 이름을 아함이라 말하는 것이요
진실한 지혜가 말을 떠난[34] 것은 증이라 하는 것이니
아래 『십지론』에 말하기를 문·사·수 등은 이에 곧 가히 말할 수
있거니와 십지의 지혜[35]는 말을 떠났다 하였다.

鈔

三眞僞相對等者는 不與如合하고 隨世而修는 名之爲僞요 契如爲

---

34 원문에 출언出言은, 즉 이언離言이다.
35 문사수聞思修 등은 敎이고, 지지地智는 證이다.

眞이니 疏中에 先은 正釋이요 後는 引證이라 正釋中云호대 卽於地中에 聞思修慧와 報生識智가 緣照之解는 名曰阿含者는 此第三에 敎證이니 不對地前하고 但就地上하야 而論敎證이라 故云卽於地中이라하니 總有四法호대 皆名爲敎니라 三慧及報生識智는 下請分中에 具明하니 謂地上菩薩이 生來에 卽有此智할새 故云報生識智라하니라 非約證如일새 故皆屬敎니 可宣示故요 眞智出言일새 故名爲證이라 下論云下는 二에 引證이니 卽許說分齊中文을 而是義引이니 故云聞思修慧는 是則可說이라하니라 若具引者인댄 卽彼論에 釋經云호대 智起佛境界는 非念離心道며 非蘊界處門이니 智知意不及之偈니 論云호대 此偈에 示現思慧와 及報生識智는 是則可說거니와 此智非彼境은 以不同故라하니 卽其文也라

세 번째는 진실과 거짓을 상대한 것이라고 한 것은 진여로 더불어 계합하지 않고 세상을 따라 닦는 것은 이름이 거짓이 되는 것이요 진여로 더불어 계합하는 것은 진실이 되는 것이니
소문 가운데 먼저는 바로 해석한 것이요
뒤에는 인용하여 증거한[36] 것이다.
바로 해석한 가운데 말하기를 곧 십지 가운데 문사수의 지혜와 과보로 생긴 분별의 지혜가 비춤을 반연하여 아는 것은 이름을 아함이라 말하는 것이라고 한 것은 이것은 제 세 번째 교와 증이니 십지 이전을 상대하지 않고 다만 십지 이상에만 나아가 교와 증을

---

[36] 원문에 인증引證은 하론下論 이하이다.

논한 것이다.
그런 까닭으로 말하기를 곧 십지 가운데라고 한 것이니,
모두 네 가지 법[37]이 있으되 다 이름을 교라고 하였다.

세 가지 지혜와 그리고 과보로 생기한 분별지혜[38]라고 한 것은 아래 청분 가운데 갖추어 밝혔으니
말하자면 십지 이상의 보살이 태어나 옴에 곧 이 지혜가 있기에 그런 까닭으로 말하기를 과보로 생기한 분별지혜라 한다 하였다. 증득한 진여를 잡아 말한 것이 아니기에 그런 까닭으로 다 교에 배속한[39] 것이니 가히 선설하여 현시할 수 있는 까닭이요
진실한 지혜는 말을 벗어났기에 그런 까닭으로 이름을 증이라 하는 것이다.

아래『십지론』에 말하였다고 한 아래는 두 번째 인용하여 증거한 것이니
곧 허설분제[40] 가운데 문장을 뜻으로 인용한 것이니 그런 까닭으로

---

37 원문에 사법四法은 삼혜三慧와 보생식지報生識智이다.
38 원문에 보생식지報生識智라고 한 것은 식지識智는 진지眞智와 다름을 가리는 것이니 시각지始覺智와 같다. 此後 옥자권玉字卷 20장에 잘 나타나 있다.
39 원문에 개속교皆屬敎라고 한 것은 다(皆)라고 한 것은 비록 모든 지혜를 말한 것이지만 보생지報生智로 主를 삼나니 문사수聞思修 등 삼혜三慧는 원래 이 敎요, 식지識智는 이 敎에 포함되지 않는다. 그러나 증득한 진여 쪽(證如邊)으로는 다 敎에 속한다고 할 수 있는 것이다. 역시『잡화기』의 말이다.
40 허설분제라고 한 것은 대만본 화엄소초는 43권, p.57, 8행이다.

말하기를 문사수의 지혜는 이에 곧 가히 말할 수 있다 하였다.
만약 갖추어 인용한다면 곧 저 『십지론』에 경을 해석하여 말하기를

이 지혜가 부처님의 경계에서 생기하는[41] 것은
생각할 바도 아니고 마음의 길도 떠났으며
오온, 십팔계, 십이처의 문門도 아니니
지혜로만 알고 분별의식으로는 미치지 못할 것[42]이다 한 게송이니

『십지론』에 말하기를[43] 이 게송에 사혜思慧와 그리고 과보로 생긴 분별지혜를 시현한 것은 이에 곧 가히 말할 수 있거니와 이 십지의 지혜가 저 부처님의 경계가 아닌 것은 같지 않는 까닭이다 하였으니 곧 그 문장이다.

---

41 원문에 지기불智起佛 이하는 대만본 화엄소초는 43권, p.57, 8행이니 智는 소기所起의 지지地智요, 起는 능기能起의 가행加行으로 후득지後得智요, 경계는 부처님의 경계이다. 따라서 이 지혜가 부처님의 경계境界에서마다 생기生起하나니, 말하자면 이 지지地智가 가행加行으로 부처님의 경계를 관찰함으로 인유하여 생기生起한다는 것이다. 다『잡화기』의 말이다.
42 원문에 지지의불급智知意不及이라고 한 것은 唯佛智故니 즉 오직 부처님의 지혜로만 아는 까닭이다. 출자권出字卷 初二丈을 보라. 지여智如의 如는 知의 잘못(誤)이니 智知가 옳다.
43 원문에 논운論云의 論 자는 『유망기遺忘記』에 연자衍字라 하였으니 일리가 있다. 思知하라.

⊙ 疏

四는 修成相對니 一切地中에 眞僞合修는 爲敎요 捨僞契眞은 爲證이니 猶下所明의 義說二大하니라

네 번째는 닦는 것과 이루는 것을 상대한 것이니
일체 지위 가운데 진실과 거짓을 합하여 닦는 것은 교가 되는 것이요 거짓을 버리고 진실에 계합하는 것은 증이 되는 것이니 아래에 밝힌 바 의대義大와 설대說大의 이대二大와 같다.

⊙ 鈔

四修成相對者는 引證이라 言義說二大者는 卽許說分齊中에 全意니 謂如來大仙道等十二偈라 分之爲二하리니 初에 七偈는 義大요 後에 慈悲及願力下에 五偈는 說大이다 說大中에 有證智일새 故云眞이요 有加行後得이 緣世法일새 故云僞니 眞僞合修니라 義大는 唯明證智일새 故云捨僞契眞이라하니라 又準下文인댄 解脫月이 雙歎人法하야 請中에 此是菩薩이 最初所行이며 成就一切佛法이라하니 故論云호대 最初所行者는 依阿含行故요 成就一切佛法者는 謂是證智라하니라 釋曰此明依修而證이며 亦修成相對니라

네 번째는 닦는 것과 이루는 것을 상대한 것이라고 한 것은 인용하여 증거한 것이다.
의대와 설대의 이대라고 말한 것은 곧 허설분제 가운데 전체의

뜻이니

말하자면 여래이신 대선도라[44] 한 등 열두 가지 게송이다.

그것을 나누어 두 가지로 하리니

처음에 일곱 가지 게송은 의대義大요

뒤에 자비와[45] 그리고 원력이라고 한 아래에 다섯 가지 게송은 설대說大이다.

설대 가운데 증득한 지혜가 있기에 그런 까닭으로 진실이라 말하는 것이요

가행으로 후득한 지혜(后得智)가 세간의 법을 반연함이 있기에 그런 까닭으로 거짓이라 말하는 것이니

진실과 거짓을 합하여 닦는 것이다.

의대는 오직 증득한 지혜만을 밝히기에 그런 까닭으로 말하기를 거짓을 버리고 진실에 계합한다 하였다.

또 아래 경문을 기준한다면[46] 해탈월보살이 사람과 법을 함께 찬탄하여 청하는 가운데 이것은 이 보살이 최초로 행한 바이며 일체 불법을 성취한 것이다 하였으니

---

[44] 여래이신 대선도 운운은 대만본 화엄소초 43권, p.11, 1행에 여래이신 대선도는 미묘하여 가히 알기 어렵다 운운하였다.

[45] 뒤에 자비 운운은 대만본 화엄소초는 43권, p.64, 1행이다.

[46] 원문에 우준하문又準下文이라 한 下文은 해탈월解脫月이 금강장金剛藏에게 금강장보살金剛藏菩薩(人)과 부사의법不思議法(法)을 찬탄하고 說하기를 請하는 부분이니 四十二卷에 나온다. 대만본 화엄소초는 42권, p.46, 6행에 있다. 『잡화기』는 다만 又字 아래는 초주初住의 별의別意라고만 하였다.

그런 까닭으로 『십지론』에 말하기를 최초로 행한 바라고 한 것은
아함의 행을 의지한 까닭이요
일체 불법을 성취한 것이라고 한 것은 말하자면 이 증득한 지혜이다
하였다.
해석하여 말하면 이것은 닦음을 의지하여 증득함을 밝힌 것이며
또한 닦음과 이룸을 상대한 것이다.

疏

五는 相實相對이니 世間中修하야 得彼證相은 名敎요 契本實相은
爲證이라 猶下所說의 增上妙法光明法門이니 光明是敎요 增上
是證이라

다섯 번째는 모습과 진실[47]을 상대한 것이니
세간 가운데 수행하여 저 증득한 모습을 얻는 것은 교라고 이름하는
것이요
근본실상에 계합하는 것은 증이라 하는 것이다.
아래에 설한 바 증상묘법광명법문과 같나니

---

47 원문에 상실相實이라고 한 것은 이것은 곧 앞의 第四에 수성상대修成相對
가운데 성중成中에서 개출開出한 것이니
相은 곧 후득지後得智로 속제俗諦를 요달하여 증득한 것이요
實은 곧 근본지根本智로 진제眞諦에 계합하여 증득한 것이다.
後得이라 한 得 자는 成 자의 뜻이니, 앞에 修와 成을 합하여 敎를 삼는
까닭이다. 역시 『잡화기』의 말이다.

광명은 이 교요
증상은 이 증이다.

鈔

五相實相對等者는 其所引文은 卽本分中에 彰地要勝內文이니 經云호대 此是菩薩摩訶薩이 向菩提最上道며 亦是淸淨法光明門이라 하니 釋曰上句證이요 下句教라 論云호대 歎說者는 於中에 有二義하니 一者는 爲說阿含이요 二者는 爲證入義라하니라 其論經에 上句는 增上勝妙法故라할새 疏云增上妙法이라하니라 論釋云호대 勝妙法者는 諸法門中最殊勝故요 淸淨法者는 卽法體이요 光明者는 此大乘法이 顯照一切餘法門故라하니라 旣云照餘法인댄 則得修相이요 旣云最上인댄 明契本離相이라 故彼下經에 自釋二句하니 釋初阿含云호대 所謂說菩薩諸地라하고 釋證句云호대 佛子야 此處는 不可思議하나니 所謂諸菩薩의 隨證智라하니 明是相實相對니라

다섯 번째는 모습과 진실을 상대한 것이라고 한 등은 그 인용한 바 경문은 곧 본분 가운데[48] 십지의 요체가 수승함을 밝힌 안에 문장이니
그 경에 말하기를 이것은 이 보살마하살이 보리에 향하는 최상의 도이며 또한 이 청정한 법의 광명문이다 하였으니

---

48 본분 가운데라고 한 것은 영인본 화엄 9책, p.136, 3행이고 대만본 화엄소초는 41권, p.141, 3행이다.

해석하여 말하면 위에 구절은 증이요
아래 구절은 교이다.
『십지론』에 말하기를 설함을 찬탄한 것[49]은 그 가운데 두 가지 뜻이 있나니
첫 번째는 아함의 뜻[50]을 설하기 위한 것이요
두 번째는 증득하여 들어가는 뜻을 설하기 위한 것이다 하였다.
그『십지론경』[51]에 위에 구절은 증상승묘법이다 하였기에 그런 까닭으로 소문에 말하기를 증상묘법이다 하였다.
『십지론』에 해석하여 말하기를 승묘법[52]이라고 한 것은 모든 법문 가운데[53] 가장 수승한 까닭이요

---

49 원문에 탄설자歎說者는 此經文에 佛子야 此菩薩十地는 三世諸佛이 已說當說今說이라하니라. 즉 설함을 찬탄한 것이라고 한 것은 이 경문에 불자여, 이 보살의 십지는 삼세에 모든 부처님이 이미 설하셨고 당래에 설하실 것이고 지금 설하십니다 한 것이다. 영인본 화엄 9책, p.135, 8행에 있다.
원문에 논운탄설지論云歎說者는 十地論經에 말하기를 佛子야 我不見有諸佛世界에 是諸如來가 不歎說此菩薩十地者니 何以故요 是菩薩摩訶薩로 乃至 光明法 云云하시니, 즉『십지론』에 말하기를 설함을 찬탄한 것이라고 한 것은『십지론경』에 말하기를 불자여, 내가 모든 부처님 세계에 이 모든 여래가 이 보살의 십지 설함을 찬탄하지 아니함이 있음을 본 적이 없나니 무슨 까닭인가. 이것은 보살마하살이 보리에 향하는 최상의 도이며 내지 청정한 법의 광명문 운운하시니 그런 까닭으로 이와 같이 첩석牒釋한 것이다. 역시『잡화기』의 말이다.
50 阿含 아래에 義 자가 있어야 한다.
51 其論 아래에 經 자가 있는 것이 좋다.
52 원문에 논석증구論釋證句라 한 證句와 대승묘大勝妙라 한 大 자는 다 衍이다.

청정한 법⁵⁴이라고 한 것은 곧 법의 자체요
광명이라고 한 것은 이 대승법이 일체 나머지 법문을 비추는 것을
나타내는 까닭이다 하였다.
이미 나머지 법을 비춘다고 말하였다면 곧 닦는 모습을 얻은 것이요
이미 최상이라고 말하였다면⁵⁵ 분명 근본실상에 계합하여 모습을
떠난 것이다.
그런 까닭으로 저 아래 경⁵⁶에 스스로 두 구절을 해석하였으니
처음에 아함을 해석하여⁵⁷ 말하기를 말하자면 보살의 모든 지위를

---

53 원문에 법문중法門中 아래에 最殊 두 글자가 있으면 좋아 보증한다.
54 원문에 청정법자즉법체淸淨法者卽法體 七字는 淸凉이 더한 것이다. 『잡화기』는 청정 등 일곱 글자(七字)는 초주가 사이에 더하여 해석한 것이니 경 가운데 下句의 청정법이라는 것과 같게 하고자 한 것이니, 『십지론경』인즉 청정이라는 두 글자가 없는 까닭이다 하였다.
55 원문에 기운최상旣云最上은 바로 二行 위에 諸法門中最殊勝故라 한 것이다. 『잡화기』는 최상이라고 한 것은 위에 최수승이라는 세 글자를 상대한 까닭이다 하였다.
56 원문에 피하경彼下經이란, 영인본 화엄 9책, p.136, 4행이다.
57 원문에 석초아함釋初阿含은 此後에 二句로써 앞에 證과 敎를 통망通望한다면 證과 敎가 반드시 이것을 상대하여 처음이라 한 것일지언정 前中에 敎는 처음이고 證은 뒤라고 한 것을 말한 것은 아니다. 이상은 『잡화기』의 말이다. 차후此後에 이구二句는 여기서는 아함阿含과 증구證句라 하였으나 아래 영인본 화엄 9책, p.136, 3행 경문에는 보살이 보리에 향하는 최상의 도와 청정한 법의 광명문이라 하였다. 그 소문에는 처음 구절은 증행이고 다음 구절은 아함법문이라 하였다. 다음 구절이란 영인본 화엄 9책, p.136, 4행에 말하자면 보살의 모든 지위를 분별하여 연설한다 한 것이다.

연설한다 하였고, 다음에 증구證句를 해석하여 말하기를 불자여, 이곳은 가히 사의할 수 없나니 말하자면 모든 보살의 증득한 지혜를 따른다 하였으니
분명히 이것은 모습과 진실을 상대한 것이다.

疏

六은 體德相對니 就彼離相所成行中하야 顯本法性은 爲證이요 依本成德은 爲敎니 猶下鍊金에 金體與釧等하니라

여섯 번째는 자체와 덕을 상대한 것이니
저 모습을 떠나 이룬 바 행 가운데 나아가 본래의 법성을 나타내는 것은 증이 되는 것이요
본성을 의지하여 덕을 이루는 것은 교가 되는 것이니
아래 금을 단련함에[58] 금 자체가 팔가락지로 더불어 같다고 한 것과 같다.

鈔

六體德相對等者는 謂所成行體는 爲證이요 成德爲敎니라 引鍊金喩者는 十地에 皆有鍊金之喩하니 且初地云호대 是菩薩이 隨所勤修하야 供養諸佛하고 敎化衆生호대 皆以修行淸淨地法하야 所有善根으

---

58 원문에 하연금下鍊金 운운은 곤자권崑字卷 下, 67장이다.

로 悉以迴向一切智地하야 轉轉明淨케하며 調柔成就하야 隨意堪用
하나니 佛子야 譬如金師가 善巧鍊金호대 數數入火하야 轉轉明淨케
하며 調柔成就하야 隨意堪用이라하니라 釋曰火卽能鍊이니 喩供養佛
等하고 金卽所鍊이니 喩信心慈悲捨等이라 如世之金이 在鑛石中이
라가 融治便出은 喩眞地法이 與妄和合일새 名曰衆生이라가 行人修
行하야 至初入地時하야 出煩惱障이요 今至地滿하야 復更供養하고
敎化衆生은 如重入火요 熏發眞心하야 令生信等은 名爲修行淸淨
地法이니라 至二地時에 如重以礬石煮之는 方得淸淨이요 初地之時
에 雖除慳垢나 微過猶在라가 至二地時에 慳嫉破戒를 並皆遠離는
如轉淸淨이요 至三地中하야 修習淨禪하야 令其不退는 如秤兩不減
이요 四地에 集起菩提分法은 如爲莊嚴具요 五地之中에 以不住道의
方便起觀하야 修治力故로 如硨磲磨瑩하야 轉更明淨이요 六地에 以
觀因緣하야 不住巧智로 修治力故로 如瑠璃磨瑩하야 光色轉盛이요
七地中에 具修一切菩提分法하야 益更精妙는 如以衆妙寶로 間錯
莊嚴하야 轉更增勝하며 倍益光明이요 八地之中에 無功用修는 如持
金寶冠하야 置閻浮提主인 聖王頂上하면 一切群臣의 諸莊嚴具가 無
與等者요 九地菩薩이 智自在修는 如善巧金師가 用作寶冠거니와 轉
輪聖王이 以嚴其首하면 四天下內에 一切小王과 及諸臣民의 諸莊嚴
具가 無與等者요 十地菩薩이 業自在修는 譬如金師가 以上妙金으로
作莊嚴具하고 大摩尼寶로 鈿厠其間거니와 自在天王이 身自服戴하
면 其餘人天의 莊嚴之具가 所不能及이라하니 釋曰十地에 皆具金喩
는 意皆以金喩證하야 顯本性故요 成信等德으로 以爲敎道니 是修成
故니라 然이나 云金與釧等者는 此經에 無釧之文이니 卽嚴身具가 是

니라

여섯 번째는 자체와 덕을 상대한 것이라고 한 등은 말하자면 이른
바 행의 자체는 증이 되는 것이요
덕을 이루는 것은 교가 되는 것이다.
금을 단련하는 비유를 인용한 것은 십지에 다 금을 단련하는 비유가
있나니
또한 초지에 말하기를 이 보살이 부지런히 닦은 바를 따라서 모든
부처님께 공양하고 중생을 교화하되 다 청정한 십지의 법을 수행하
여 소유한 선근으로써 다 일체 지혜의 지위에 회향하여 전전이
밝고 청정하게 하며
고르고 부드럽게 성취하여 뜻을 따라 감수하여 쓰게 하나니
불자여, 비유하자면 금을 단련하는 사람이 좋은 기술로 금을 단련하
되 자주자주 불에 넣어 전전이 밝고 청정하게 하며
고르고 부드럽게 성취하여 뜻을 따라 감수하여 쓰게 하는 것과
같다 하였다.
해석하여 말하면 불은 곧 능히 단련하는 것이니
부처님께 공양하는 등에 비유하고
금은 곧 단련할 바이니
믿는 마음과[59] 자비와 희사 등에 비유한 것이다.

---

59 원문에 금즉소련金卽所鍊 유신喩信 등은 진여眞如를 증득證得한 이후以後에
　　신信과 자비慈悲 등이 지금에 있는 것이 아니라 본자구족本自具足인줄 알았다
　　는 것이다. 즉 여래장중如來藏中에 항하사불법恒河沙佛法이 진심眞心으로 자체

마치 세간의 금이 광석 가운데 있다가 녹여 다스림에 곧 나오는 것과 같은 것은 진실한 십지의 법이 망심으로 더불어 화합하기에 이름을 중생이라고 하다가 수행하는 사람이 수행하여 초지에 들어갈 때에 이르러 번뇌장을 벗어남을 비유한 것이요

지금에 초지가 만족함에 이르러[60] 다시 공양하고 중생을 교화하는 것은 거듭 불에 넣는 것과 같은 것이요

진실한 마음을 훈발하여 하여금 믿는 마음 등을 생기하게 하는 것은 이름이 청정한 십지의 법을 수행함이 되는 것이다.

이지에 이를 때에 거듭 반석礬石[61]으로써 삶는 것과 같은 것은 바야흐로 청정함을 얻게 하는 것이요

초지에 이를 때에 비록 간탐의 번뇌를 제멸하였지만 작은 허물이 오히려 있다가 제이지에 이를 때에 간탐과 질투와 파계를 모두 다 멀리 떠나는 것은 전전이 청정케 하는 것과 같은 것이요

삼지 가운데 이르러 청정한 선정을 닦아 익혀 그로 하여금 물러나지 않게 하는 것은 저울의 무게가 감소하지 않게 하는 것과 같은[62]

自體를 삼나니, 진심眞心은 이 이성理性이고 신신과 자비慈悲 등은 이 행성行性이다. 그런 까닭으로 함께 가히 금광에 비유한 것이니, 此後 곤자권崑字卷 下卷, 36장에 잘 나타나 있으니 참고하여 볼 것이다. 역시 『잡화기』의 말이다.

60 원문에 금지지만今至地滿이라고 한 것은 지만地滿은 초지만初地滿이니 地地마다 入·住·滿의 삼심三心이 있다. 『잡화기』에는 다만 滿은 初地滿이라고만 하였다.

61 반석礬石은 명반明礬이다. 즉 황산을 함유한 광물이다.

62 원문에 여칭량如秤兩 운운은 검자권劒字卷 82장에 설출說出하였다. 칭량불감秤兩不減이라고 한 것은 그 뜻이 신신과 자비慈悲 등이 서원의 불에 들어가

것이요

사지에 보리분법을 모아 일으키는 것은 장엄구가 되게 하는 것과 같은 것이요

오지 가운데 부주도不住道의 방편으로써 관觀을 일으켜 닦아 다스린 힘인 까닭은 자거로 갈아[63] 맑게 하여 전전이 다시 밝고 맑게 하는 것과 같은 것이요

육지에 인연을 관찰하여 부주도의 교묘한 지혜로써 닦아 다스린 힘인 까닭은 유리로 갈아[64] 맑게 하여 빛의 색이 전전이 성하게 하는 것과 같은 것이요

칠지 가운데 일체 보리분법을 갖추어 닦아 다시 정미롭고 묘호妙好함을 더하게 하는 것은 수많은 묘한 보배로써 사이에 섞어 장엄하여 전전이 다시 수승함을 더하며 배로 광명을 더하게 하는 것과 같은

이미 정미로운 금金을 이룬 까닭으로 비록 단련을 자재로 하지만 저울의 무게가 감소하지 않게 한다는 것을 허락하는 것이다. 검자권劒字卷 82장을 볼 것이다. 역시 『잡화기』의 말이다. 다시 말하면 즉 한 번 정제한 금은 천만 번 다시 정제하고 단련하여도 그 무게는 똑같고 색도 똑같다. 그 무게를 저울이 속일 수도, 그 색을 거울이 속일 수도 없는 것과 같다 하겠다. 즉 닦는 만큼, 단련한 만큼….

63 자거로 갈아 운운한 것은 거자권巨字卷 경에 말하기를 비유하자면 진금을 자거로써 갈아 맑게 하는 것과 같다 하였다. 거자권 46장이다. 역시 『잡화기』의 말이다.

64 유리로 갈아 운운한 것은 주자권珠字卷 경에 말하기를 비유하자면 진금을 유리로써 자주자주 갈아 맑게 하는 것과 같다 하였다. 주자권 59장이다. 역시 『잡화기』의 말이다.

것이요

팔지 가운데 무공용으로 닦는 것은 황금 보배관을 가져 염부제의 왕인 성왕의 머리 위에 두면 일체 수많은 신하의 모든 장엄구가 더불어 같을 수 없는 것과 같은 것이요

구지보살이 지혜의 자재로 닦는 것은 좋은 기술로 금을 단련하는 사람이 쓸 곳이 있어 보배관을 만들거니와 전륜성왕이 그것을 머리에 장식하면 사천하 안에 일체 작은 나라에 왕과 그리고 모든 신하와 백성들의 모든 장엄구가 더불어 같을 수 없는 것과 같은 것이요

십지보살이 업의 자재로 닦는 것은 비유하자면 금을 단련하는 사람이 최상의 묘한 금으로써 장엄구를 만들고 큰 마니보배로 그 사이에 세공[65]하여 섞었거니와 자재천왕이 몸에 스스로 입으면 그 나머지 사람과 하늘의 장엄구가 능히 미치지 못하는 것과 같다 하였으니 해석하여 말하면 십지에 다 금의 비유를 갖추고 있는 것은 뜻이 다 금으로써 증도證道에 비유하여 본성을 나타내는 까닭이요

믿는 등의 공덕을 이루는 것으로써 교도를 삼는 것이니 이것은 닦아서 이루는 까닭이다.

그러나 금과 더불어 팔가락지라고 말한 것은 이 경에는 팔가락지에 대한 경문은 없나니 곧 장신구가 이것이다.

疏

七은 體用相對니 前體及德은 皆證이요 依體起教하는 智之用은

---

[65] 鈿은 '나전 세공 전' 자이다.

為敎니 下珠放光에 光喩於敎하고 珠體喩證하니라

일곱 번째는 자체와 작용을 상대한 것이니
앞에 자체와 그리고 덕은 다 증이요
자체를 의지하여 교를 일으키는 지혜의 작용은 교가 되는 것이니
아래 구슬이 방광함에 광명은 교에 비유하고
구슬 자체는 증에 비유한 것이다.

鈔

七體用相對等者는 引文云호대 下珠放光에 光喩於敎하고 珠體喩證者는 卽第四地의 調柔果中云호대 如摩尼寶의 淸淨光輪이 能放光明하니 非諸餘寶가 之所能及이며 風雨等緣이 悉不能壞라하니 論云호대 摩尼寶生光喩者는 彼證智法이 明摩尼寶中에 放阿含光明하야 入無量法門智處하야 普照示現이니 以是義故로 此地釋名에 名爲焰地라하니 卽其事也니라

일곱 번째는 자체와 작용을 상대한 것이라고 한 것은 경문을 인용하여 말하기를 아래 구슬이 방광함에 광명[66]은 교에 비유하고 구슬 자체는 증에 비유한 것이라고 한 것은 곧 제사지의 조유과調柔果 가운데 말하기를 마니보배의 청정한 광명의 바퀴가 능히 광명을 놓으니

---

66 방광放光 아래에 光 자가 더 있어야 한다.

모든 나머지 보배광명이 능히 미치지 못하는 바이며 바람과 비
등의 인연이 다 능히 무너뜨리지 못하는 것과 같다 하니
『십지론』에 말하기를 마니보배가 광명을 생기하는 비유는 저 증득한
지혜의 법이 밝은 마니보배 가운데 아함의 광명을 놓아 한량없는
법문의 지혜 처소[67]에 들어가 널리 비추어 현시하는 것이니
이 뜻을 쓴 까닭으로 이 지위[68]에서 이름을 해석함에 이름을 염혜지라
한다 하였으니
곧 그 사실이다.

疏

八은 自分勝進相對니 自分所成의 體德及用은 皆證이요 進受佛
敎는 爲敎니 下歎金剛藏의 二力에 妙智及辯은 名爲證力이요 堅
念敎法은 爲阿含이라

여덟 번째는 자분과 승진을 상대한 것이니
자분에서 이룬 바 자체 공덕과 그리고 작용은 다 증이요
승진하여 부처님의 가르침을 받는 것은 교이니
아래[69] 금강장의 두 가지 힘에 묘한 지혜와 그리고 변재는 이름이
증의 힘이 되고

---

67 원문에 법문지처法門智處라고 한 것은 법문法門은 이 지혜의 끊을 바 처소이다.
68 원문에 차지此地란, 第四에 염혜지焰慧地이다.
69 아래란, 영인본 화엄 9책, p.230, 5행이다.

교법을 굳게 생각하는 것은 아함의 힘이 된다고 찬탄한 것이다.

鈔

八自分勝進相對等者는 引文云호대 下歎金剛藏의 二力에 妙智等者는 卽大衆請中이니 經云호대 上妙無垢智와 無邊分別辯으로 宣暢深美言하야 第一義相應하며 念持淸淨行이라하니 謂前四句는 歎證이요 念持淸淨行은 歎敎라 論云호대 初偈는 歎證力이니 辯才成就요 第二偈에 上句는 歎阿含力이니 辯才成就라 以證力과 阿含力故로 能有所說일새 是故讚歎이라하니 是也니라

여덟 번째는 자분과 승진을 상대한 것이라고 한 등은 경문을 인용하여 말하기를 아래 금강장의 두 가지 힘에 묘한 지혜 등을 찬탄한 것이라고 한 것은 곧 대중이 청한 가운데 경문이니[70] 그 경[71] 가운데 말하기를

최상으로 묘한 때가 없는 지혜와
끝없이 분별하는 변재로
깊고 아름다운 말을 선창하여
제일의로 상응하며

---

70 대중이 청한 가운데 경문이라고 한 것은 대만본 화엄소초는 42권, p.53, 5행이고, 영인본 화엄은 9책, p.230, 5행이다.
71 경經이란, 경經의 게송문偈頌文이다. 영인본 화엄 9책, p.230, 5행이다.

청정한 행을 생각하여 가진다 하였으니

말하자면 앞에 네 구절은 증을 찬탄한 것이요
청정한 행[72]을 생각하여 가진다고 한 것은 교를 찬탄한 것이다.
『십지론』에 말하기를 처음에 게송[73]은 증의 힘을 찬탄한 것이니
변재로 성취한 것이요
제 두 번째 게송[74]에 위에 구절은 아함의 힘을 찬탄한 것이니
역시 변재[75]로 성취한 것이다.
증의 힘과 아함의 힘을 쓴 까닭으로 능히 설할 바가 있기에 이런
까닭으로 찬탄한다 하였으니
이것이다.

疏

九는 約詮就實相對니 眞智之體는 爲證이요 約言分十은 爲阿含이

---

[72] 원문에 염지청정행念持淸淨行이라고 한 것은 제 두 번째 게송에 첫 구절로써 교敎를 생각하여 가져 청정한 지혜를 얻어 의심이 없는 것이 이것이 청정한 행이다. 『잡화기』의 뜻도 이와 같다.

[73] 원문에 초게初偈란, 상묘上妙로에서 제일의상응第一義相應까지이다.

[74] 원문에 제이게第二偈란, 念持淸淨行하고 十力集功德하며 辯才分別義하야 說此最勝地하소서. 즉 청정한 행을 생각하여 가지고 / 십력으로 공덕을 모으며 / 변재로 그 뜻을 분별하여 / 최상으로 수승한 지위를 설하소서 한 것이니 이 두 게송偈頌은 제대보살諸大菩薩이 일시一時에 동성同聲으로 금강장金剛藏을 향하여 게송偈頌으로 말한 것이다.

[75] 辨 자 아래 才 자가 빠졌다.

니 猶下迹處虛空은 喩證하고 空處之迹은 喩地阿含하니라 下論云
호대 字身住處는 證智所攝이나 非無地智에도 名句字身이라하니
名句字身이 卽阿含也니라

아홉 번째는 교전을 잡은 것과 진실에 나아간 것을 상대한 것[76]이니
진실한 지혜의 자체는 증이 되는 것이요
언전言詮을 잡아 열 가지로 나눈 것은 아함이 되는 것이니
아래[77] 적처迹處의 허공은 증에 비유하고
공처空處의 자취는 십지의 아함에 비유한 것과 같다.
아래『십지론』에 말하기를 문자(字)와 문신(身)의 주처는 증지證智에
섭수한 바[78]이지만 십지의 지혜에도 명구자신名句字身이 없는 것이
아니다[79] 하였으니

---

76 원문에 약전취실상대約詮就實相對라고 한 것은 여기에 實은 자분自分과 승진勝進에 통하는 까닭으로 證이 앞에 證보다 넓은 것이요, 여기에 證은 오직 십지十地뿐인 까닭으로 教(詮)가 앞에 教보다 좁은 것이니, 앞에 教는 통불교通佛教를 잡은 것이다. 역시『잡화기』의 말이다.
77 아래(下)란, 대만본 화엄소초는 43권, p.59, 9행이다.
78 원문에 증지소섭證智所攝이라고 한 것은 證으로써 教를 섭수한다면 教도 또한 불가不可하다는 의미이다.
79 원문에 비무지지非無地智라고 한 것은 證에도 또한 가히 教의 명구문신名句文身을 현시顯示할 수 있다는 의미意味이다. 자신字身은『유망기遺忘記』에는 文字의 身이라 하였다. 즉 名·句·文字의 身이라는 뜻이다. 보편적으로 명구문신名句文身은 표의명언表義名言이라 한다. 즉 모든 법法을 표현하는 명구문신名句文身으로 제육식第六識이 이 명언名言에 의지依止하여 모든 법法을 변화變化하여 그 종자를種子를 제육식第六識에 훈부薰付한다는 것이다.

명구자신이 곧 아함인 것이다.

鈔

九約詮就實相對等者는 下引論云호대 字身住處等者는 即下示說分齊中에 鳥跡喩也니라 經云호대 如空中鳥跡은 難說難可示인달하야 如是十地義도 心意不能了라하니 論云호대 此偈是何義고 如鳥行空中에 跡處不可說이며 相亦不可見이라 何以故요 虛空鳥跡相은 不可分別故니라 非無虛空行跡이니 如是鳥跡住處인 名句字身住處는 菩薩地智所攝이나 不可得說이며 不可得聞이니라 何以故요 非如聲性故며 非無地智에 名句字身이니라 此中深故로 示義大踴悅이라하니라 釋曰空處之跡은 喩敎하고 跡處之空은 喩證也니라 然上九重敎證에 前五는 前敎後證이요 後四는 前證後敎니라 又前五에 敎는 則後後漸寬하고 證은 則後後漸狹이요 後四中證은 則後後漸寬하고 敎則後後漸狹이라

아홉 번째는 교전을 잡은 것과 진실에 나아간 것을 상대한 것이라고 한 등은 아래 『십지론』을 인용하여 말하기를 문자와 문신의 주처라고 한 등은 곧 아래 시설분제示說分齊[80] 가운데 새의 자취에 비유한 것이다.

그 경[81]에 말하기를

---

80 시설분제示說分齊는 허설분제許說分齊이다.
81 경經이란, 대만본 화엄소초는 43권, P.59, 4행이니 역시 게송문偈頌文이다.

허공 가운데 새의 자취는
말하기도 어렵고 가히 시현하기도 어려운 것과 같아서
이와 같이 십지의 뜻도
마음으로 능히 알 수 없다 하니

『십지론』[82]에 말하기를 이 게송은 무슨 뜻을 현시한 것인가.
새가 허공중을 날아감에 적처跡處를 가히 말할 수 없으며 모습도 또한 가히 볼 수 없는 것과 같다.
무슨 까닭인가.
허공에 새의 자취와 모습은 가히 분별할 수 없는 까닭이다.
새가 허공을 날아감에 자취가 없지 않나니,
이와 같이 새의 자취가 머무는 곳인 명·구·자신[83]의 주처는 보살의 십지의 지혜에 섭수한 바이지만 가히 설함을 얻을 수 없으며[84] 가히 들음을 얻을 수 없는 것이다.
무슨 까닭인가.
소리의 자성과는 같지 않는 까닭이며 십지의 지혜에는 명·구·자신이 없지 않기 때문이다.
이 가운데 뜻이 깊은 까닭으로 대의大義를 현시함에 뛰면서 기뻐한다[85] 하였다.

---

82 『십지론十地論』은 제이권第二卷이다.
83 명구자신名句字身은 조적鳥跡이고 주처住處는 허공虛空이다.
84 설함을 얻을 수 없다고 한 아래에 혹본에는 가히 볼 수 없다(不可得見)는 말이 있기도 하다.

해석하여 말하면 공처空處의 자취는 교에 비유하고 적처跡處의 허공은 증에 비유한 것이다.

그러나 위에 구중九重의 교와 증에 앞의 다섯 가지는 앞은 교이고 뒤는 증이요

뒤에 네 가지는 앞은 증이고 뒤는 교이다.

또 앞의 다섯 가지에 교는 곧 후후後後가 점점 넓어지고 증은 곧 후후가 점점 좁아지는 것이요

뒤에 네 가지 가운데 증은 곧 후후가 점점 넓어지고 교는 곧 후후가 점점 좁아지는 것이다.

疏

今當第四라 一經之內에 頻語敎證하나니 理須通會하고 勿厭繁文이어다

지금에는 제 네 번째에 해당한다.[86]

---

85 원문에 시의대용열示義大踴悅이라고 한 것은 출자권出字卷 41장 이하를 본즉 聞大義則 自心踴悅이라 하였다. 즉 대의를 들은즉 자기 마음에 뛰면서 기뻐한다 하였다. 『잡화기』의 말이다. 『유망기遺忘記』엔 此中深故 云云은 此宗이 심심甚深한 까닭으로 그 대의大義를 현시現示하여 사람으로 하여금 뛰면서 기쁘게 한다 하였다. 출자권出字卷 41장을 참고하여 보라.

86 원문에 금당제사今當第四는 今에 십지시종十地始終이 곧 第四의 수성상대修成相對에 해당한다는 것이다. 『잡화기』에 금당제사今當第四는 정결正結(結示)이고, 일경이하一經以下는 차방遮妨이다 하였다.

한 경의 안에 자주 교와 증을 말하나니
이치로 반드시 회통하고 번잡한 문장을 싫어하지 말 것이다.

鈔

今當第四者는 第三에 結示며 兼遮妨難이라 恐有嫌繁故로 以論文但 云호대 復有阿含及證하니 如是次第로 依初相應知라하니 謂令以阿含으로 爲始하고 以證爲終일새 故云如是次第요 依前始終인댄 前始後終일새 云依初相應知라하니라 何用廣明고 疏意는 恐人敎證의 多相에 對文生疑일새 故總倂說거니 豈得爲繁이리요

지금에는 제 네 번째에 해당한다고 한 것은 제 세 번째 맺어서 현시한 것이며 방해하여 비난함을 겸하여 막는 것이다.
번잡한 문장을 싫어함이 있을까 염려한 까닭으로 『십지론』문[87]에서는 다만 말하기를 다시 아함과 그리고 증이 있나니,
이와 같이 차례로 초상初相을 의지하여 응당 알 것이다[88] 하였으니

---

87 『십지론十地論』은 제일권第一卷이다.
88 원문에 의초상응지依初相應知라고 한 것은 말하자면 이 교敎의 처음과 끝에 증득하여 수행修行하는 것이 마치 앞에 敎의 처음과 끝에 修行하는 것보다 깊은 까닭으로 초상初相을 의지한다고 말한 것이다. 『잡화기雜華記』는 초상初相이란 곧 구종상대중九種相對中 처음에 교행상대敎行相對의 해석을 가리킨 것이다. 그런데 어떤 사람이 말하기를 나머지 구종九種인 別(九種相對)의 敎와 證으로써 처음에 總의 敎와 證을 비례한 것이다 하니, 허물이 매우 많다 하겠다. 영인본 화엄 9책, p.8, 1행에 第二에 敎證相對니 初總이요

말하자면 아함으로써 하여금 처음을 삼고 증으로써 끝을 삼기에
그런 까닭으로 이와 같이 차례라 말한 것이요
앞의 처음과 끝을 의지한다면 앞은 처음이고 뒤는 끝이기에[89] 초상을
의지하여 응당 알 것이다 말한 것이다.
어찌하여 널리 밝혔는가.[90]
소가의 뜻은[91] 사람들이 교와 증의 많은 모습에 경문을 대하여 의심을
낼까 염려하기에 그런 까닭으로 모두 아울러 설하였거니 어찌 번잡
함을 얻겠는가.

次別이요 後結이라 하고, 영인본 화엄 9책, p.8, 5행에 敎證이 有九重이라
하였으니, 어떤 사람의 말이란 바로 이것을 말하고 있다. 즉 교증상대敎證相對
는 總이고, 교증상대敎證相對에 구중상대九重相對가 있는 것은 別이다. 그러나
다 번잡하니 이 鈔文의 해석을 잘 살피면 그 뜻이 더 잘 나타난다.

89 원문에 의전시종依前始終인댄 전시후종前始後終이라고 한 것은 『십지론十地
論』은 初對의 敎와 行으로써 처음과 끝을 삼는 까닭으로 지금에 敎와 證의
처음과 끝을 앞의 敎와 行에 앞은 처음이고 뒤는 끝이라는 차례를 의지하는
것이다. 그런 까닭으로 『십지론十地論』에 말하기를 초상初相을 의지하여 응당
알 것이다 하였거늘, 지금 소문疏文에 구중상대九重相對를 널리 밝히되 후사대
後四對에 앞은 證이고, 뒤는 敎라고 한 것이 『십지론十地論』의 차례와는 같지
않은 까닭으로 비난하여 말하기를 어찌하여 널리 밝혔는가 하였다. 역시
『잡화기』의 말이다. 바로 아래 소가疏家의 뜻이라고 한 아래는 그 답答이다.
90 원문에 하용광명何用廣明이라고 한 것은 즉 어찌하여 구중상대九重相對를
밝혔는가 한 것이다.
91 원문에 소의하疏意下는 답答이다.

疏

次는 依根本始終하야 有十始終하니라

다음은 근본의 처음과 끝을 의지하여 열 가지 처음과 끝이 있다.

鈔

有十始終下는 釋別句義라 疏文有四하니 一은 標指요 二는 總科요 三은 料揀이요 四는 釋文이라 今初니 謂菩薩利他行이 該法界나 隨宜例十耳니라

열 가지 처음과 끝이 있다고 한 아래는 별구의 뜻을 해석한 것이다.
소문에 네 가지가 있나니
첫 번째는 표하여 가리킨 것이요
두 번째는 한꺼번에 과목[92]한 것이요
세 번째는 헤아려 가린 것이요
네 번째는 경문을 해석한 것이다.
지금은 처음으로 말하자면 보살의 이타행이 법계를 해라하지만 마땅함을 따라 열 가지만 열거한 것이다.

---

92 원문에 총과總科란, 十種의 始終을 總科한 것이다.

疏

前三은 地前思修로 利物이요 次一은 見道요 餘六은 修道라

앞에 세 가지는 십지 이전에 사혜思慧와 수혜修慧로[93] 중생을 이익케 하는 것이요
다음에 한 가지는 견도見道요
나머지 여섯 가지는 수도修道이다.

鈔

前三地前下는 總科니 可知니라

앞에 세 가지는 십지 이전이라고 한 아래는 한꺼번에 과목한 것이니 가히 알 수가 있을 것이다.

疏

此陜前入이니 謂初闕聞慧하고 後無佛盡者는 理實齊通이나 以此

---

93 원문에 전삼지전사수前三地前思修 운운은 묻겠다. 앞의 총구總句에서 이미 십지十地의 시종始終(영인본 화엄 9책, p.6, 9행)이라 하였거늘, 지금 별구別句 중에 처음에 어찌 지전地前을 모두 배속하는가. 답答하겠다. 지전地前을 섭수攝收하여 초지初地의 처음을 삼는 까닭이다. 이것으로써 사혜思慧 중에 말하기를 십지十地의 차별상差別相을 설설한다 하고, 수혜修慧 중에 말하기를 지상地上의 무루도품無漏道品을 수습修習한다 하였다. 역시 『잡화기』의 말이다.

二는 並非正地며 前已說竟일새 故此略無니라

이것은 앞에 열 가지 들어감을[94] 좁힌 것이니 말하자면 처음에는 문혜聞慧[95]가 빠졌고, 뒤에는 부처님이 다 들어간다고 한 것이 없는[96] 것은 이치가 진실로 같이 통하지만[97] 이 두 가지는 모두 바른 지위가 아니며[98] 앞에서 이미 설하여 마쳤기에[99]

---

94 원문에 전입前入 운운은 앞에서 처음에 一句는 총입근본입總入根本入이라 하고 그 근본입根本入을 의지하여 별구別句인 九句의 구종입九種入이 있다 하였다. 그리고 그 구종입九種入을 사위四位에 배속配屬하였으니, 처음에 네 가지는 원낙위願樂位요, 다음에 한 가지는 견도위見道位요, 다음에 세 가지는 수도위修道位요, 뒤에 한 가지는 구경위究竟位라 하고, 초문鈔文에 원낙위願樂位는 십지 이전十地以前이라 하였다.
95 문혜聞慧는 別九入中 第一이 섭수하여 들어가는 것이니 곧 문혜聞慧이다.
96 원문에 불진佛盡이란, 別九入中 第九에 부처님이 다 들어간다고 한 것이다. 불진佛盡은 一로써 영인본 화엄 9책, p.37, 末行과 p.57, 末行 이하에 있다. 삼진三盡은 불진佛盡, 보살진菩薩盡, 이승부동진二乘不同盡이다. 佛盡, 菩薩盡, 二乘不同盡의 盡者는 불지진佛地盡에 佛盡入이요 보살지진菩薩地盡에 菩薩盡入이요 이승지진二乘地盡에 二乘盡入이라는 뜻이다. 이승부동진二乘不同盡은 이승二乘이 보살菩薩로 더불어 같지 않다는 뜻이다.
97 원문에 이실제통理實齊通이라고 한 것은 삼혜三慧는 이 입지入地의 방편方便이고, 불지佛地는 이 출지出地의 승진勝進인 까닭으로 정지正地는 아니지만 이미 방편方便과 승진勝進을 말하였다면 곧 이치가 같이 통하는 것이다. 역시『잡화기』의 말이다. 그러나 앞에서 이미 말한 까닭으로 여기서는 생략되어 없다는 것이다.
98 원문에 차이병비정지此二並非正地는 講師가 말하기를 그 思와 修는 곧 地中의 思와 修를 잡은 까닭으로 正地라 하였다.『잡화기』의 말이다. 따라서 문혜聞慧와 불지佛地(佛盡)는 정지正地가 아니라는 것이다.

그런 까닭으로 여기에는 생략하여 없는 것이다.[100]

불진佛盡은 삼진三盡의 하나(一)로서 보살진菩薩盡은 보살지菩薩地가 다한다는 의미이고, 불진佛盡은 불지佛地가 다한다는 뜻이고, 이승부동진二乘不同盡은 이승지二乘地가 다한다는 것이다. 여기에 두 가지 의미가 있다. 보살菩薩의 각 지위가 다함에 그 보살菩薩이 각각 그 지위에 들어가고, 불지佛地가 다함에 부처가 다 그 불지佛地에 들어간다는 뜻과 또 하나는 보살菩薩의 모든 지위가 다함에 등각等覺에 들어가고, 등각等覺의 지위가 다함에 불지佛地에 들어가고, 불지佛地가 다함에 부처가 된다는 의미이다.

99 앞에서 이미 설하여 마쳤다고 한 것은 어떤 사람이 비난하여 말하기를 그러한즉 어찌하여 유독 사혜思慧와 수혜修慧뿐인가. 지중地中에도 또한 문혜聞慧가 있다. 그런 까닭으로 말하기를 문혜는 정지正地가 아니다 할까 염려하기에 답하여 말하기를 또한 정지正地라 할 것이지만 다만 생략한 까닭으로 없을 뿐이다 하니, 이것은 곧 앞에 삼지三地의 총과總科에 어김이 있을까 염려한다. 어리석은 나(私記主)는 말하노니 만약 다만 처음에 해석이 있었다면 곧 어떤 사람이 비난하여 말하기를 이미 前三이 지전地前이라 말하였다면 사혜와 수혜인달 어찌 정지正地라 하겠는가. 어떻게 유독 문혜만 정지가 아닌 까닭으로 그것을 제외하려 하는가 할까 염려하기에 다음에 또 말하기를 문혜와 수혜가 이미 정지가 아니지만 그러나 있다면 곧 문혜도 또한 응당 있어야 할 것이지만 지금에는 이미 다른 사람을 이익케 하는 까닭으로 그 스스로 들은 것(聞慧)을 생략한 것이다. 그러한즉 처음에 해석은 또한 이 일왕一往의 말이고 확실한 말이 아닌 까닭으로 다시 뒤에 해석이 있는 것이다. 역시 『잡화기』의 말이다.

100 그런 까닭으로 여기에는 생략하여 없는 까닭이라고 한 것은 바로 위에 모두 바른 지위가 아니며 앞에 이미 설하여 마쳤다고 한 두 가지 까닭을 섭수하는 것이니, 곧 사혜와 수혜인들 어찌 바른 지위가 아니며 어찌 앞에서 설한 것이 아니겠는가. 지금에 또한 있다고 한다면 곧 문혜와 더불어 부처님이 다 들어간다고 한 것도 또한 저기에 있다는 것에 비례한다고 할지라도

鈔

三에 此狹前入下는 料揀이라 言故此略無者는 明有亦無妨이니 若出所以인댄 此中利他일새 略自所聞하니라

세 번째 이것은 앞에 열 가지 들어감을 좁힌 것이라고 한 아래는 헤아려 가린 것이다.
그런 까닭으로 여기에는 생략하여 없다고 말한 것은 있다고 할지라도 또한 무방함을 밝힌 것이니
만약 그 까닭을 설출한다면 이 가운데[101]는 이타이기에 스스로 듣는 바를 생략하는 것이다.

또한 방해롭지 않는 것이다 하기에 그런 까닭으로 생략하여 없는 까닭을 따로 설출하여 말하기를 이 가운데는 이타이기에 운운(바로 아래 초문) 하였으나 그러나 다만 문혜가 없는 까닭만 설출하고 부처님이 다 들어간다는 까닭은 설출하지 않았으니, 소문所聞(바로 아래 초문)이라고 한 아래에 급불진及佛盡이라는 세 글자가 빠진 것이 아닌가 염려한다. 부처님이 다 들어간다고 한 것도 또한 이타이니 따로 그 까닭을 설출한다면 곧 응당 말하기를 이 가운데는 인행因行인 까닭으로 부처님이 다 들어간다는 과보를 설출하지 아니한 것이다 할 것이다. 위를 향하여 자분의 十句도 또한 因行이거니 무슨 까닭으로 부처님이 다 들어간다고 함을 갖추었는가. 자리인즉 승진을 밝히는 까닭으로 불과를 밝히거니와 이타인즉 반드시 승진을 설명할 이유는 없는 것이다. 이는 고인의 뜻이다. 역시 『잡화기』의 말이다.

101 이 가운데라고 한 것은 前之十句는 自利요 此之十句는 利他일새 略無聞慧니라. 즉 앞에 열 구절은 자리이고 여기에 열 구절은 이타기에 문혜聞慧가 생략되어 없다는 것이다.

疏

一은 攝始終이니 經云호대 如實說菩薩의 十地差別相故라하니 謂 以思慧智로 攝持所聞하야 稱思宣說할새 故云如實이라하나니라

첫 번째는 섭수함의 처음과 끝이니
경에 말하기를 여실하게[102] 보살의 십지에 차별한 모습을 설하게 하고자 하는 까닭이다 하였으니
말하자면 사혜思慧의 지혜로써 들은 바를 섭수하여 가져 사유함에 칭합하여 선설하기에 그런 까닭으로 말하기를 여실하다 한 것이다.

鈔

一은 攝始終下는 四에 釋文이라 十句分二니 初는 明前五句라 於中에 初句에 一은 標名이요 二는 牒經이요 三에 謂以下는 釋義니 此取意釋이라 若具인댄 論云호대 思慧智로 隨所聞義하야 受持說故니 謂如經에 如實說菩薩의 十地差別方便故라하니라 論經엔 加方便之言하니 謂善巧로 集成十地之相이요 今經엔 即差別中收니라 然論受持는 即釋標中攝義니 故疏云호대 攝持所聞이라하니 即自攝也니라 此上은 釋論이라 稱思宣說下는 以論釋經이니 若不稱思인댄 非如實說이니 故論云호대 思慧智說이라하니라 如實說者는 即是攝他니 前入은 即以說爲修하고 此는 則以說爲思하니라 亦是影略이니 以前엔 說後

---

102 원문에 여실如實 운운은 경문經文에 第二句이다.

無修일새 故以說爲修하고 此中엔 說後有修일새 故以說爲思니라

첫 번째는 섭수함의 처음과 끝이라고 한 아래는 네 번째 경문을 해석한 것이다.
열 구절을 두 가지로 나누리니
처음에는 앞의 다섯 구절을 밝힌 것이다.
그 가운데 처음 구절에 첫 번째[103]는 이름을 표한 것이요
두 번째[104]는 경문을 첩석한 것이요
세 번째 말하자면이라고 한 아래는 뜻을 해석한 것이니
이것은 뜻을 취하여 해석한 것이다.
만약 갖추어 말한다면 『십지론』[105]에 말하기를 사혜의 지혜로써 들은 바 뜻을 따라 받아가져 설하는 까닭이니
말하자면 이 경에 여실하게 보살의 십지에 차별한 방편을 설하게 하고자 하는 까닭이라[106] 한 것과 같다 하였다.
『십지론경』에는 방편이라는 말을 더하였으니
말하자면 선교방편으로 십지의 모습을 모아 이루는 것이요
지금 경에는 곧 차별한 가운데 모습을 거두는 것이다.
그러나 『십지론』에 받아가진다고 한 것은 곧 첫 번째 이름을 표한 가운데 섭수한다는 뜻을 해석한 것이니

---

103 첫 번째란, 소문에 첫 번째는 섭수함의 처음과 끝이라 한 것이다.
104 두 번째란, 소문에 경에 말하기를 운운한 것이다.
105 『십지론十地論』은 제일권第一卷이다.
106 방편고方便故까지가 論의 말이다.

그런 까닭으로 소문에 말하기를 들은 바를 섭수하여 가진다 하였으니
곧 스스로 섭수하는 것이다.
이 이상은 『십지론』을 해석[107]한 것이다.
그 사유함에 칭합하여 선설한다고 한 아래는 『십지론』으로써 이 경을 해석한 것이니
만약 사유함에 칭합하지 않는다면 여실하게 설할 수 없는 것이니 그런 까닭으로 『십지론』에 말하기를 사혜의 지혜로써 설한다 하였다.
여실하게 설한다고 한 것은 곧 이것은 다른 사람을 섭수하는 것이니 앞에 열 가지 들어간다고 한 것은 곧 설하는 것으로써 수혜修慧를 삼았고, 여기서는 설하는 것으로써 사혜思慧를 삼은 것이다.
또한 이것은 그윽이 생략된 것이니[108]
앞에서는 설한 뒤에 닦을 것이 없기에 그런 까닭으로 설하는 것으로써 수혜를 삼았고, 이 가운데서는 설한 뒤에 닦을 것이 있기에 그런 까닭으로 설하는 것으로써 사혜를 삼은 것이다.

---

107 원문에 석론釋論 두 글자(二字)는 『잡화기雜華記』엔 논석論釋이라 하였다. 즉 『십지론十地論』에서 해석한 것이라는 뜻이다.
108 원문에 역시영략亦是影略은 前入은 이설위사以說爲思하고, 此는 이설위수以說爲修함이 그윽이 생략된 것이다.

疏

二는 欲始終이니 緣念佛法은 意에 欲令物證故니 此卽思慧의 上品求心이라

두 번째는 의욕의 처음과 끝이니
불법을 반연하여 생각케[109] 하고자 한다고 한 것은 뜻에 중생으로 하여금 증득케 하고자 하는 까닭이니
이것은 곧 사혜의 상품상품으로 구하는 마음이다.

鈔

二는 欲始終이니 緣念佛法下는 以論釋經이니 論具云호대 令證一切佛法故라하니 今謂經明緣念은 非是自念이라 念欲令物으로 證所念法이니 故論云欲이라하니라 言上品求心者는 有二義故니 一은 令物證이요 二는 唯緣佛法故니라

두 번째는 의욕의 처음과 끝이니 불법을 반연하여 생각케 하고자 한다고 한 아래는 『십지론』으로써 이 경을 해석한 것이니
『십지론』에 갖추어 말하기를 하여금 일체 불법을 증득케 하고자 하는 까닭이다 하였으니
지금에는 말하자면 경문에 반연하여 생각케 하고자 함을 밝힌 것은

---

109 원문에 연염불법緣念佛法이라고 한 것은 經文에 第三句이다.

스스로 생각하는 것이 아니라 생각에 중생으로 하여금 생각한 바 불법을 증득케 하고자 하는 것이니
그런 까닭으로 『십지론』에 말하기를 하고자 한다 하였다.
상품으로 구하는 마음이라고 말한 것은 두 가지 뜻이 있는 까닭이니
첫 번째는 중생으로 하여금 증득케 하고자 하는 것이요
두 번째는 오직 불법만을 반연하고자 하는 까닭이다.

疏

三은 行始終이니 以是修慧일새 故名修習이라 言分別無漏法者는 於地上無漏道品에 起意言分別하야 觀行故니 以未證故로 但是 觀分之時에 帶相觀心이요 未覺無相일새 故云分別이라하니라

세 번째는 행의 처음과 끝이니
이것은 수혜이기에 그런 까닭으로 닦아 익힌다고[110] 이름한 것이다.
무루법을 분별한다고 말한 것은 십지 이상의 무루도품에 의식의 명언[111]으로 분별함을 일으켜 관찰하여 행하는 까닭이니
아직 증득하지 못한 까닭으로 다만 관찰하여 분별[112]할 때만 진여의

---

110 원문에 수습修習이라고 한 것은 경문經文에 第四句이다.
111 원문에 의언意言이라고 한 것은 意는 제육의식第六意識이요, 言은 명언名言이니 제육의식第六意識은 명언名言에 의지하여 모든 법을 변화하여 그 종자種子를 제육식第六識에 훈부薰付하는 것이다.
112 원문에 관분觀分이라고 한 것은 『잡화기雜華記』와 『유망기遺忘記』가 다 같이 관달지분觀達之分이니 곧 분제分齊요 저 경론經論에 분별分別이 아니다 하였

모습을 띠어 마음을 관찰한다 말하는 것이요
아직 모습이 없는 줄 깨닫지 못하였기에 그런 까닭으로 분별한다
말하는 것이다.

鈔

三行始終은 論釋云호대 觀分時中에 無漏道品에 分別修覺相故라하
니라 論中修字는 釋標名行字니 依念進修名行이라 行은 卽此經修習
이니 故疏에 先解修習之言이라 言分別無漏法下는 牒經解釋이니 卽
明地前菩薩이 於地上法에 而起觀修호대 但是意識의 名言分別이라
次以未證下는 釋論觀分之時니 卽加行位라 然觀分言은 論釋彼經
觀字니 以論經云호대 觀達分別無漏法故라하니라 後帶相下는 釋經
分別字니 謂帶如相故니 論名修覺相也니라 卽唯識云호대 現前立少
物하야 謂是唯識性인댄 以有所得故로 非實住唯識이라하니 彼論에
釋四加行已하고 云皆帶相故로 未能證實일새 故說菩薩이 此四位中
에 猶於現前에 安立少物하야 謂是唯識의 眞勝義性인댄 以彼空有의
相未除故로 帶相觀心이니 有所得故로 非實安住眞唯識性하고 彼相
滅已에사 方實安住라하며 彼疏釋云호대 心上變如를 名爲少物이니
此非無相일새 故名帶相이니라 若證眞時에 彼相便滅者인댄 卽是空

다. 그리고『잡화기』는 관달지분觀達之分을 가행위加行位의 이명異名이라
하나 소가疏家는 영인본 화엄 9책, p.24, 末行에서 然이나 관분언觀分言
운운이라 하여『십지론경十地論經』의 관달분별觀達分別이라 하였다. 즉 관분
觀分이 가행위加行位의 이명異名이 아니라 관찰觀察하여 분별分別할 때가
곧 가행위加行位라는 것이다.

所執相이요 有依他相인댄 名空有相位니 謂空有相이 是彼唯識의 眞勝義性인댄 由有此相하야 未證眞理하고 滅空有相하야사 方證眞故라하니라 彼論結云호대 依如是義일새 故有頌言호대 菩薩於定位에서 觀影唯是心하야 義相旣滅除인댄 審觀唯自相이어다 如是住內心하야 知所取非有하고 次能取亦無하면 後觸無所得이라하니라 釋曰此則結四加行이니 謂初二句는 煖位요 次二句는 頂位요 次二句는 中下忍이요 次一句는 卽上忍位요 合上三句하면 爲世第一이요 末句는 見位也니라

세 번째는 행의 처음과 끝이라고 한 것은『십지론』에 해석하여 말하기를 관찰하여 분별하는 시간 가운데 무루도품에 깨달음의 모습을 분별하여 닦는 까닭이다 하였다.
『십지론』가운데 수修라는 글자는 이름을 표함에 행行이라는 글자를 해석한 것이니
생각을 의지하여 나아가 닦는 것이 이름이 행이다.
행행이라고 한 것은 곧 이 경문에 수습修習이니
그런 까닭으로 소문에 먼저 수습이라는 말을 해석한 것이다.
무루법을 분별한다고 말한 아래는 경문을 중첩하여 해석한 것이니 곧 십지 이전의 보살이 십지 이상의 법에 관찰함을 일으켜 수행하지만 다만 이 의식의 명언으로 분별함을 밝힌 것이다.

다음에 아직 증득하지 못한 까닭이라고 한 아래는『십지론』에 관찰하여 분별하는 때를 해석한 것이니

곧 가행위이다.
그러나 관찰하여 분별한다고 말한 것은 『십지론』에서 저 『십지경』의 관觀이라는 글자를 해석한 것이니
『십지론경』에 말하기를 무루법을 관찰하고 통달하여 분별하는 까닭이다 하였다.
뒤에 진여의 모습을 띠었다고 한 아래는 경에 분별이라는 글자를 해석한 것이니
말하자면 진여의 모습을 띤 까닭이니 논에서는 깨달음의 모습을 닦는다(修覺相)고 이름하였다.
곧 『유식론』[113]에 말하기를

현전에 작은 물건을 세워
이것이 유식성性이라 말한다면
얻을 바가 있는 까닭으로
진실로 유식에 머물 수 없다 하니

저 『유식론』[114]에 사가행을 해석하여 마치고 말하기를 다 진여의 모습을 띤 까닭으로 능히 진실한 유식을 증득하지 못하였기에 그런 까닭으로 말하기를 보살이 이 사가행 가운데 오히려 현전함에 작은 물건을 안립하여 이것이 유식의 진승의성이라 말한다면 저 공과

---

113 『유식론唯識論』이란, 『유식론』 제구권第九卷에 게송이다.
114 원문에 피론彼論이란, 『유식론唯識論』 제구권第九卷이다.

유[115]의 모습을 아직 제멸하지 못한 까닭으로 진여의 모습을 띠어 마음을 관찰하는 것이니

얻을 바가 있는 까닭으로 진실로 진실한 유식성에 편안히 머물 수 없고 저 두 가지 모습을 제멸한 이후에사[116] 바야흐로 진실로 편안히 머물 것이다 하였으며

저 『유식소』에 해석하여 말하기를 마음의 분상에서 변한 진여[117]를 이름하여 작은 물건이라 하는 것이니

이것은 모습이 없지 않기에 그런 까닭으로 모습을 띠었다 이름하는 것이다.

만약 진여를 증득할 때에[118] 저 모습이 문득 사라진다면 곧 이것은 공에 집착한 바[119] 모습이요

---

115 본문本論엔 有 자 아래 無二라는 두 글자(二字)가 있다.
116 저 두 가지 모습을 제멸한 이후라고 한 등은 이 가행위加行位로 좇아 초지에 들어갈 때에 저 두 가지 모습을 제멸한다 운운한 까닭이요, 두 줄 뒤에 곧 이것은 공에 집착한 모습이라고 한 것은 먼저 지전地前에 제멸한 바를 거론한 것이다. 이는 고인의 뜻이다. 역시 『잡화기』의 말이다.
117 원문에 심상변여心上變如는 마음의 분상分上에서 變한 진여眞如이니 곧 공상空相과 유상有相이다. 어찌하여 그러한가. 보살菩薩이 저 가행위加行位 가운데서 이미 명등사법名等四法이 다 자심自心의 변현變現으로서 거짓으로는 있고 진실로는 없는 줄 관찰하였다면 곧 그것은 유식唯識의 이치가 곧 이 공상空相과 유상有相이라 말한 바인 까닭이다. 역시 『잡화기』의 말이다. 명등사법名等四法이란, 명名·의義·자성自性·차별差別이다.
118 원문에 약증진시若證眞時 등은 그 뜻이 앞에 피상멸이彼相滅已에서 방실안주方實安住라 한 구절을 첩석牒釋한 것이다. 역시 『잡화기』의 말이다.
119 원문에 공소집空所執 운운은 所執者는 앞에 집착한 바 진여眞如의 모습이

의타기의 모습이 있다면[120] 공의 모습과 유의 모습이 있는 지위라 이름할 것이니

말하자면 공의 모습과 유의 모습[121]이[122] 저 유식의 진승의성이라 말한다면 이 모습이 있음을 인유하여 진리를 증득하지 못하고 공과 유의 모습을 제멸[123]하여야 바야흐로 진리를 증득하는[124] 까닭이다 하였다.

저 『유식론』[125]에 맺어 말하기를 이와 같은 뜻을 의지하기에 그런

지금에 공空한 까닭으로 공상空相이요, 비록 空이지만 다시 저 空이 진승의성 眞勝義性의 다른 相을 의지하는 까닭으로 유상有相이다. 역시 『잡화기』의 말이다.

120 원문에 유의타상有依他相은 위에서 마음의 분상分上에서 변현變現한 진여眞如 라 한 것은 이 의타기依他起의 모습(相)이다.

121 원문에 유공有空은 空有라 할 것이다. 그러나 本論에는 有空으로 되어 있다.

122 말하자면 공의 모습과 유의 모습이라고 한 등은 널리 이 지위의 보살이 아직 제멸하지 못한 바 모습을 논한다면 곧 모두 공과 유의 두 모습이 있지만 만약 저 유식에 계교한 바 유식성을 잡는다면 곧 다만 공의 모습뿐이니 변계소집이 공한 것으로 유식의 뜻을 나타낸 까닭이다. 그러한즉 저 스스로 변계소집이 공한 모습이 또한 이 의타가성이라 말하는 것이다. 그렇지 아니한즉 무슨 까닭으로 앞에서는 곧 공과 유의 모습을 함께 거론하고 지금에는 곧 다만 공의 모습만 거론하였겠는가. 어떤 사람이 말하기를 공空 자와 유有 자가 앞뒤로 바뀌었다고 한 것은 아직 그 뜻을 얻지 못한 것이 아닐까 염려한다. 이상은 다 『잡화기』의 말이다.

123 고인의 뜻에 곧 멸공유滅空有라고 한 아래는 바야흐로 진리를 증득하는 모습을 나타낸 것이라고 하였다. 『잡화기』의 말이다.

124 원문에 식진識眞이라 한 識 자는 證 자가 좋다.

125 원문에 피론彼論은 『성유식론成唯識論』이다.

까닭으로 게송을 두어 말하기를

보살이 정위定位에서
영상이 오직 이 마음인 줄 관찰하여[126]
의리의 모습이 이미 제멸되었다면
오직 스스로의 모습을 살펴 관찰할 것이다.

이와 같이 안으로 마음에 머물러
취할 바도 있지 않고
다음에 능히 취하는 것도 또한 없는 줄 안다면

---

[126] 원문에 보살어정위菩薩於定位에 관영유시심觀影唯是心은 이것이 이미 사가행을 맺는 것이라고 한다면 곧 다만 앞의 논에 사가행을 맺는 것이요, 장행문인 즉 그 뜻이 스스로 잘 나타났으니 아래 출자권出字卷 67장 이하에 인용한 바인 까닭으로 지금에 다시 인용하지 않는다. 저『유식론唯識論』에 해석하여 말하기를 영상影像이라고 하는 것은『잡집론』에 해석하여 말하기를 소지동분所知同分의 영상상影像相이니, 말하자면 보살菩薩이 최초 무수겁無數劫에 진여眞如, 계경契經 등의 법法을 수순隨順하여 이치와 같이 사유思惟하는 선정禪定 가운데 알아야 할 바 영상影像이지만 이 선정禪定의 마음에 영상이 이 선정이 아닌 줄 알고 이 영상을 의지하여 외경계外境界에 대한 생각을 버리고 오직 보살의 정위定位에서 스스로의 영상을 깊이 살펴 관찰하면 그때에 그 보살菩薩이 모든 법法이 오직 자심自心인줄 요지了知할 것이다 하였다. 따라서 여기에 인용한 二偈 가운데 初偈의 四句에 初二句는 명득정明得定(初一句)으로써 무소취無所取를 관찰觀察(第二句)하고, 次句는 명증정明增定(第三句)으로써 거듭 무소취無所取를 관찰(第四句)하는 것이니, 심관審觀이라고 한 것은 중관重觀의 의미이다. 이상은 다『잡화기』의 말이다.

뒤에 촉경觸境도[127] 얻을 바가 없을 것이다 하였다.

해석하여 말하면 이것은 곧 사가행四加行을 맺는 것이니
말하자면 처음에 두 구절은 난위煖位요
다음에 두 구절은[128] 정위頂位요
다음에 두 구절은 중인中忍과 하인위下忍位요
다음에 한 구절은 곧 상인위上忍位요
위에 세 구절을 합하면 세제일위世第一位요
끝 구절은 견도위見道位이다.

---

127 뒤에 촉경觸境이라 한 촉觸 자는 증證 자의 뜻이니 고인의 뜻이다. 역시 『잡화기』의 말이다.
128 원문에 次二句下는 제이게第二偈이다. 다음에 두 구절이라고 한 등은 차하에 三句의 배속한 바가 출자권出字卷 69장에 배속한 바로 더불어 같지 않나니 저 출자권에 다음에 두 구절은 하인위下忍位라 말한 것은 이 두 구절이 다만 인순정印順定의 무소취無所取라는 뜻만 나타내고 인순정의 무능취無能取라는 뜻이 없는 까닭이요 지금에 다음에 두 구절은 중인과 하인위라고 말한 것은 이미 인순정의 무소취라는 말이 있었다면 곧 인순정의 무능취라는 뜻도 그윽이 있는 까닭이다. 저 출자권에 제 일곱 번째 구절은 중인中忍이라 말한 것은 여기에 처음 무능취라는 말이 있다면 곧 이것은 처음 인순락印順樂이 있는 까닭이요 지금에 제 일곱 번째 구절은 상인上忍이라 말한 것은 앞의 두 구절 가운데 이미 무능취라는 뜻이 있었다면 곧 이것은 이미 인순락이 있는 까닭으로 이 구절이 인순정의 무능취가 되는 것이다. 이 세 구절에 배속한 바가 이미 그러한 까닭으로 다음에 말하기를 위에 세 구절을 합하면 상인上忍이 되고 세제일世第一은 생략되어 없다 하였다. 이 세 구절이란 제이게第二偈 가운데 앞에 세 구절이다. 역시 『잡화기』의 말이다.

疏

四는 證始終이니 卽見道位라 大智者는 卽眞見道니 根本인 法無我智가 過小乘故로 名大요 治無明故로 云光明이요 此智가 親證眞如하야 平等平等하야 離二取相일새 名善觀察이요 實斷二障과 分別隨眠일새 名善選擇이라 巧莊嚴者는 卽相見道니 是後得智라 故論名方便이라하니 方便卽巧요 法眞見道하야 種種建立은 名爲莊嚴이라 又莊嚴者는 卽二智成德이니 由得此二하야 善達法界하야 於多百門에 已得自在일새 故云莊嚴이라하니라 故論云호대 此事中과 彼時中에 皆善知故라하니라 由相見道하야 復有二種하니 一은 觀安立諦니 名此事中이요 二는 觀非安立諦니 名彼時中이라 以法眞見道하야 正證如時는 不可名事요 相望前眞일새 故名爲彼니라

네 번째는 증득함의 처음과 끝이니
곧 견도위이다.
경문에 큰 지혜라고 한 것은 곧 진견도眞見道이니
근본지[129]인 법무아지法無我智가 소승을 지나는 까닭으로 크다고 이름하는 것이요
무명을 다스리는 까닭으로 광명이라 말하는 것이요
이 지혜가 친히 진여를 증득하여 평등하고 평등하여 두 가지 취하는

---

129 근본지 운운은 진견도眞見道는 근본지根本智에 배속하고, 상견도相見道는 후득지後得智에 배속한다.

모습을 떠났기에 잘 관찰한다 이름하는 것이요
진실로 두 가지 장애[130]와 분별과 수면을 끊었기에 잘 선택한다
이름하는 것이다.
교묘하게 장엄한다고 한 것은 곧 상견도相見道이니
이것은 후득지이다.
그런 까닭으로『십지론』에 방편이라 이름하였으니 방편은 곧 선교요
진견도를 법 받아 가지가지를 건립하는 것은 이름이 장엄이 되는
것이다.
또 장엄이라고 한 것은 곧 두 가지 지혜로 덕을 이루는 것이니
이 두 가지 지혜를 얻음을 인유하여 법계를 잘 요달하여 수많은
백 가지 문에[131] 이미 자재함을 얻었기에 그런 까닭으로 장엄이라
말하는 것이다.
그런 까닭으로『십지론』에 말하기를 이 사실 가운데[132]와 저 시간
가운데[133] 다 잘 아는 까닭이다 하였다.
상견도를 인유하여 다시 두 가지가 있나니
첫 번째는 안립제安立諦를 관찰하는 것이니
이 사실 가운데라 이름하는 것이요

---

[130] 원문에 이장二障은 영인본 화엄 9책, p.33, 1행에 煩惱障과 所知障이라 하였으니 二障"과" 토吐이다.
[131] 원문에 다백문多百門 등은 백삼매百三昧와 백불百佛과 백불신력百佛神力 등 이다.
[132] 원문에 차사중此事中은 상견도相見道이다.
[133] 원문에 피시중彼時中은 진견도眞見道이다.

두 번째는 비안립제非安立諦[134]를 관찰하는 것이니
저 시간 가운데라 이름하는 것이다.
진견도를 법 받아 바로 진여를 증득하는 때는 가히 이 사실이라
이름할 수 없는 것이요
상견도가 앞의 진견도를 바라보기에 그런 까닭으로 저 시간이라
이름하는 것이다.

鈔

四證始終은 具足論云호대 四는 證始終이니 見道時中에 法無我智의
方便故라하니 如經의 善決擇大智慧光明方便故니라 是中에 善決擇
者는 擇中最勝이요 最勝者는 法無我智故니라 大智慧者는 過小乘故
요 光明者는 對治無明故니 此事中과 彼時中을 皆善知故라하니라 釋
曰此中에 論有三節하니 初는 略釋이요 次는 引經帖이요 後에 是中下
는 隨難牒釋이어늘 今疏가 摘論鎖經하니 義無遺矣니라 然經中에 巧
莊嚴字는 是相見道요 上은 皆眞見道니 疏乃當中하야 先釋大智니라
此二見道는 卽唯識第九니 今欲釋疏인댄 須知根源일새 先當具引彼
論하리라 論中에 先總釋偈意已는 如上證入中에 已具引文일새 今但
引二見道하리라 卽彼次論云호대 然此見道가 略有二種하니 一은 眞

---

134 안립제安立諦와 비안립제非安立諦는 사전을 참고하라. 비안립제非安立諦는
유식 소문에 곧 진여眞如라 하였다. 『잡화기』에 말하기를 이 상견도 가운데
비안립제를 관찰한다고 한 것이 그 뜻이 어기는 듯하지만 그러나 이 후득지
가운데 거듭 진여를 반연하는 뜻이다 하였다.

見道니 謂卽所說의 無分別智로 實證二空의 所顯眞理하고 實斷二障과 分別隨眠하나니 雖多刹那에 事方究竟이나 而相等故로 總名一心이라하니라 釋曰言雖多刹那者는 此一心見道가 以無間解脫과 幷一切勝進일새 故中間에 有多刹那하니라 論云호대 有義는 此中에 二空二障을 漸證漸斷하나니 以有淺深과 麤細異故라하며 有義는 此中에 二空二障을 頓證頓斷하나니 由意樂力이 有堪能故라하니라 釋曰加行意樂의 欲俱斷故니라 論曰二는 相見道니 此復有二하니라 一은 觀非安立諦에 有三品心하니 一은 內遣有情假緣智니 能除軟品의 分別隨眠이요 二는 內遣諸法假緣智니 能除中品의 分別隨眠이요 三은 遍遣一切有情과 諸法假緣智니 能除一切分別隨眠이라 前二는 名法智니 各別緣故요 第三은 名類智니 總合緣故라하니 彼疏云호대 卽三心이 見道라하니라 非安立者는 卽眞如也요 內는 謂內身이요 假者는 談其無體니 先計有情이 皆妄所計일새 但有內心에 似有情現커늘 今能遣之니라 緣智者는 謂能緣心이니 卽緣內身하야 爲境하야 遣有情假하는 緣之智니라 然此中에 人法二障을 各分上下하리니 麤者爲上이요 細者爲下니 合爲四類니라 然二麤者를 各別除之는 以智猶弱하야 未雙斷故요 若上品智인댄 方能雙斷하리니 此卽隨智하야 說爲軟等이니 軟者는 下也라 初智名軟이요 次智名中이니 勝前劣後하니라 後起名上이니 能斷見惑하야 此智最上이니라 然初二智는 未能殊勝일새 別緣內身하야 除我法假하고 第三心時에 其智上品일새 廣緣內外에 若我若法하나니 故三別也니라 言類智者는 前智類故니라 論云호대 法眞見道에 二空見分하야 自所斷障을 無間과 解脫에 總別建立이 名相見道라하니 法者는 倣學으로 爲義하니라 眞見道中에 雖有

二空의 自證分이나 而見分이 親緣眞如일새 所以法之하니라 然見分中에 有無間解脫하니 隨自所斷障하야 雖有四見分이나 無間道中에 斷惑別故로 人法二見分을 各別法之하야 立初二心하고 解脫道中에 證理同故로 人法二見을 總以法之하야 有第三心하나니 故論云호대 總別建立이 名相見道라하니라 論云호대 有義는 此三이 卽是眞見道攝이니 以相見道는 緣四諦故라하니라 有義는 此三이 是相見道니 以眞見道는 不別緣故라하니라 釋曰論엔 以後義爲正일새 故疏但云호대 相見道有二라하니라 論云호대 二는 緣安立諦에 有十六心等은 前迴向品의 十六智實處에 已引하니 但觀上所引論文하면 疏文易了리라

네 번째는 증득함의 처음과 끝이라고 한 것은 『십지론』에 갖추어 말하기를 네 번째는 증득함의 처음과 끝이니
견도시간 가운데 법무아지의 방편인 까닭이다 하였으니
경에 큰 지혜의 광명을 잘 결택하는 방편인 까닭이다 한 것과 같다.
이 가운데 잘 결택한다고 한 것은 결택하는 가운데 가장 수승한 것이요
가장 수승하다고 한 것은 법무아지인 까닭이다.
큰 지혜라고 한 것은 소승을 지나는 까닭이요
광명이라고 한 것은 무명을 상대하여 다스리는 까닭이니
이 사실 가운데와 저 시간 가운데를 다 잘 아는 까닭이다 하였다.
해석하여 말하면 이 가운데 논문이 삼절이 있나니
처음에는 간략하게 해석한 것이요

다음[135]에는 경을 인용하여 표제[136]한 것이요
뒤에 이 가운데라고 한 아래는 비난함을 따라 첩석한 것이어늘,
지금에는 소가가 『십지론』을 들추어내어[137] 경문을 소석하였으니
뜻이 유실함이 없는 것이다.
그러나 이 경문 가운데 아래 교장엄이라고 한 글자는 이 상견도요
그 위[138]에는 다 진견도이니,
소가는 이에 중간[139]에 당하여 먼저 큰 지혜를 해석한 것이다.
이 두 가지 견도는 곧 『유식론』 제구권이니,
지금에 소문을 해석하고자 한다면 반드시 그 근원을 알아야 하기에
먼저 마땅히 저 『유식론』을 갖추어 인용해야 할 것이다.
『유식론』 제구권 가운데 먼저 게송의 뜻을 모두 해석하여 마친
것은 위에 제 다섯 번째 증득하여 들어간다[140]고 한 가운데 이미
갖추어 인용한 『유식론』 문과 같기에 지금에는 다만 두 가지 견도만
인용하겠다.
곧 저 『유식론』이 다음 논문[141]에 말하기를 그러나 이 견도가 간략하

---

135 다음이라고 한 것은 여경선결택如經善決擇 이하 논문이니 영인본 화엄 9책, p.27, 8행 초문이다.
136 帖은 '표제 첩' 자이다.
137 摘은 '들추어낼 적' 자이다.
138 위란, 선선결택관찰善選決擇觀察이다.
139 중간이란, 대지광명大智光明이고 교장엄巧莊嚴은 下이다.
140 원문에 상증입上證入이란, 別九種入中에 第五證入이니 수자권水字卷 45장 이하이다. 그리고 증입證入 초문鈔文 말미末尾에 차하당설次下當說이라 하여 바로 이곳을 가리켰다.

게 두 가지가 있나니

첫 번째는 진견도이니

말하자면 곧 설할 바 무분별의 지혜로 진실로 두 가지 공의 현시한 바 진리[142]를 증득하고 진실로 두 가지 장애[143]와 분별과 수면을 끊나니 비록 수많은 찰나에 일이 바야흐로 구경이지만[144] 그러나 그 행상이 같은[145] 까닭으로 모두 일심이라 이름한다[146] 하였다.

해석하여 말하면 비록 수많은 찰나라고 말한 것은 이 일심의 견도가 무간도와 해탈도와 일체승진[147]도를 아우르기에 그런 까닭으로 중간

---

141 원문에 피차론彼次論은 여자권麗字卷 48丈, 9행, 초문鈔文 말미末尾에 『유식론唯識論』을 이끌어 진견도자眞見道者는 운운하여 實斷分別과 二障과 隨眠이라 한 그 다음 논문이다. 분별分別과 이장二障만 말이 바뀌었다.

142 진리眞理는 영인본 화엄 9책, p.32, 7행엔 진여眞如라 하였다.

143 원문에 이장二障은 영인본 화엄 9책, p.33, 1행에 번뇌煩惱와 소지所知라 하였다.

144 원문에 수다찰나사방구경雖多刹那事方究竟은 『유식론唯識論』註에 말하기를 견도見道가 비록 일심一心이라 말하지만 사도四道를 인유하여야 바야흐로 능히 친히 증득하나니, 가행도加行道의 일찰나一刹那는 닦는 것(修)이요, 무간도無間道의 일찰나는 끊는 것(斷)이요, 정진도精進道의 일찰나는 들어가는 것(入, 或見)이요, 해탈도解脫道의 일찰나는 증득하는 것(證)이다. 비록 수많은 찰나刹那에 일이 바야흐로 구경이지만 그러나 진여상眞如相이 같고 사도四道의 행상行相이 같은 까닭으로 모두 일심一心이라 이름한다 하였다. 今鈔엔 가행도加行道가 빠졌다. 역시 『잡화기』의 말이다.

145 원문에 상등相等은 사도四道의 행상行相이 같고 또 진여상眞如相이 같다는 것이다.

146 원문에 총명일심總名一心은 아래 상견도相見道의 삼심三心과 십육심十六心을 상대相對하여 일심一心이라 말한 것이니 견도見道이다.

에 수많은 찰나가 있는 것이다.

『유식론』에 말하기를 어떤 사람의 뜻은[148] 이 가운데 두 가지 공과 두 가지 장애를 점점 증득하고 점점 끊나니 얕고 깊은 것과 크고 작은 것[149]이 다름이 있는 까닭이다 하였으며

어떤 사람의 뜻은[150] 이 가운데 두 가지 공과 두 가지 장애를 한꺼번에

---

147 일체승진一切勝進의 一切는 本論엔 一字로 一勝進이다. 『잡화기雜華記』엔 講師는 말하기를 無間道와 解脫道等中에 다 勝進이 있는 까닭으로 一切라 한다 하고, 『잡화기雜華記』主는 無間道中에 斷我와 斷法이 다 勝進이 있는 까닭으로 一切라 한다 하였다. 『유망기遺忘記』에는 一切 二字는 加行이 아닌가 의심한다 하였으니, 모두의 해석이 다르니 잘 살펴야 한다.

148 원문에 유의有義 운운은 저 『유식론唯識論』註에 말하기를 상견도相見道를 인유하여 진견도眞見道에 들어가는 까닭으로 점차가 있는 것이니, 크고 얕다는 것은 곧 상견도相見道의 아집我執의 큰 것을 끊고 인공人空의 얕은 것을 증득하는 것이요, 깊고 작다는 것은 곧 진견도眞見道의 법집法執의 작은 것을 끊고 법공法空의 깊은 것을 증득하는 것이다 하였으니, 여기 근본지根本智 가운데서 상견도相見道를 인유하여 진견도眞見道에 들어간다고 한 말은 보통의 학설이 아니다. 즉 보통의 학설은 由眞入相故니, 즉 진견도眞見道를 인유하여 상견도相見道에 들어가는 까닭이다.

149 원문에 천심추세淺深麤細는 『유망기遺忘記』에 二空은 얕고(人空) 깊은(法空) 것이 있고, 二障은 큰 것(煩惱障)과 작은 것(所知障)이 있는 까닭으로 점점 끊고 점점 증득한다는 것이다.

150 원문에 유의有義 운운은 저 『유식론唯識論』註에 말하기를 진견도眞見道는 다시 상견도相見道가 아님을 말하는 것이니, 한 번 끊음에 영원히 끊는 것이 이름이 진견도眞見道이다. 의락意樂은 낙원樂願이니 이것은 증득하고자 함에 곧 증득하여 다시 점차漸次가 없음을 나타내는 까닭이다. 이 두 가지 뜻이 비록 다르지만 함께 이치에 어긋나지 않는다 하였다. 그렇다면 곧

증득하고 한꺼번에 끊나니 의락意樂의 힘이 감당할 능력이 있음을 인유한 까닭이다 하였다.
해석하여 말하면 가행과 의락의 욕망[151]이 함께 끊는 까닭이다.
『유식론』에 말하기를 두 번째는 상견도이니
여기에 다시 두 가지가 있다.
첫 번째는 비안립제를 관찰함에[152] 삼품의 마음이 있나니
첫 번째는 안으로 유정의 거짓을 보내는 반연하는 지혜이니
능히 연품[153]의 분별과 수면을 제멸하는 것이요
두 번째는 안으로 제법의 거짓을 보내는[154] 반연하는 지혜이니
능히 중품의 분별과 수면을 제멸하는 것이요
세 번째는 일체유정과 제법의 거짓을 두루 다 보내는 반연하는 지혜이니

위에 두 가지 뜻을 합하면 그 정의正義가 될 것이다. 이상은 『잡화기』의 말이다. 意樂은 阿世耶를 번역한 것으로서 무슨 일을 하겠다고 마음에 즐겁게 생각하는 것이다.

151 欲이란, 여기서 欲이란 가행加行의 힘과 의락의 힘이다.
152 원문에 관비안립제觀非安立諦 운운은 저 『유식론唯識論』註에 말하기를 사제四諦를 반연하지 않고 오직 삼심三心으로써 관찰하는 것이니, 첫 번째 유정有情이라고 한 것은 곧 보낼 바 집착이고, 가연지假緣智라고 한 것은 곧 능히 보내는 마음이다. 두 번째 제법諸法이라고 한 것은 곧 법집法執이니 인집人執보다 작은 까닭으로 중품中品이라 한다 하였다. 역시 『잡화기』의 말이다.
153 耎은 軟 자와 같다. 연품耎品은 하품下品이다.
154 원문에 내견제법內遣諸法은 內身上에 오온五蘊은 법집法執이요, 위에 有情者는 곧 아집我執이다. 『잡화기』에는 거짓을 반연하는 지혜라 하였다.

능히 일체 분별과 수면을 제멸하는 것이다.
앞에 두 가지는 법지法智[155]라 이름하나니
각각 따로 반연하는 까닭이요
제 세 번째는 유지類智[156]라 이름하나니
모두 합하여 반연하는 까닭이다 하니
저『유식론』소문에 말하기를 곧 삼품의 마음이 상견도相見道이다 하였다.
비안립이라고 한 것은 곧 진여요
안이라고 한 것은 내신內身을 말하는 것이요
거짓이라고 한 것은 그 몸이 자체가 없음을 말하는 것이니
먼저 유정을 계교하는 것이 다 허망한 인연으로 계교하는 바이기에

---

[155] 법지法智는 십지十智의 하나로, 욕계欲界의 사제四諦의 이치를 관찰하여 일어나는 번뇌를 끊는 지혜. 욕계에서 진리를 닦는 지혜이다.
법지法智와 다음 줄 유지類智라고 한 것은 모든 경론 가운데 다분히 처음에 각각 따로 반연하는 것으로써 법지를 삼나니, 이것은 소연所緣을 바라보아 이름을 얻은 것이요, 뒤에 합하여 반연하는 것으로써 유지를 삼은 것은 이것은 앞에 법지를 바라보아 이름을 얻은 것이다. 법지와 유지의 해석은 夜字 하권 22장을 볼 것이다. 역시『잡화기』의 말이다.

[156] 유지類智는 도류지道類智를 말하는 것이니, 삼계견혹三界見惑의 十六心 가운데 第十六心이다. 영인본 화엄 6책, p.49를 참조하라. 그리고 法과 類智釋은 古本 야자권夜字卷 22장에 있으니 참고하라. 도류지道類智는 유식唯識에서는 견도위見道位로 보고 구사俱舍에서는 수도위修道位로 본다. 유지는 십지十智의 하나로 색계와 무색계의 사제의 이치를 관찰하여 일어나는 번뇌를 끊는 지혜로써 모든 법을 아는 법지法智와 유사하므로 유지類智라 한다. 또 욕계에 유례類例하여 색계와 무색계에서 진리를 닦는 지혜라고도 한다.

다만 내심內心이 있음에 유정이 나타나는 것과 같거늘 지금에는 능히 그 유정의 거짓을 보내는 것이다.

반연하는 지혜라고 한 것은 말하자면 능히 반연하는 마음이니 곧 내신을 반연하여 경계를 삼아 유정의 거짓을 보내는 반연하는 지혜이다.

그러나 이 가운데 사람과 법의 두 가지 장애를 각각 상하上下로 나누리니[157]

큰 것은 상품이 되고[158] 작은 것은 하품이 되나니 합하면 네 가지 품류가 되는 것[159]이다.

그러나 두 가지 큰 것을 각각 따로 제멸하는 것은 지혜가 오히려 약하여 함께 끊을 수 없는 까닭이요

만약 상품의 지혜라면 바야흐로 능히 함께 끊을 것이니

---

[157] 원문에 이장각분상하二障各分上下는 이것은 이장二障의 분별分別 가운데 종자種子에 나아가 또한 추세麤細를 나눈다면 곧 보통의 현행現行이 麤가 되고 종자種子가 細가 되는 학설과는 같지 않는 것이다. 역시 『잡화기』의 말이니, 즉 다만 人·法의 두 가지 장애를 각각 上下로 나누어 麤는 上品이 되고 細는 下品이 된다는 것이다.

[158] 원문에 추자위상麤者爲上은 이것은 커서 나타나 밖에 있는 것으로 상품上品을 삼고, 작아서 숨어 안에 있는 것으로 하품下品을 삼았으니 상품上品이라고 한 것은 저 『기신론起信論』 가운데 상심번뇌上心煩惱라 한 것과 같다. 그렇다면 여기에 上·下라는 글자가 저 『기신론』 가운데 下·中·上이라는 글자와는 반대이다. 이상은 『잡화기』의 말이다. 『유망기遺忘記』는 지말번뇌枝末煩惱가 근본번뇌根本煩惱 위에 있는 까닭으로 麤者爲上이라 하였다.

[159] 원문에 합위사류合爲四類는 人·法의 이장二障이 각각 추麤와 세細가 있으니 사류四類가 되는 것이다.

이것은 지혜를 따라 연품이 된다고 말한 등이니
연품이라고 한 것은 하품이다.
처음에 지혜를 연품이라 이름하고[160]
다음에 지혜를 중품이라 이름하는 것이니
앞에 지혜보다는 수승하고 뒤에 지혜보다는 하열한 것이다.
뒤에 생기한 지혜를 상품이라 이름하는 것이니
능히 견혹見惑을 끊어[161] 이 지혜가 최상인 것이다.
그러나 처음에 두 가지 지혜[162]는 아직 능히 수승하지 못하기에
따로 내신을 반연하여 나와 법의 거짓을 제멸하고
제 삼품의 마음이 이를 때에 그 지혜가 최상품이기에 안과 밖에
혹 나와 혹 법을 널리 반연하나니
그런 까닭으로 세 가지가 다른 것이다.
유지類智라고 말한 것은 앞의 법지와 유사한 지혜인 까닭이다.
『유식론』에[163] 말하기를 진견도에 이공二空의 견분을 법 받아 스스로

---

160 원문에 초지명연初智名耎(軟) 운운은 이것은 지혜를 잡아 惑에 나아가 말한 것이다. 만약 바로 惑을 잡아 말한다면 軟品이 上이 되는 것이니 큰 것으로 上을 삼는 까닭이다. 이상은 『잡화기』의 말이다. 그러나 말이 어렵다. 쉽게 말하면 지혜는 작은 것부터 下·中·大로 표현하고 번뇌는 큰 것부터 上·中·下로 표현한다는 의미이다. 초지初智는 삼품심중三品心中에 초지이다.

161 원문에 능단견혹能斷見惑은 견도위見道位에서 끊는 바를 모두 견혹見惑이라 이름한다면 앞에 하품下品과 중품中品의 지혜도 비록 또한 견혹見惑을 끊는 것이라 말할 것이지만, 지금에는 곧 다만 견혹見惑을 끊어 다한 것만 잡아 말한 까닭이다. 역시 『잡화기』의 말이다.

162 원문에 초이지初二智는 삼품심중三品心中에 初二智이다.

끊을 바 장애¹⁶⁴를 무간도와 해탈도에서 총과 별¹⁶⁵로 건립하는 것이 이름이 상견도다 하였으니
법¹⁶⁶이라고 한 것은 본받아 배우는 것으로 뜻을 삼는 것이다.
진견도 가운데 비록 이공의 자증분¹⁶⁷이 있지만 그러나 견분이 친히 진여를 반연하기에 그런 까닭으로 그 견분을 법 받는다¹⁶⁸ 한 것이다.

---

163 論 자 아래 云 자가 빠졌다. 論은 『성유식론成唯識論』 第九卷이다.
164 원문에 소단장所斷障이란, 분별分別과 수면隨眠이다. 所斷障이라 한 障 자를 『잡화기雜華記』와 『유망기遺忘記』에 모두 다 證 자의 오자誤字라 하고, 위에 論法이라 한 法 자를 解脫下에 번역하여 無間之斷과 解脫之證을 함께 법 받는 까닭이라 하였다. 구체적으로 번역하면 진견도眞見道 가운데 이공二空의 견분見分에 스스로 끊고 증득할 바 무간도無間道와 해탈도解脫道를 본받아 總과 別로 건립하는 것이 상견도相見道라 해야 한다는 것이다. 그렇다면 二行 뒤 見分이 親緣眞如일새 所以法之라는 말을 어떻게 해석할 것인가. 법지法之란 진견도眞見道 이공二空의 견분見分을 법 받는다는 것이다. 斷障이라 한 障 자가 證 자의 誤字라는 것은 인정할지라도 法 자의 번역은 見分下에서 번역하는 것이 옳다. 단 소단장所斷障이라면 끊을 바 장애는 분별分別과 수면隨眠이다.
165 총總이란 제삼심第三心이고, 별別이란 전이심前二心이다.
166 法者 위(上)에 釋曰 두 글자(二字)가 있으면 좋기는 하다.
167 이공二空의 자증분自證分은 이공二空의 당체當體이다. 이공二空의 견분見分은 능연能緣의 변邊으로 이공二空의 견분見分이라 한다. 『잡화기』의 뜻도 이와 같다.
168 원문의 소이법지所以法之는 견분見分으로써 진여眞如의 상분相分을 관찰하는 까닭으로 견분見分을 법 받는 것이요, 만약 견분見分의 지혜를 관찰한다면 곧 자증분自證分을 법 받을 것이지만 그러나 지금은 그 자증분自證分을 법 받지 않는 것이다.

그러나[169] 견분 가운데 무간도와 해탈도가 있나니
스스로 끊을 바 장애[170]를 따라서 네 가지 견분이 있지만 무간도 가운데 끊을 번뇌가 다른 까닭으로[171] 사람과 법의 두 가지 견분을 각각 따로 법 받아 처음에 이품[172]의 마음을 세우고, 해탈도 가운데 증득할 진리가 다 같은 까닭으로[173] 사람과 법의 두 가지 견분을 모두 법 받아 제 삼품의 마음이 있는 것이니

그런 까닭으로『유식론』에 말하기를 총과 별로 건립하는 것이 이름이 상견도라 한다 하였다.

『유식론』[174]에 말하기를 어떤 사람의 뜻은 이 세 가지가 곧 진견도에 섭속되나니

상견도는 사제四諦를 반연하는 까닭이라 하며

어떤 사람의 뜻[175]은 이 세 가지가 이 상견도이니

---

169 그러나라고 한 글자(然字)는 세 가지 마음이 총과 별의 사견四見이 되는 까닭을 밝힌 것이라고『잡화기』는 말한다.
170 障 자는 證 자의 잘못(誤)이라 한 곳도 있다.
171 원문에 무간도중단혹별고無間道中斷惑別故는 무간도無間道 중에는 인집人執과 법집法執을 따로 끊는 까닭이다.
172 원문에 초이품初二品은 삼품三品 가운데 초이품初二品이다.
173 원문에 해탈도중증리동고解脫道中證理同故는 해탈도解脫道 가운데는 인집人執과 법집法執이 동일同一한 진리인 까닭이다.『잡화기雜華記』는 해탈도중解脫道中 운운은 소법所法은 해탈解脫에 속하고 능법能法은 무간無間에 해당하나니 제삼심第三心으로써 이세二細를 함께 끊는 까닭이다 하였다.
174 論은『성유식론成唯識論』제구권第九卷이다.
175 원문에 유의有義는 후의後義이다.

진견도는 따로 반연하지 않는 까닭이라 한다 하였다.
해석하여 말하면 『유식론』에는 뒤의 뜻[176]으로써 정의를 삼았기에 그런 까닭으로 소문에는 다만 말하기를 상견도가 두 가지[177]가 있다고만 하였다.
『유식론』에 말하기를 두 번째는 안립제를 반연함에 열여섯 가지 마음이 있다고 한 등은 앞[178]의 십회향품 열여섯 가지 지혜보배 처소에서 이미 인용하였으니, 다만 위에 인용한 바 『유식론』 문만 관찰한다면 소문을 쉽게 알 수가 있을 것이다.

然이나 疏中有二하니 先은 標位云호대 卽見道位라하니 通二見道니라 次에 大智下는 牒經以釋이라 當中牒釋者인댄 大智는 卽是二見道依니 依眞見道하야 以立相故라 故先明眞이니라 言卽眞見道者는 辨位요 言根本法無我智者는 出體也니 謂卽所說의 無分別智니라 然唯識論엔 實證二空이요 今文엔 爲簡勝二乘일새 故標法無我니라 言治無明者는 根本智用으로 正破迷理無明이라 從此智親證眞如下는 釋善選擇하고 觀察之言이니 而善字兩用하니라 善觀察者는 實證如故니 卽上唯識에 實證二空의 所顯眞如라하니라 從平等平等下는 卽前論文이니 正釋論偈에 無得之言이니 以能證所證이 俱離二取일새 故有二平等言하니라 離二取相은 卽平等義니 若有二取인댄 非善觀故니라 實斷二障下는 卽全用唯識論文하야 以釋善選擇語하니라 二障은

---
176 원문에 후의後義란, 바로 위에 有義는 此三云云이다.
177 원문에 二란, 안립제安立諦와 비안립제非安立諦이다.
178 원문에 前이란, 영인본 화엄 6책, p.49이다.

卽煩惱所知니 前入앤 就根本일새 故云二我라하고 今通就能生所生일새 故云二障이라하니라 其分別隨眠은 已如前釋하니라 卽相見道下는 釋相見道라 於中에 文分三하리니 初는 正就相見하야 以釋莊嚴이요 二는 雙就二智하야 以釋莊嚴이요 三은 釋本論이라 初中에 卽相見道者는 辨位也요 是後得智者는 出體也요 故論名方便者는 以論으로 證成是後得義요 方便卽巧者는 以論會經이요 法眞見道하야 種種建立者는 釋莊嚴義니 具如上引하니라 謂三心十六心일새 故云種種建立이라하니라 又莊嚴下는 第二에 雙就二智하야 以釋莊嚴이니 不同前義의 但用後得하니라 言由得此二하야 善達法界者는 法界가 有事理하니 二智로 別能了之하며 亦以無礙二智로 了事理無礙法界等也니라 言多百門等者는 謂於一念頃에 得百三昧하며 得見百佛하며 知百佛神力하며 能動百世界하며 能過百佛世界하며 能照百佛世界하며 能敎化百世界衆生하며 能住壽百劫하며 能知前後際의 各百劫事하며 能入百法門하며 能示現百身하며 一一身에 現百菩薩하야 以爲眷屬等이니 故云於多百門에 皆由二智하야 得自在也라하니라 故論云 此事中下는 第三에 釋本論이라 然古有三釋하니 一에 云此事中은 卽眞見道요 彼時中은 卽前觀分之時라하며 二에 云此事中은 同前하고 彼時中은 卽後修道位中이니 亦須善了니라 如下發趣果中에 須知二地와 乃至佛果等이라하며 三에 云此事中은 卽後得의 相見道中이요 彼時中은 卽是根本智의 眞見道니 皆須善知라하니라 今엔 以後義가 稍正일새 故依傍之나 而皆屬相見道하고 並是後得일새 故異昔解하니 以法眞見道하야 觀彼正證도 亦後得故니라 言相望前眞일새 故名爲彼者는 則相爲此也니라

그러나 소문 가운데 두 가지가 있나니
먼저는 지위를 표하여[179] 말하기를 곧 견도위라 하였으니
두 가지 견도에 통하는 것이다.
다음에 큰 지혜라고 한 아래는 경문을 중첩하여 해석한 것이다.
마땅히 그 가운데[180] 경문을 첩석한다면 큰 지혜라고 한 것은 곧
이것은 두 가지 견도가 의지하는 것이니
진견도를 의지하여 상견도를 세운 까닭이다.
그런 까닭으로 먼저 진견도를 밝힌 것이다.
곧 진견도라고 말한 것은 지위를 분별한 것이요
근본지인 법무아지라고 말한 것은 자체를 설출한 것이니
말하자면 곧 설할 바[181] 무분별지혜이다.
그러나 『유식론』에는 진실로 두 가지 공을 증득한 것을[182] 현시한 것이요
지금 소문에는 이승보다 수승함을 가리기 위한 것이기에 그런 까닭으로 법무아를 표한 것이다.
무명을 다스린다고 말한 것은 근본지의 작용으로 진리에 미한 무명을 바로 깨뜨리는 것이다.

---

179 원문에 선표先標는 一에 표명標名이니 영인본 화엄 9책, p.26, 7행이다.
180 원문에 당중當中은 其中이라 하여도 무방하다.
181 원문에 즉소설卽所說은 아래『유가론唯識論』文을 가리킨다.
182 원문에 유식실증唯識實證 운운은 앞에서 첫 번째는 진견도眞見道이니 설할 바 무분별無分別의 지혜로 두 가지 공空의 현시한 바 진리를 진실로 증득한다 한 것이다.

이 지혜가 친히 진여眞如[183]를 증득하였다고 한 것으로 좇아 아래는
잘 선택하고 관찰한다고 한 말을 해석한 것이니
선善이라는 글자를 두 번 사용[184]할 것이다.
잘 관찰한다고 한 것은 진실로 진여를 증득하는 까닭이니
곧 위[185]에 『유식론』에서 진실로 두 가지 공의 현시한 바 진여를 증득한다 한 것이다.
평등하고 평등하다고 한 것으로 좇아 아래는 곧 앞[186]에 『유식론』 게송문이니
바로 『유식론』 게송에 얻을 바가 없다[187] 한 말을 해석한 것이니 능증과 소증이 함께 이취二取를 떠났기에 그런 까닭으로 두 번 평등하다는 말이 있는 것이다.
이취二取의 모습을 떠난 것은 곧 평등의 뜻이니
만약 이취의 모습이 있다고 한다면 잘 관찰할 수 없는 까닭이다.
진실로 두 가지 장애와 분별과 수면을 끊었다고 한 아래는 곧 온전히 『유식론』 문을 인용하여 잘 선택한다는 말을 해석한 것이다.
두 가지 장애라고 한 것은 곧 번뇌장과 소지장이니

---

183 진여眞如는 영인본 화엄 9책, p.28, 8행엔 진리眞理라 하였다.
184 원문에 양용兩用이란, 선결택善決擇, 선관찰善觀察이라 한다는 것이다. 고본에 대광명大光明이라고 한 것은 관찰觀察의 잘못이라고 『잡화기』는 말한다. 此本은 이미 교정되어 있다.
185 원문에 上이란, 영인본 화엄 9책, p.28, 8행이다.
186 원문에 前이란, 영인본 화엄 9책, p.26, 1행에 유식게송문唯識偈頌文이다.
187 원문에 무득無得이란, 영인본 화엄 9책, p.26, 3행下에 無所得이라 한 것이다.

앞의 증입證入[188]에는 근본[189]에 나아가기에 그런 까닭으로 말하기를 두 가지 아(二我)라 하였고, 지금에는 모두 능생과 소생에 나아가기에[190] 그런 까닭으로 말하기를 두 가지 장애라 하였다.
그 분별과 수면이라고 한 것은 이미 앞에서 해석[191]한 것과 같다.

곧 상견도라고 한 아래는 상견도를 해석한 것이다.
그 가운데 소문을 세 가지로 나누리니
처음에는 바로 상견도에 나아가 장엄을 해석한 것이요
두 번째는 두 가지 지혜에 함께 나아가 장엄을 해석한 것이요
세 번째는 본론인 『십지론』을 해석한 것이다.
처음 가운데 곧 상견도라고 한 것은 지위를 분별한 것이요

---

188 원문에 전입前入이란, 前第五에 증입證入이니, 여자권麗字卷 47장 下 6행에 이아언二我言이 즉시이장卽是二障이라 하였다.
189 근본根本이란, 이장二障의 근본根本이다. 『유망기遺忘記』에는 이집二執을 의지하여 이장二障을 일으키는 까닭으로 이아二我가 근본이 된다 하였다.
190 원문에 금통취능생소생今通就能生所生은 지금에 뜻은 이장二障이 비록 소생所生이나 능생能生의 이아二我로 더불어 동체同體인 까닭으로 능생能生과 소생所生을 모두 이장二障이라 말하는 것이다. 다른 곳에는 또 이장二障으로써 이집二執을 삼기도 하였다. 『잡화기雜華記』는 이집二執을 의지하여 이장二障을 일으킨다면 곧 이집二執이 능생能生이 되고 이장二障이 소생所生이 되는 것이니, 이집二執을 거론함에 반드시 이장二障을 섭수할 수 없거니와 이장二障을 거론함에 반드시 이집二執을 함유하고 있는 것이다. 그 이유는 근본根本이 없는 지말枝末이 없기 때문이다 하였다.
191 원문에 전석前釋이란, 역시 第五에 증입중證入中이니 곧 여자권麗字卷 47장 下, 6행이다.

이것은 후득지라고 한 것은 자체를 선출한 것이요

그런 까닭으로 『십지론』에 방편이라 이름한 것은 『십지론』으로써 이 후득지의 뜻을 증거하여 성립한 것이요

방편은 곧 선교[192]라고 한 것은 『십지론』으로써 이 경을 회통한 것이요

진견도를 법 받아 가지가지를 건립한다고 말한 것은 장엄의 뜻을 해석한 것이니

갖추어 해석한 것은 위에서 인용[193]한 것과 같다.

삼품심과 십육심을 말하기에 그런 까닭으로 말하기를 가지가지를 건립한다 하였다.

또 장엄이라고 한 아래는 제 두 번째 두 가지 지혜에 함께 나아가 장엄을 해석한 것이니

앞의 뜻[194]이 다만 후득지만을 쓴 것과는 같지 않다.

이 두 가지 지혜를 얻음을 인유하여 법계를 잘 요달한다고 말한 것은 법계가 사법계와 이법계가 있나니

두 가지 지혜로 따로따로 능히 요달하며

또한 걸림 없는 두 가지 지혜로 사리무애법계 등[195]을 요달하는

---

192 방편方便은 『십지론十地論』의 말이요, 교교巧는 차경此經의 말이다.
193 원문에 상인上引이란, 멀리는 십회향품十回向品에 십육지보처十六智寶處니 영인본 화엄 6책, p.49요, 가까이는 여기 초문鈔文 영인본 화엄 9책, p.28, 4행(三心)과 p.31, 8행(十六心)이다.
194 원문에 전의前義란, 三義中 第一에 正就相見하야 以釋莊嚴也라. 즉 앞의 뜻이란, 삼의 가운데 첫 번째 바로 상견에 나아가 장엄을 해석한 것이다.

것이다.
수많은 백 가지 문이라고 말한 등은 말하자면 한 생각 동안에 백 가지 삼매를 얻으며
일백 부처님을 친견함을 얻으며
일백 부처님의 위신력을 알며
능히 일백 세계를 움직이며
능히 일백 부처님의 세계를 지나며
능히 일백 부처님의 세계를 비추며
능히 일백 세계의 중생을 교화하며
능히 수명이 일백 세월에 머물며
능히 전제와 후제의 각각 일백 세월에 일을 알며
능히 백 가지 법문에 들어가며
능히 백 가지 몸을 시현하며
낱낱 몸에 능히 일백 보살을 시현하여 권속을 삼는 등이니
그런 까닭으로 말하기를 수많은 백 가지 문에 다 두 가지 지혜를 인유하여 자재함을 얻는다 하였다.
그런 까닭으로 『십지론』에 말하기를 이 사실 가운데라고 한 아래는 제 세 번째 본론인 『십지론』을 해석한 것이다.
그러나 옛날에 세 가지 해석이 있나니
첫 번째 이 사실 가운데라고 말한 것은 곧 진견도요
저 시간 가운데라고 한 것은 곧 앞의 관분觀分 시절[196]이라 하였으며

---

195 법계등法界等이라 한 等 자는 사사무애事事無碍를 등취等取하고 있다.

두 번째 이 사실 가운데라고 말한 것은 앞의 해석과 같고
저 시간 가운데라고 한 것은 곧 뒤의 수도위 가운데이니
또한 반드시 잘 알아야 한다.
마치 아래 발취과發趣果 가운데 반드시 이지와 내지 불과를 잘 알아야 한다고 한 등과 같다 하였으며
세 번째 이 사실 가운데라고 말한 것은 곧 후득지의 상견도 가운데요
저 시간 가운데라고 한 것은 곧 근본지의 진견도이니
다 반드시 잘 알아야 한다 하였다.
지금에는 뒤에 뜻[197]이 조금 정석이기에 그런 까닭으로 의지하여 가까이하였지만[198] 다[199] 상견도에 배속하고 다 후득지에 병합하였기에 그런 까닭으로 옛날의 해석과는 다르나니,
진견도를 법 받아 저 때에 바로 증득하는 것도 또한 후득지임을 관찰하는 까닭이다.
상견도가 앞의 진견도를 바라보기에 그런 까닭으로 저 시간이라 이름한다고 말한 것은 곧 상견도가 이것이 되는 것이다.

疏

五는 修道始終이니 論云호대 出世間의 智智力으로 得入法義故者

---

196 원문에 전관분시前觀分時는 곧 사가행시四加行時이다.
197 원문에 후의後義란, 제삼의第三義이다.
198 원문에 의방依傍이란, 서로 가까이하는 것이다.
199 원문에 皆란, 차사중此事中과 피시중彼時中이다.

는 以後得了俗은 由於證眞일새 名出世間智智요 由證眞하야 達俗
일새 故名善入이요 智能入法일새 卽名爲門이라 上은 寄從二地로
至七地竟이라

다섯 번째는 수도의 처음과 끝이니
『십지론』에 말하기를[200] 출세간의 지혜와 지혜의 힘[201]으로 법의法義
에 들어감을 얻는 까닭[202]이라고 한 것은 후득지로써 속제를 요달하는
것은 진제를 증득함을 인유하기에 출세간의 지혜와 지혜라 이름하는
것이요
진제를 증득함을 인유하여 속제를 요달하기에 그런 까닭으로 잘
들어간다고 이름하는 것이요
지혜로 능히 법에 들어가기에 곧 문門이라 이름하는 것이다.
이상은 이지二地로 좇아 칠지七地에 이름을 의지하여 말한 것은

---

200 원문에 논운論云 이하는 此經文으로 영인본 화엄 9책, p.5, 6행에 선입결정지
문고善入決定智門故에 해당한다.
201 이지력二智力은 능입能入이고, 법의法義는 소입所入이다.
202 법의法義에 들어감을 얻는 까닭이다 운운한 것은 강사가 말하기를 이 소문의
해석을 의지한즉 다 지혜의 힘으로 능입能入을 삼고 법의로 소입所入을
삼나니, 경에 선입결정지善入決定智라고 말한 것은 잘 들어가는 결정한 지혜
의 문門이라 하였다. 어리석은 나는 곧 말한 바 잘 들어간다고 한 것은
이것은 사람으로서 법을 바라는 것이니, 말하자면 저 보살이 능히 진제를
증득하고 속제를 요달하기에 그런 까닭으로 잘 들어가는 지혜의 문이라
하는 것이다. 그러한즉 지혜로 능히 법에 들어간다고 한 그 입입 자는 다만
문門의 뜻만 해석한 것이니 경 가운데 입入 자가 아님이 없다 하겠다. 이상은
다 『잡화기』의 말이다.

마친다.

鈔

五修道始終等者는 修道之義는 已見入中하니라 論云호대 出世間의 智智力者는 出世間智는 卽根本智요 重言智者는 卽後得智라 從以後得下는 疏釋이니 可知라 言上寄從二地로 至七地者는 以功用行滿하고 二僧祇滿으로 爲一類故로 初地의 二見道後가 卽是修道로대 一約地分하면 見屬初地일새 故從二說하니라

다섯 번째는 수도의 처음과 끝이라고 한 등은 수도의 뜻은 이미 앞의 구종입九種入 가운데 나타내었다.[203]
『십지론』에 말하기를 출세간의 지혜와 지혜라고 한 것은 출세간의 지혜는 곧 근본지요
거듭 지혜라고 말한 것은 곧 후득지이다.
후득지로써 속제를 요달한다고 한 것으로 좇아 아래는 소가가 해석한 것이니 가히 알 수가 있을 것이다.
이상은 이지로 좇아 칠지에 이름을 의지하여 말한 것이라고 한 것은 유공용행이 가득 차고 이 아승지二阿僧祇가 가득 참으로 일류一

---

203 원문에 이현입중已見入中이라고 한 것은 여자권麗字卷이니 영인본 화엄 8책, p.842, 7행이다. 그 가운데 구종입을 사위四位에 의지하여 말하였으니 初四는 원낙위願樂位요 次一은 견도위見道位요 次三은 修道位요 后一은 구경위究竟位이다.

類를 삼는 까닭으로 초지의 두 가지 견도 이후가[204] 곧 수도이지만, 한결같이 지위를 잡아 나눈다면 견도가 초지에 속하기에 그런 까닭으로 이지로 좇아 설한 것이다.

疏

次下五句에 有五始終하니 寄入八地로 至於佛地하야 治菩薩의 於菩提에 五障이라 五障은 在於七地로 至於等覺하니라 經文엔 但有能治하고 障在文外하니라 今初二句는 卽能破邪論障始終이니 不能破邪論障은 卽是所治니라 隨所住處者는 卽邪論心의 住著之處요 言次第顯說者는 以宗因喩의 現比敎量으로 顯己正義하야 隨病治之니 上皆論所據니라 言無所畏者는 卽論莊嚴이라 後句辯才는 卽是論體며 亦論莊嚴이니 謂語具圓滿하며 順言하며 敦肅故로 名辯才니라 又上은 皆論多所作法이니 所作有三하니라 一은 善自他宗이요 二는 勇猛無畏요 三은 辯才不竭이니 配文可知니라 言光明者는 性不闇故니 卽論出離니 謂善觀察得失等故니라 由具上諸義일새 故不墮負하고 由破此障일새 得入八地하니라

이 다음 아래 다섯 구절[205]에 다섯 가지 처음과 끝이 있나니

---

204 원문에 초지이견도후初地二見道後 운운은 이미 초지初地의 입심入心에 이견도二見道를 얻었다면 곧 그 住와 出의 이심二心은 당연히 수도修道에 속하지만, 지금에는 다만 지위地位만을 잡아 나눈 까닭으로 초지初地를 견도見道로 이지二地부터 수도修道에 배속한 것이다. 다 『잡화기』의 말이다.

팔지에 들어감[206]으로 좇아 불지에 이름을 의지하여 보살의 보리에 다섯 가지 장애를 다스리는 것이다.[207]

다섯 가지 장애[208]는 칠지로 좇아 등각에 이름이 있나니 경문에는 다만 능취(能治)만 있고[209] 다섯 가지 장애는 경문 밖에

---

205 원문에 오구五句는 수소주처隨所住處 이하 오구五句이다.
206 入 자는 초문에 從 자이다. 그러나 초문에 入 자로 고쳤다.
207 기입팔지寄入八地로 지어불지至於佛地하야 치보살治菩薩의 어보리오장於菩提五障이라고 한 것은 차소문此疏文에 말하기를 팔지八地 등에 들어감을 의지한다고 한 것은 곧 제칠지第七地에 있어 장차 제팔지第八地에 들어가고자 한다면 제일장第一障을 끊은 연후에 제팔지第八地에 들어가고 내지乃至 등각等覺에 있어 장차 불지佛地에 들어가고자 한다면 제오장第五障을 끊은 연후에 바야흐로 불지佛地에 들어간다는 것이니, 그러한즉 이 오장五障을 끊는 것이 등각等覺 이전以前에 있어야 할 것이요, 혜원慧遠스님이 바로 팔지八地 등에 있음을 의지한다고 말한 것은 곧 이것은 제팔지第八地에 있어 처음에 제일장第一障을 끊고 내지乃至 불지佛地에 있어 뒤에 이장二障을 끊는다는 것이니, 그런 까닭으로 보면 제팔지第八地에 들어간다는 것과 제팔지에 있다는 것이 그 말이 같지 않는 것이다. 다 『잡화기』의 말이다. 그 『잡화기』의 뜻은 차소가此疏家는 제칠지第七地에 있어 제팔지에 들어간다 하고, 혜원스님은 팔지八地에 있다 한 것이 그 의미가 다르다는 것이니 사지思知할 것이다. 그리고 초문鈔文을 잘 살펴보면 잘 알 수 있다 하였다.
208 원문에 오장五障은 1. 능파사론장能破邪論障 2. 능선답난장能善答難障 3. 낙착소승대치장樂着小乘對治障 4. 화중생해태대치장化衆生懈怠對治障 5. 무방편대치장無方便對治障이다.
209 원문에 경문단유능치經文但有能治 운운은 수자권水字卷 初丈 上 6행, 경문經文에 隨所住處 이하는 이 능치能治의 文이 되지만 소치所治의 文은 없는 까닭으로 장재문외障在文外라 하였다. 역시 『잡화기』의 말이다. 영인본 화엄으로는 9책 처음 경문 第七句 이하 五句이다.

있다.

지금 처음에 두 구절은 곧 능히 사론邪論의 장애를 깨뜨리는 처음과 끝이니

능히 사론의 장애를 깨뜨리지 못하는 것은 곧 소치所治이다.

주착하는 바[210] 처소를 따른다고 한 것은 곧 사론邪論의 마음이 주착하는 곳이요

차례로 현시하여 설한다고 말한 것은 종宗·인因·유喩의 현량과 비량과 교량敎量으로 자기의 정의를 나타내어 병을 따라 다스리는 것이니 이상은 다 논리의 의거한 바[211]이다.

두려워할 바가 없다고 말한 것은 곧 논리의 장엄[212]이다.

뒤에 구절[213]에 변재라고 한 것은 곧 논리의 자체이며 또한 논리의 장엄[214]이니

말하자면 말이 원만함을 구족하며

다른 사람의 말을 따르며

돈독하고 엄숙한 까닭으로 변재라 이름하는 것이다.

또 이상은 다 논리의 다분히 지은 바 법이니

---

210 원문에 수소주처隨所住處는 五句中에 第一句이다.
211 논리의 의거할 바라고 한 것은 두 개의 논論 자(논소거와 논장엄)는 무릇 설법의 언론이니 아래도 곧 여기를 본받을 것이다. 역시 『잡화기』의 말이다.
212 원문에 논소거論所據 논장엄論莊嚴 등은 『유가론瑜伽論』 十五卷에 게송偈頌이니 영인본 화엄 9책, p.38, 9행을 참조할 것이다.
213 원문에 후구後句는 初二句 가운데 後句이다.
214 장엄이라고 한 것은 장엄莊嚴에 세 가지이니 一은 어구원만語具圓滿이고 二는 순언順言이고 三은 돈숙敦肅이다.

지은 바가 세 가지가 있다.
첫 번째는 자종自宗과 타종他宗에 잘 답하는 것이요
두 번째는 용맹하여 두려움이 없는 것이요
세 번째는 변재가 다함이 없는 것이니
소문에 배속하면 가히 알 수가 있을 것이다.[215]
광명이라고 말한 것은 자성이 어둡지 않는 까닭이니
곧 논리의 출리出離[216]이니 말하자면 득과 실 등을 잘 관찰하는 까닭이다.
이상의 모든 뜻을 갖춤을 인유하기에 그런 까닭으로 무너져 저버리지 않고[217] 이 장애를 깨뜨림을 인유하기에 팔지에 들어감을 얻는 것이다.

次下五句中에 言寄入八地로 至於佛地者는 然論엔 但云此處에 菩薩의 於菩提에 有五障이라하고 不配地位어니와 配는 卽遠公之意니라 而彼는 不立等覺하니 卽佛地之中에서 治於二障하니라 又彼云寄在

---

215 소문에 배속하면 가히 알 수가 있을 것이라고 한 것은 수소주처 이하는 一에 선자타종善自他宗이고 언무소외 이하는 二에 용맹무외勇猛無畏이고 후구변재 이하는 三에 변재부갈辨才不竭이다.
216 출리出離는 잘 관찰觀察하는 까닭으로 허물을 벗어난다는 뜻이다. 역시 『잡화기』의 말이다.
217 원문에 타부墮負는 논리論理를 주간하는 자가 대론자對論者를 보고 저버리는 것을 말한다. 여기서는 불타부不墮負이니, 즉 패하지 않는다는 뜻이다.

八地로 至於佛地인댄 則最後句로 以爲佛位니 便乖後無佛盡之言하
니라 故疏云호대 寄入八地等이라하니 則正在等覺하야 斷第五障하고
當入佛地故로 未有佛盡하니라 然疏文有二하니 先은 寄位釋이요 後
는 約通相釋이라 以此五障은 地前에 卽容對治故로 地地用之하고
由上已配七地일새 故依遠公하야 先配八地已上하니라 然此五障이
亦虛亦實이니 謂有此障者는 不得五種功德일새 名爲實障이요 已登
地者엔 實無此障거늘 假立顯德일새 名之爲虛니라 五中前二는 是其
解障이요 次二는 行障이요 後一은 用障이니 今初는 解障이라 疏에
不能破邪論障은 卽是所治者는 乖理之言은 名曰邪論이요 不堪以
正摧邪는 稱曰不能이라 此一段은 具有瑜伽十五에 釋因明中에 論有
七例하니 頌云호대 論體論處所와 論據論莊嚴과 論負論出離와 論多
所作法이라하니라 第一論體에 有六하니 一은 言論이요 二는 尙論이요
三은 諍論이요 四는 毁謗論이요 五는 順正論이요 六은 敎導論이라
一에 言論者는 謂一切言說과 言音言詞를 是名言論이요 二에 尙論者
는 謂諸世間에 隨所應聞하야 所有言論이라 下取意略引하리라 三에
諍論은 謂或依諸欲所起니 自他所攝諸欲을 更相侵奪等云云이며
或因惡行所起니 自身惡行을 他譏毁等云云이며 或依諸見所起니
云云이라 四毁謗論者는 謂懷憤發者니 以染汚心으로 振發威勢하야
更相擯毁하야 所有言論云云이라 五에 順正論者는 謂於善說法律中
에 爲諸有情하야 宣說正法云云하고 隨順正行하야 隨順解脫故라하
니라 六에 敎導論者는 謂敎修習增上心學과 增上慧學과 增上戒學等
云云이라 最後二論은 是眞實이니 能引義利일새 所應修習이요 中間
二論은 能引無義일새 故應遠離요 初之二論은 應分別之니라 第二에

論處所에 有六하니 一은 於王家요 二는 於執理家요 三은 於大衆中이요 四는 於賢哲前이요 五는 於解法義하는 沙門婆羅門前이요 六은 於樂法義者前이라

이 다음 아래 다섯 구절 가운데 팔지에 들어감으로 좇아 불지에 이름을 의지한다고 말한 것은 그러나 『십지론』에는 다만 이곳에 보살의 보리에 다섯 가지 장애가 있다고만 말하고 지위에 배속하지는 않았거니와 배속한 것은 곧 혜원慧遠법사의 뜻이다.
그러나 저 혜원은 등각을 세우지 않았으니
곧 불지 가운데서 두 가지 장애를 다스리는 것이다.
또 저 혜원이 팔지에 있음[218]으로 좇아 불지에 이름을 의지한다고 말하였다면 곧 최후의 구절로 불위를 삼은 것이니
곧 뒤에는 부처님이[219] 다 들어간다는 것이 없다는 말[220]을 어기는

---

218 원문에 在 자는 소문疏文엔 入 자이다.
219 곧 뒤에는 부처님 운운한 것은 말하자면 앞의 헤아려 가리는 가운데서 『십지론』에 이미 말하기를 뒤에는 부처님이 다 들어간다는 말이 없다 하였다고 지금에 최후의 구절로써 부처님의 지위를 삼는 것이 어찌 잘못된 것이겠는가. 『십지론』 문이 다만 다섯 가지 장애를 배속하여 최후의 구절에 부처님이 다 들어간다는 것이 없다는 말에 있다면 곧 저 최후의 구절로 부처님이 다 들어간다는 말을 삼는 것이 이 뜻에 어기는 것이다. 역시 『잡화기』의 말이다.
220 원문에 후무불진지언後無佛盡之言이라고 한 것은 영인본 화엄 9책, p.22, 1행에 초는 궐문혜闕聞慧하고 後는 무불진無佛盡이라 하였다. 불진佛盡 등의 설명은 영인본 화엄 9책, p.22, 1행에서 잘 설명하였다.

것이다.
그런 까닭으로 소문에 말하기를 팔지에 들어감으로 좇아 불지에 이름을 의지하는 등이다 하였으니
곧 바로 등각에 있어서 제 다섯 번째 장애를 끊고 마땅히 불지에 들어가는 까닭으로 부처님이 다 들어간다는 말이 없는 것이다.
그러나 소문에 두 가지가 있나니
먼저는 지위를 의지하여 해석한 것이요
뒤에는 통상을 잡아 해석한 것이다.[221]
이 다섯 가지 장애는 팔지 이전에 곧 상대하여 다스림을 용납한 까닭으로 지위 지위마다 수용하였고 위에서 이미 칠지에 배속함을 인유하기에[222] 그런 까닭으로 혜원법사를 의지하여 먼저 팔지 이상에 배속하였다.
그러나 이 다섯 가지 장애가 또한 허장虛障이며 또한 실장實障이니 말하자면 이 장애라고 한 것은 다섯 가지 공덕을 얻지 못하게 하기에

---

[221] 통상을 잡아 해석한 것이라고 한 것은 곧 아래 수자권水字卷 22장 7행(영인본 화엄 9책, p.48, 7행)에 중수총석과重收總釋科가 이것이다. 이 다섯 가지 장애라고 한 아래는 통상通相의 뜻을 설출한 것이고, 위에서 이미 칠지에 운운한 것은 지위를 의지한 뜻을 설출한 것이다. 혹은 지전地前이라고 한 두 글자는 앞뒤로 바뀌어야 하나니, 이것은 통상의 뜻을 밝힌즉 흡사 지전地前에 통하는 것 같지만 지금에는 십지의 시종始終이 있는 까닭으로 다음에 지위 지위마다 수용한다고 말한 때문이다. 그런 까닭으로 전지前地가 옳다. 말하자면 팔지 이전 칠지, 육지로 내지 초지 등이다. 이상은 『잡화기』의 말이다.

[222] 원문에 유상이배由上已配下는 위에서 이미 지위地位를 의지하여 해석한 것을 밝힌 것이다.

이름을 진실한 장애라 하는 것이요
이미 십지에 오른 이후에는 진실로 이 장애가 없거늘 거짓으로 세워 덕을 나타내기에 이름을 허망한 장애라 하는 것이다.
다섯 가지 장애 가운데 앞의 두 가지는 그 해장解障이요
다음에 두 가지는 행장行障이요
뒤에 한 가지는 용장用障이니
지금은 처음으로 해장이다.
소문에 능히 사론의 장애를 깨뜨리지 못하는 것은 곧 소치라고 한 것은 진리를 어기는 말은 이름을 사론이라 말하는 것이요 정론으로써 사론을 꺾음에 감당하지 못하는 것은 이름을 능히 깨뜨리지 못한다 말하는 것이다.
이 일단은 『유가론』십오권[223]에 인명因明을 해석하는 가운데 논법에 일곱 가지 예가 있음을 갖추고 있나니
『유가론』게송에 말하기를

논리의 자체와 논리의 처소와
논리의 의거와 논리의 장엄과
논리의 저버림과 논리의 출리와
논리의 수많은 지은 바 법이다 하였다.

---

223 원문에 유가십오瑜伽十五는 論曰云何因明處고 嗢陀南曰 論體 운운이라 하였다. 즉 『유가론』 십오권에 말하기를 어떤 것이 인명처인가. 온타남을 논리의 자체라 말한다 운운하였다.

첫 번째 논리의 자체에 여섯 가지가 있나니
첫 번째는 언론이요,
두 번째는 상론이요,
세 번째는 쟁론이요,
네 번째는 훼방론이요,
다섯 번째는 순정론이요,
여섯 번째는 교도론이다.
첫 번째 언론言論224이라고 한 것은 말하자면 일체 언설과 언음言音과 언사言詞를 언론이라 이름하는 것이요
두 번째 상론尙論225이라고 한 것은 말하자면 모든 세간에 응당 들은 바를 따라 소유한 언론이다.
아래는 뜻만 취하여 간략하게 인용하겠다.
세 번째 쟁론이라고 한 것은 말하자면 혹 모든 욕망을 의지하여 생기한 바이니226

---

224 언론言論은 일체언론一切言論을 모두 말하는 것이다. 『잡화기』의 말이다.
225 상론尙論은 앞에 들은 바를 따라 고집하여 宗 삼고 숭상하는 것이다. 역시 『잡화기』의 말이다.
226 원문에 혹의제욕소기或依諸欲所起 등이라고 한 것은 유가본론瑜伽本論에 갖추어 말하기를 혹 모든 욕망을 의지하여 생기한 바이니, 혹 스스로 섭수한 바 모든 욕망을 다른 사람이 침탈하는 바이고, 혹 다른 사람이 섭수한 바 모든 욕망을 스스로 침탈하는 바이며, 혹 섭수攝收한 바 유정有情이 섭수한 바 모든 욕망을 다시 서로 침탈하며, 혹 욕망으로 침탈하며, 혹 섭수할 모든 욕망이 없나니, 말하자면 가무歌舞, 희소喜笑 등의 섭수할 바와 혹 창녀倡女, 복종僕從 등의 섭수할 바를 혹 관간觀看하며, 혹 수용하여

자타가 섭수한 바 모든 욕망을 다시 서로 침탈하는 등이다 운운한 것이며
혹 악행을 인하여 생기한 바이니
자신의 악행을 다른 사람이 기롱하고 헐뜯는 등[227]이다 운운한 것이며
혹 모든 소견을 의지하여 생기한 바[228]이니 운운한 것이다.
네 번째 훼방론毁謗論이라고 한 것은 말하자면 분발憤發을 품은 사람이니,
오염된 마음으로써 위세를 떨쳐 다시 서로 배척하고[229] 헐뜯어 소유한 언론이다 운운[230]한 것이다.

분노를 일으키고 어기어 가지가지 쟁론과 원해론怨害論을 일으키는 까닭으로 쟁론諍論이라 이름한다 하였다. 이상은 『잡화기』의 말이거니와 지금에는 이것을 합하여 한 구절로 하였다.

227 원문에 타기훼등운운他譏毀等云云은 『유가론』에 갖추어 말하기를 다른 사람이 지은 바 身·語의 악행惡行을 스스로 기롱하고 헐뜯으며 혹 섭수한 바 유정이 지은 바 身·語의 惡行을 서로서로 기롱하고 헐뜯는 등이라 하였다.

228 원문에 제견소기諸見所起 운운은 『유가론』에 갖추어 말하기를 살가야견薩迦耶見과 단견斷見과 무인견無因見과 불평등인견不平等因見과 상견등종종사견常見等種種邪見과 무량악견류無量惡見類이니, 이와 같은 모든 소견所見 가운데 혹 자심自心에 섭수한 바를 다른 사람이 차단하는 바이며, 혹 다른 사람이 섭수한 바를 스스로 차단하는 바 등이라 하였다.

229 擯은 '물리칠 빈' 자이다.

230 언론言論 운운은 『유가론』에 갖추어 말하기를 추악하게 인도하는 바이며, 혹 불손하게 인도하는 바이며, 혹 기어綺語로 인도하는 바이며, 내지 법률法律을 잘못 설(惡說)하는 가운데 모든 유정을 위하여 저 악법惡法을 선설하는 등이라 하였다.

다섯 번째 순정론順正論이라고 한 것은 말하자면 법률을 잘 설하는
가운데 모든 유정을 위하여 정법을 선설하는 것이다 운운[231]하고
바른 행을 수순하여 해탈을 수순하는 까닭이다 하였다.
여섯 번째 교도론教導論이라고 한 것은 말하자면 증상심학增上心學과
증상혜학과 증상계학을[232] 교습하는 등이다 운운한 것이다.
최후에 이론二論은[233] 진실이니
능히 의리를 인도하기에 응당 닦아 익힐 바요
중간에 이론二論은 능히 인도할 의리가 없기에 그런 까닭으로 응당

---

[231] 원문에 선설정법宣說正法 운운은 『유가론』에 갖추어 말하기를 연구하고 결택하며 교수하고 교계敎誡하여 유정의 의혹을 끊게 하려는 까닭이며, 깊고 깊은 모든 구절句節의 뜻을 통달케 하려는 까닭으로 바른 행을 수순하여 해탈을 수순하나니, 이런 까닭으로 이 논리를 순정론順正論이라 이름한다 하였다.

[232] 증상계학등增上戒學等 운운은 『유가론』에 갖추어 말하기를 보특가라補特迦羅(有情 또는 我)의 마음이 아직 결정되지 아니한 자로 하여금 마음에 결정을 얻게 하고, 마음이 이미 결정된 자로 하여금 해탈解脫을 얻게 하며, 소유한 언론言論이 저 보특가라로 하여금 진실眞實한 지혜를 열어 알게 하는 까닭이니, 이런 까닭으로 이 논리를 교도론敎道論이라 이름한다 하였다. 즉 계학戒學 下에 이 문장이 이어진다는 것이다. 道 자는 導 자와 같은 뜻이다. 역시 『잡화기』의 말이나 즉 계학은 나의 말이다.

[233] 최후에 이론이라고 한 아래는 저 『유가론』 가운데 헤아려 가린 문장이니, 논에 먼저 어떤 사람이 물어 말하기를 이 육론六論 가운데 몇 가지 논論이 진실하여 능히 의리義利를 인도하기에 응당 닦아 익힐 바이고 몇 가지 논論이 진실하지 않아서 내지 응당 멀리 떠나보내야 할 바인가 하기에 그런 까닭으로 이 답을 한 것이다. 역시 『잡화기』의 말이다.

멀리 떠날 바요
처음에 이론二論은 응당 분별할 바[234]이다.

제 두 번째 논리의 처소에 여섯 가지가 있나니
첫 번째는 왕가王家요,
두 번째는 간청가(執理家)[235]요,
세 번째는 대중 가운데요,
네 번째는 어질고 슬기로운 사람의 앞이요,
다섯 번째는 법의 의리를 해석하는 사문과 바라문의 앞이요,
여섯 번째는 법의 의리를 좋아하는 사람의 앞이다.

第三에 論所據者는 卽依義니 所依有十하니라 謂所成立義가 有二하니 一은 自性이요 二는 差別이라 自性은 謂有立은 爲有하고 無立은 爲無요 差別은 謂有常無常等이라 能成立法이 有八하니 一은 立宗이요 二는 辨因이요 三은 引喩요 四는 同類요 五는 異類요 六은 現量이요 七은 比量이요 八은 正敎云云이라 同類는 謂隨所立法하야 望餘인댄 展轉히 少分相似云云이요 異類는 望餘인댄 少分不相似니라 六에 現量은 有三하니 一은 非不現見이요 二는 非已思應思요 三은 非錯亂境

---

234 원문에 초지이론初之二論은 응분별지應分別之는 一에 언론言論과 二에 상론尙論이 저 선악善惡에 통하는 까닭으로 응당 분별分別하여 그 善한 자는 따르고 惡한 자는 버리는 것이다. 『잡화기』의 말이다.
235 원문에 집리가執理家는 『잡화기雜華記』에 유가儒家의 이학자理學者와 같다 하였다.

云云이라 此下는 取意釋하리니 謂初는 如眼見等이요 二는 如良醫授藥에 色香味足하고 有大勢力하야 纔取便成에 取所依止니 病若未愈인댄 名爲應思요 其病若愈인댄 名爲已思니라 亦如瑜伽師가 作地水等觀하야 建立境界하야 取之所依니라 三에 非錯亂者는 謂想亂數亂等云云이라 上은 總謂有世間現量이어니와 有出世間現量하니 謂出世智의 所行境이라 七에 比量者는 謂與思擇俱니 已思應思의 所有境界니라 此復有五하니 一은 相比量이니 如見煙하고 比知有火等云云이라 二는 體比量이니 謂現見彼自體性하고 比類彼物의 不現見體니 如以現으로 比過未等이며 又如飮食과 衣服等에 現見一分의 得失之相하고 比知一切等云云이라 三은 業比量이니 謂已作用으로 比業所依니 如見遠物이 無有動搖에 鳥居其上하고 比知机等이며 唯聞哮吼하고 比知師子等云云이라 四는 法比量이니 謂以相隣相屬之法으로 比餘相隣相屬之法이니 如屬無常故로 比知有苦하며 以屬苦故로 比空無我云云이라 五는 因果比量이니 謂以因果로 展轉相比니 如見有行하고 比至餘方하며 見至餘方하고 比先有行하며 見善作業하고 比知當有大富等云云이라 八에 正敎量者는 一切智로 所說言敎니라 此復三種하니 一은 不違聖言이요 二는 能治雜染이요 三은 不違法相云云이니 已說論據니라 第四에 論莊嚴者는 略有五種하니 一은 善自他宗이요 二는 語具圓滿이요 三은 無畏요 四는 敦肅이요 五는 應供이라 語具圓滿은 謂凡有所說에 皆以其聲하고 不以非聲이라 聲者는 具五德이니 一은 不鄙陋요 二는 不輕易요 三은 雄朗이요 四는 相應이요 五는 義善이라 相應者는 謂前後法義가 相符云云이라 無畏는 可知니라 敦肅者는 謂如有一人이 待時方說호대 而不噭速호미 是名敦肅이

라 應供者는 謂如有一人이 爲性調善하야 不惱於他하며 乃至言語柔軟호미 如對善友云云이라

제 세 번째 논리의 의거라고 한 것은 곧 의거하는 뜻[236]이니 의거하는 바가 열 가지가 있다.
말하자면 성립하는 바 뜻이 두 가지가 있나니
첫 번째는 자성이요,
두 번째는 차별이다.[237]
자성이라고 한 것은 말하자면 성립하는 것이 있는 것은 유가 되고 성립하는 것이 없는 것은 무가 되는 것이요
차별이라고 한 것은 말하자면 유상과 무상 등[238,239]이다.

---

236 원문에 의의依義 운운은 據 자의 뜻을 해석한 것이니, 열 가지 뜻이 있다 하였다.
237 원문에 一은 自性이요 二는 差別이라고 한 것은 다만 있다 없다고만 말한다면 곧 자성自性이고, 만약 영원함이 있다 영원함이 없다는 등으로 말한다면 곧 차별差別이 되는 것이다. 역시 『잡화기』의 말이다.
238 원문에 차별差別은 위유상무상등謂有常無常等은 『유가론』에 갖추어 말하기를 有의 分上에 有를 세우고 無의 分上에 無를 세우며, 常에 常을 세우고 無常에 無常을 세우나니, 이와 같이 유색무색有色無色, 유견무견有見無見, 유대무대有對無對, 유루무루有漏無漏, 유위무위有爲無爲 등 한량없는 차별差別을 이미 성립成立하는 바 차별差別이라 이름하는 것이다 하였다. 역시 『잡화기』의 말이다.
239 무상無常 등이라고 한 것은 위에서 말한 유색무색有色無色 등을 등취等取한 것이다. 『잡화기』에는 유색무색과 유루무루를 등취한 것이다. 그러한즉 성립할 바는 곧 앞에 유법有法을 가린 것이고, 능히 성립하는 것은 곧 뒤에

능히 성립하는 법이 여덟 가지가 있나니

첫 번째는 종취를 세우는²⁴⁰ 것이요

두 번째는 인유를 분별하는 것이요

세 번째는 이끌어 비유하는²⁴¹ 것이요

네 번째는 동류同類요

다섯 번째는 이류異類요

여섯 번째는 현량이요

일곱 번째는 비량이요

여덟 번째는 정교량²⁴²이다 운운한 것이다

동류²⁴³라고 한 것은 말하자면 성립할 바 법을 따라 나머지를 바라본

종법宗法을 설한 것이다 하였다.
240 원문에 일입종一立宗은 『유가론』에 갖추어 말하기를 이종二種의 성립成立하는 바 뜻을 의지하여 각각 자기 품류品類의 허락하는 바를 섭수攝受하여 혹 논리의 종취를 섭수하되 혹 자기 변재로 다른 사람을 가볍게 업신여기며, 혹 다른 사람에게 들은 것으로 좇아 진실眞實을 깨달으며, 혹 자기 종취를 세우고 파괴하며, 혹 다른 사람을 제복하고 다른 사람을 꺾어 굴복시키며, 혹 다른 사람을 어여삐 여겨 종취의 뜻을 건립한다 하였다. 二에 변인辨因은 쉽게 알 수 있을 것이다. 『잡화기』의 말이다.
241 원문에 삼인유三引喩는 저 『유가론』에 말하기를 성립하는 바 종취의 뜻을 성취成就하기 위하여 세간世間에 관습과 함께 허락하는 것과 쉽게 알 수 있는 법法을 이끌어 비유하는 언론言論이라 하였다. 역시 『잡화기』의 말이다.
242 정교량正敎量은 성교량聖敎量이다.
243 동류同類는 『유가론』에 말하기를 소유한 법을 따라 나머지 법을 바라본다면 그 모습이 전전함에 소분으로 상사相似한 것이다. 이 상사相似에 다섯 가지가 있나니, 상장상사相狀相似와 자체상사自體相似와 업용상사業用相似와 법문상

다면 전전이 소분少分으로 상사한 것이다 운운한 것이요
이류²⁴⁴라고 한 것은 나머지를 바라본다면 소분도 상사하지 않는 것이다
여섯 번째 현량²⁴⁵이라고 한 것은 세 가지가 있나니
첫 번째는 현재 보지 아니함이 없는 것이요
두 번째는 이미 사유²⁴⁶한 것과 응당 사유²⁴⁷할 것이 아니요
세 번째는 착각한 경계가 아니다 운운한 것이다.

사法門相似와 인과상사因果相似라 하였다.
244 이류異類는 『유가론瑜伽論』에 말하기를 소유한 법法을 따라 나머지 법을 바라본다면 그 모습이 전전함에 소분도 상사하지 않나니, 이 불상사不相似에도 또한 다섯 가지가 있으나 위에 다섯 가지로 더불어 서로 어기나니, 응당 그 모습을 알 수 있을 것이다 하였다. 이상은 『잡화기』의 말이다. 어긴다는 말은 여기서 다섯 가지는 상사相似하지 않는다는 것이다.
245 현량現量은 『유가론瑜伽論』文에 말하기를 현량現量이 다시 네 가지가 있나니 상사생相似生과 초월생超越生과 무장애無障碍와 비극원非極遠이다. 무장애無障碍에 다시 네 가지가 있나니 비부장소애非覆障所碍와 비은장소애非隱障所碍와 비영장소애非映障所碍와 비혹장소애非惑障所碍이다. 비극원非極遠에 세 가지가 있나니 시극원時極遠과 처극원處極遠과 손감극원損減極遠이니 이와 같은 일체一切를 모두 이름하여 현재 보지 아니함이 없다 하는 것이니, 현재 보지 아니함이 없는 까닭으로 현량現量이라 이름한다 하였다. 부장覆障은 흑암黑闇과 무명암無明闇 등이고, 은장隱障은 약초력藥草力과 주술呪術과 신통神通이고, 영장映障은 작은 물건이 광다廣多한 물건의 영탈映奪하는 바이고, 혹장惑障은 환화幻化의 소작所作인 혼몽昏夢, 방일放逸, 전광顚狂 등이다. 이상은 『잡화기』를 뜻으로 인용하였다.
246 원문에 이사已思는 과거過去이다.
247 원문에 응사應思는 미래未來이다.

이 아래는 뜻만을 취하여 해석할 것이니
말하자면 처음[248]에는 눈으로 보는 등과 같은 것이요
두 번째는 어진 의사가[249] 약을 줌에 색과 향과 맛이 만족하고 큰 효력이 있어서 겨우 취하여 곧 병이 나음을 이룸에 그 의지할 바[250] 약을 취하는 것과 같나니
병이 만약 낫지 않는다면 이름을 응당 사유한다 할 것이요
그 병이 만약 낫는다면 이름을 이미 사유한 것이라 할 것이다.
또한 유가사瑜伽師[251]가 지·수 등의 관법을 지어 경계를 건립하여

---

248 원문에 初란, 一에 비불현량非不現量이다.
249 원문에 이여양二如良醫 운운은 갖추어 말하면 이미 사유한 것과 응당 사유할 것이 아님에 두 가지가 있나니, 一은 겨우 취하여 곧 이룸에 그 의지할 바 경계를 취하는 것이요, 二는 境界를 건립하여 그 의지할 바 경계를 취하는 것이니, 一은 말하자면 만약 경계가 능히 겨우 취하여 곧 이룸을 지음에 의지할 바를 취하나니 마치 어진 의사가 약을 줌에 色香이 구족하고 큰 효력이 있으면 마땅히 알아라. 이 약을 겨우 취하여 곧 나음을 이룸에 그 의지할 바 약을 취하는 것과 같아서 약이 소유한 큰 효력이 德을 이루되 병이 만약 낫지 않는다면 이름을 응당 사유한다 할 것이요, 그 병이 만약 낫는다면 이름을 이미 사유하였다 할 것이다. 二는 말하자면 만약 경계가 능히 경계를 건립하여 의지할 바를 취하나니, 마치 瑜伽師가 地·水等觀을 지어 만약 아직 이루지 못한 줄 안다면 이름을 응당 사유한다 할 것이요, 만약 이룬 줄 안다면 이름을 이미 사유하였다 할 것이다 하였다. 이상은 뜻으로 略引하였다.
250 원문에 소의지所依止는 본론本論엔 소의경所依境이라 하고 해석엔 소의경所依境은 약경藥境이라 하였다.
251 유가사瑜伽師는 밀교密敎의 관행자觀行者를 말하고 상응자相應者를 말하나니, 소승사小乘師를 가리킨다. 제 두 번째 뜻이다.

그 의지할 바 경계를 취하는 것과 같다.

세 번째 착란하지 않는다고 한 것은[252] 말하자면 생각의 착란과 숫자의 착란 등이다 운운한 것이다.

이상은 모두 세간의 현량이 있음을 말한 것[253]이어니와

---

[252] 원문에 三에 비착란非錯亂 운운은『유가론瑜伽論』에 말하기를 모두 일곱 가지가 있나니 一은 상착란想錯亂이니 비상非相에 상相이라는 생각을 일으키는 것이니 목마른 사슴이 아지랑이를 보고 물이라 생각하는 것과 같고, 二는 수착란數錯亂이니 소수小數에 다수多數라는 착란錯亂을 일으키는 것이니 눈병난 사람이 한 달에 수많은 달을 보는 것과 같고, 三은 형착란形錯亂이니 비형색非形色에 형색形色이라는 착란을 일으키는 것이니 도는 불에 바퀴 형상形相을 보는 것과 같고, 四는 현착란顯錯亂이니 비현색非顯色에 현색顯色이라는 착란을 일으키는 것이니 황달병黃疸病으로 비황색非黃色에 황색黃色을 보는 것과 같고, 五는 업착란業錯亂이니 업이 없는데 업이 있다고 착란을 일으키는 것이니 황급히 달리면 나무를 봄에 물이 달리는 것과 같고, 六은 심착란心錯亂이니 앞의 오종착란五種錯亂의 뜻에 마음으로 희락喜樂을 내는 것이고, 七은 견착란見錯亂이니 앞의 오종착란五種錯亂의 뜻에 길상吉祥의 생각을 내어 굳게 집착하고 버리지 못하는 것이다 하였다. 아래 두 가지 착란錯亂은 위에 다섯 가지 착란을 맺는 것으로 비유가 없다. 이상은『잡화기』의 義引이다.

[253] 원문에 상총위유세간현량上總謂有世間現量은 이 위에 세 가지는 모두 세간世間의 현량現量을 말한 것이요, 바로 아래 유출세간有出世間이라고 한 아래(下)는 다시 출세간出世間의 현량現量이 있나니 출세간出世間 지혜智慧의 소행경所行境을 말하는 것이다. 그러나『유가론瑜伽論』에 말하기를 현량現量에 네 가지가 있나니 一은 색근현량色根現量이니 말하자면 오근五根의 행하는 바 경계이니 앞에서 말한 바 현량現量의 체상體相과 같은 것이요, 二는 의수현량意受現量이니 모든 의근意根이 행하는 바 경계이니 앞에서 말한 바 현량現量의 체상體相과 같은 것이요, 三은 세간현량世間現量이니 위에 두 가지는 모두 일세간一

다시 출세간의 현량이 있나니
말하자면 출세간 지혜의 행한 바 경계인 것이다.
일곱 번째 비량이라고 한 것은 말하자면 사택思擇함으로 더불어
함께 하는 것이니
이미 사유한 것과 응당 사유할 것이 소유한 경계이다.
여기에 다시 다섯 가지가 있나니
첫 번째는 상비량相比量이니
연기를 보고 불이 있다고[254] 비교하여 아는 등과 같다 운운한 것이다.
두 번째는 체비량體比量이니
말하자면 현재 저 자체성을 보고 저 물건의 현재 보지 못한 자체를
비류하여 보는 것이니
현재로써 과거와 미래를 비교하여 아는 등[255]과 같은 것이며
또 음식과 의복 등[256]에 현재 일분의 득과 실의[257] 모습을 보고 일체를

世間의 현량現量이라 말하는 것이다. 四는 청정현량淸淨現量이니 있는 바
세간의 현량現量을 또한 청정현량淸淨現量이라 이름함을 얻거니와 혹 청정현
량을 세간의 현량이 아니라고 함이 있나니, 말하자면 출세간出世間의 지혜로
행하는 경계에 有에는 有라 할 줄 알고 無에는 無라 할 줄 알며, 有의
分上에는 有의 分上을 알고 無의 分上에는 無의 分上을 아나니 이와 같은
등의 유형을 청정현량이라 이름한다 하였다.

254 원문에 화등火等 운운은 갖추어 말하면 소뿔 등으로 소가 있는 줄 비교하여
알고 내지 간탐慳貪을 멀리 떠남으로 바른 믿음을 비교하여 아는 것이다.
255 원문에 과미등過未等이라 한 等 자는 과거過去로써 미래未來를 비교하여
안다는 것을 등취等取하는 것이다.
256 의복衣服 등이란, 장엄구莊嚴具와 수레를 등취等取하는 것이다.

비교하여 아는 등²⁵⁸과 같다 운운한 것이다.

세 번째는 업비량業比量이니

말하자면 이미 작용한 것으로 업의 의지하는 바를 비교하는 것이니 멀리 있는 물체가 동요함이 없음에 새가 그 위에 거처하는 것을 보고 이것이 등걸나무임을 비교하여 아는 등이며

오직 사자후만²⁵⁹ 듣고 사자임을 비교하여 아는 등과 같다 운운한 것이다.

네 번째는 법비량法比量이니

말하자면 서로 가깝고 서로 속하는 법으로써 나머지 서로 가깝고 서로 속하는 법을 비교하는 것이니 무상에 속하는 까닭으로 고苦가 있는 줄 비교하여 알며

고에 속하는 까닭으로 공과 무아를²⁶⁰ 비교하여 아는 것과 같다 운운한 것이다.

다섯 번째는 인과비량因果比量이니

말하자면 인과로써 전전이 서로 비교하는 것이니

---

257 일분一分의 득득과 실실 운운은 그 일분一分의 의복衣服 등에 득득과 실실을 보고 일체一切 일의 선善과 불선不善을 비교하여 아는 것이다.

258 원문에 일체등一切等이란, 일분一分의 성숙成熟으로써 그 나머지 一分의 成熟을 비교하여 안다는 것을 등취等取하는 것이다.

259 원문에 사자등운운師子等云云은 만약 다 탄 재를 봄에 불이 있음을 비교하여 아는 것을 등취等取하는 것이다.

260 무아無我 운운은 생生에 속하는 까닭으로 노사老死가 있는 줄 비교하여 알고, 색色이 있고 소견所見이 있고 상대相對가 있음에 속하는 까닭으로 방소가 있고 형질形質이 있는 줄 비교하여 안다는 것을 등취하는 것이다.

출행함이 있음을 보고 다른 방소[261]에 이름을 비교하여 알며
다른 방소에 이름을 보고 먼저 출행한 적이 있음을 비교하여 알며
좋은 업을 짓는 것을 보고 당래에 큰 부자가[262] 있을 것[263]을 비교하여
아는 등과 같다 운운한 것이다.
여덟 번째 정교량이라고 한 것은 일체 지혜로 설한 바 언교言敎이다.
여기에 다시 세 가지가 있나니
첫 번째는 성인의 말씀을 어기지 않는 것이요
두 번째는 능히 잡되고 오염됨을 다스리는 것이요
세 번째는 법의 모습을 어기지 않는[264] 것이다 운운한 것이니

---

261 원문에 유행有行은 因이고, 지여방至餘方은 果이다.
262 원문에 대부등운운大富等云云은 대재부大財富를 보고 먼저 이미 선업善業을 지은 줄 비교하여 안다는 것을 등취하였다.
263 원문에 선작업善作業은 因이고, 당유대부當有大富는 果이다.
264 원문에 불위법상운운不違法相云云은 『유가론瑜伽論』에 말하기를 一에 불위성언자不違聖言者는 말하자면 성인이 제자弟子에게 말하거나 혹 부처님이 스스로 말한 경전經典의 가르침이 전전이 지금에 유포하니 정법正法을 어기지 않고 정의正義를 어기지 않는 것이요, 二에 능치잡염자能治雜染者는 말하자면 이 법을 닦아 잘 수습할 때에 능히 영원토록 탐진치 등 일체 번뇌와 수번뇌隨煩惱를 조복調伏하는 것이요, 三에 불위법상자不違法相者는 법法의 모습을 번복하여 어기면 마땅히 알아라. 곧 이것은 법의 모습을 어기는 것이다. 어떤 등이 법의 모습을 어기는 것인가. 저 유아有我와 유정有情과 명命과 생生 등의 類가 혹 영원하고 혹 단멸하고 색이 있고 색이 없다고 집착하여 이와 같은 類로 혹 유상有相에 무상無相을 세우고 혹 결정決定에 부정不定을 세우며, 또 일체一切 말을 떠난 法中에 말을 세우면 법法의 모습을 어긴다고 이름하나니, 마땅히 알아라. 법의 모습을 어기지 않는 것이 이 이름이 바른 가르침(正敎)

이상은 논리의 의거하는 바를 설한 것이다.

제 네 번째 논리의 장엄이라고 한 것은 간략하게 다섯 가지가 있나니
첫 번째는 자종과 타종을 잘 관찰하는 것[265]이요
두 번째는 말이 원만함을 구족하는 것이요
세 번째는 두려움이 없는 것이요
네 번째는 돈독하고 엄숙한 것이요
다섯 번째는 응공應供이다.
말이 원만함을 구족하였다고 한 것은 말하자면 무릇 설할 바가 있음에 다 그 소리로써 하고 소리가 아닌 것으로 하지 않는 것이다.
소리라고 한 것은 다섯 가지 공덕을 구족하였으니
첫 번째는 비루하지 않는 것이요[266]
두 번째는 경이輕易[267]하지 않는 것이요[268]

이다 하였다.
[265] 원문에 일一에 선자타종善自他宗은 『유가론瑜伽論』 文에 말하기를 어떤 사람이 만약 이 法의 毘奈耶中에 깊이 愛樂을 내어 곧 이 論의 宗旨에 독송하고 수지하고 듣고 사유하고 純熟하고 수행하여 이미 잘 관찰하고 이미 잘 설하고 이미 잘 밝혔으니, 만약 저 법의 비나야 중에 수지하지 않고 좋아하지 않아 곧 저 論의 종지宗旨에 독송하고 수지하고 듣고 사유하고 순숙하여 수행하지 아니할지라도 그러나 이미 잘 관찰하고 이미 잘 설하고 이미 잘 밝혔기에 이 이름을 자종自宗과 타종他宗을 잘 관찰하는 것이다 하였다.
[266] 원문에 一에 불비루不鄙陋는 변방邊方의 변국邊國에 비루한 언사言詞를 떠나는 것을 말하는 것이다.
[267] 경이輕易는 업신여기는 말이다.

세 번째는 웅장하고 낭랑한 것이요[269]
네 번째는 서로 응하는 것이요[270]
다섯 번째는 의리가 좋은 것이다.[271]
서로 응한다고 한 것은 말하자면 앞의 법의法義와 뒤의 법의가 서로 부합한다 운운한 것이다.
두려움이 없다고 한 것은 가히 알 수가 있을 것이다.[272]
돈독하고 엄숙하다고 한 것은 말하자면 어떤 한 사람이 때를 기다려 바야흐로 말을 하되[273] 입[274]을 빠르게 하지 않는 것과 같은 것이 이 이름이 돈독하고 엄숙한 것이다.
응공[275]이라고 한 것은 말하자면 어떤 한 사람이 성품이 조순하고

---

268 원문에 二에 불경이不輕易는 설하는 바가 다 세간世間에서 사용하는 언사가 아님을 말하는 것이다.
269 원문에 三에 웅랑雄朗은 뜻을 의지하여 세우는 언사가 능히 저 뜻을 이루려고 교묘하고 웅장한 소리를 내는 것을 말하는 것이다.
270 원문에 四에 상응相應은 전후前後의 법의法義가 서로 부합하여 흩어지지 않는 것을 말하는 것이다.
271 원문에 五에 의선義善은 의리義理가 전도되지 않는 것을 말하는 것이다.
272 원문에 무외가지無畏可知는 어떤 한 사람이 수많은 대중 가운데 있지만 그 마음은 하열하거나 근심하거나 두려움이 없고 그 몸은 전전긍긍 떨며 땀나는 것이 없고 그 얼굴은 두려운 기색이 없고 그 음성은 어눌한 것이 없고 그 말은 겁약怯弱한 것이 없는 것이 이름이 무외無畏이다. 다중多衆(수많은 대중)이란 잡중雜衆, 대중大衆, 집중執衆, 선중善衆 등을 말한다.
273 원문에 대시방설待時方說은 가히 말을 할 때에 말을 하되 또한 빠르게 하지 않는 것이다.
274 噏은 '부리 참(입을 말한다)' 자이다.

착하여 다른 사람을 뇌롭게 하지 않는 것과 같으며 내지 말이[276] 부드러운 것이 선지식을 대하는 것과 같다 운운한 것이다.

第五에 論墮負者는 謂有三種하니 一은 捨言이요 二는 言屈이요 三은 言過니 一에 捨言者는 取意니 謂辭謝對論者하야 言我不善論等이라 二에 言屈者는 爲對論者에 之所屈伏하며 或託餘事하야 方便而退하며 或引外言하며 或現憤發하며 或默然等云云이라 三에 言過者는 謂雜亂麤獷하야 不辯了하며 無限量하며 非義相應하며 不以時하며 不決定하며 不顯了하며 不相續等云云이라 第六에 論出離者는 先應以彼三種으로 觀察論端하야 方興言論하며 或不與論이 名論出離니 謂 一은 觀察得失이요 二는 觀察時衆이요 三은 觀察善巧와 及不善巧니라 觀得失者는 謂我立論이 無自損과 損他와 俱損等耶云云이라 觀時衆은 有僻執耶아 有正見耶等이라 觀善巧不善巧者는 謂自觀我의 於論處論據等에 爲善不善等云云이라 第七에 論多所作法은 有三種하니 一은 善自他宗이요 二는 勇猛無畏요 三은 辯才無竭이니 由有

---

275 응공應供은 인천人天의 공양供養을 감응堪應하고 다른 사람의 공양에 순응順應하며 다른 사람의 마음을 순응하기를 사람에게 공양을 올리는 것같이 하는 것이다.

276 원문에 내지언어乃至言語 운운은 모든 조순하고 착한 사람이 조순하고 착한 곳에서 다른 사람의 마음을 수순하여 말을 일으키는 때에 여실하게 의리義利를 인발引發하고 말이 부드러운 것이 선지식을 대하는 것과 같은 것이 이것이 이름이 응공應供이다.

此三하야 能善酬答일새 故名多所作法耳라하니라 釋曰上所引瑜伽는 略其大綱하얏거니와 廣說은 如彼하니라 但觀所引論文하면 疏文을 居然易了니 今更略釋하리라 一에 隨所住處等者는 卽善於他宗이요 言次第顯說은 兼善自宗이라 然經云호대 隨所住處는 亦兼論處所나 而文은 正在執著之處일새 故次便云호대 次第顯說等이라하니라 以宗因喩와 現比敎量으로 顯已正義하야 隨病治之니 上皆論所據者는 顯己正義는 卽所據中에 所成二義인 自性差別이니 此二는 卽是己宗이라 能成八中에 文但有六하고 闕同類異類는 以此二는 但約所立이 與餘로 有少同異故니 是는 喩及宗中攝之니라 言隨病治之者는 以所執非一故니라 言辯才卽論體者는 流於聽表를 曰辯이요 巧應物心을 曰才니 卽是言論으로 宣說敎導가 順正理故니라 亦論莊嚴者는 標요 下는 出莊嚴이라 莊嚴有五하니 無畏一種은 前句已有하고 善自他宗은 後所作法中에 兼明하니라 此但有三하니 一은 語具圓滿이요 二에 順言者는 卽是應供이니 謂不惱於他하고 言辭柔軟일새 故曰順言이요 三에 敦肅은 可知니라 言又上皆論多所作法者는 此標니 謂總收上三門에 二句하야 以成所作法이요 一에 善自下는 列이라 言配文可知者는 下二는 可知어니와 善自他宗은 卽隨所著處는 卽善他宗이요 次第顯說은 卽善自宗이라 言謂善觀察得失等者는 等取餘二니 謂時衆과 及善巧不善巧니라 從由具上諸義下는 卽仍前五하야 例釋不墮負니 謂有體有據하며 有嚴有作하며 旣出離에 有能거니 何得墮負리요 言由破此障일새 得入八地者는 謂七地中에 猶有此障하야 不入八地라가 破故得入하니라 下四句도 例然하니라

제 다섯 번째 논리의 무너져 저버린다고 한 것은 말하자면 세 가지가 있나니

첫 번째는 말을 버리는 것이요

두 번째는 말이 굴복하는 것이요

세 번째는 말이 허물이 있는 것이니

첫 번째는 말을 버린다고[277] 한 것은 논쟁자의 뜻을 취하는 것이니[278] 말하자면 자기의 말을 상대의 논쟁자에게 사례하여 나의 논리가 좋지 못하다고 말하는 등이다.

두 번째 말이 굴복하는 것이라고 한 것은 상대의 논쟁자에게 굴복하는 바가 되며

혹은 다른 일[279]을 의탁하여 방편으로 물러나며

혹은 외부의 말을 인용하며

혹은 분발을 나타내며

혹은 침묵하는 등이다 운운[280]한 것이다.

---

277 원문 捨 자 위에 一 자가 있어야 하고 捨 자 아래 言 자가 있어야 옳다.
278 원문에 사언자취의捨言者取意 운운은 갖추어 말하면 『유가론瑜伽論』에 말하기를 사언자捨言者는 논리를 세우는 사람이 열세 가지 말로써 상대의 논쟁자에게 사례하여 자기의 말한 바 논리를 버리는 것이다. 어떤 등을 열세 가지 말이라 하는가. 말하자면 논리를 세우는 사람이 상대의 논쟁자에게 사례하여 말하기를 나의 논리가 좋지 못하고 그대의 논리가 좋으며, 나의 보는 것이 좋지 못하고 그대의 보는 것이 좋으며, 나의 논리는 이치가 없고 그대의 논리는 이치가 있다는 등 열세 가지이다. 취의자取意者는 상대 논쟁자의 뜻을 취한다는 의미이다.
279 원문에 여사餘事는 餘宗之事이니, 즉 다른 종의 일이다.

세 번째 말[281]이 허물이 있는 것이라고[282] 한 것은 말하자면 잡되고

---

280 원문에 혹묵연등운운或默然等云云은 『유가론瑜伽論』에 갖추어 말하기를 혹 불신不信을 나타내며 혹 근심하며 혹 어깨를 웅크리고 얼굴을 가리며 혹 침묵으로 생각하고 말이 다함이다 하였다. 그리고 그 아래 해석하여 말하기를 탁여사등자托餘事等者는 앞에 세운 바 논리를 버리고 다시 다른 종宗의 일을 의탁하며, 먼저 因과 喩와 동류同類와 이류異類와 현량現量과 비량比量과 정교량正敎量을 버리고 다시 다른 因과 내지 정교正敎를 의탁하는 것이다. 인외언자引外言者는 논쟁의 일을 버리고 음식과 왕과 신하와 도적 등의 일을 말하는 것이요, 현분발자現憤發者는 거칠고 사납고 불손한 등의 말로 상대의 논쟁자를 물리치는 것이요, 묵연자默然者는 말이 문득 다하고 없는 것이요, 현불신자現不信者는 해괴한 행동과 말로 상대의 논쟁자를 비방하는 것이요, 우척자憂戚者는 의업意業이 초조하고 소홀한 것이요, 복면자伏面者는 신업身業의 위엄이 문득 초췌한 것이요, 사궁자詞窮者는 변재가 함께 다한 것이다 하였다.
281 言 자 위에 三 자가 있으면 좋아 보증하였다.
282 원문에 언과자言過者 운운은 언과言過에 구종九種이 있나니 一은 잡란雜亂한 말이니 논쟁할 바 일을 버려두고 다른 말을 잡다하게 설하는 것이요, 二는 거칠고 사나운 말이니 분노를 일으키고 조급함을 내는 두 가지 들떠 있는(掉擧) 말을 하는 것이요, 三은 판단하여 알지 못하는 말이니 法과 義를 대중大衆과 상대의 논쟁자가 깨달아 알지 못하는 것이요, 四는 한량이 없는 말이니 설하는 바 뜻과 말이 다시 중후하거나 다시 작아지는 말을 하는 것이요, 五는 뜻이 상응하지 않는 말이니 뜻이 없고 뜻을 어기고 허물을 초래하고 순서도 없는 등 모든 나쁜 논리와 삿된 논리의 말을 하는 것이요, 六은 때 아닌 말이니 응대하여 설하는 바가 앞뒤로 차례도 없이 말하는 것이요, 七은 결정할 수 없는 말이니 논리를 세운 이후에 훼손하고 훼손한 이후에 다시 세워 빨리 전환하여 가히 알 수 없는 말을 하는 것이요, 八은 명료하지 않는 말을 하는 것이니 말이 기롱을 초래하고 알 수 없이 대답하며 앞에서는

산란하고 거칠고 사나워서 분별하여 알 수 없으며
한량이 없으며
의리가 상응하지 아니하며
때에 맞추어 하지 아니하며
결정하지 못하며
명료하지 못하며
상속하지 않는 등이다 운운한 것이다.

제 여섯 번째 논리의 출리라고 한 것은 먼저 응당 저 세 가지로써 논리의 단서를 관찰하여 바야흐로 말의 논리를 일으키며 혹은 논리를 일으키지 않는 것이 이름이 논리의 출리이니 말하자면 첫 번째는 득과 실을 관찰하는 것이요
두 번째는 때와 대중을 관찰하는 것이요
세 번째는 선교와 그리고 불선교를 관찰하는 것이다.
득과 실을 관찰한다고 한 것은 말하자면 내가 세운 논리가 스스로에게 손해되고 다른 사람에게 손해되고 함께 손해되는 등[283]은 없는가

경전의 말을 하고 뒤에서는 세속의 말을 하는 것이요, 九는 상속하지 않는 말이니 말이 중간에 끊어지는 것이다. 이 아홉 가지 허물을 범하면 언과言過라 이름하는 것이다.

283 원문에 구손등야운운俱損等耶云云은 『유가론瑜伽論』에 갖추어 말하기를 몸과 마음에 모든 근심과 괴로움을 일으키는 것은 없는가, 이 논리를 인유한 까닭으로 칼과 몽둥이를 가져 싸우고 욕하고 쟁송하는 등 허망한 말을 일으키지는 않는가, 이 논리를 인유한 까닭으로 모든 하늘과 세간 사람들이 의리가 없고 안락하지 않는 것은 아닌가, 만약 이와 같이 내가 세운 바

운운한 것이다.
때와 대중을 관찰한다고 한 것은 치우친 고집이 있는가 바른 소견이 있는가[284] 관찰하는 등이다.
선교와 불선교를 관찰한다고 한 것은 말하자면 스스로 나의 논리의 처소와 논리의 의거하는 등에 선교가 되는가 불선교가 되는가[285] 관찰하는 등이다 운운한 것이다.

제 일곱 번째 논리의 다분히 지은 바 법이라고 한 것은 세 가지가 있나니
첫 번째는 자종과 타종에 잘 답하는 것이요
두 번째는 용맹하여 두려움이 없는 것이요

논리가 반드시 스스로에게도 손해되고 내지 모든 인천人天에 능히 의리와 안락을 주지 못한다면 곧 스스로 생각하고 노력하여 마땅히 바른 논리(正論)를 세워야 한다 하였다. 자손내지自損乃至란 타손他損과 구손俱損을 포함하고 있다.

284 원문에 정견야등운운正見耶等云云은 『유가론瑜伽論』에 갖추어 말하기를 만약 오직 치우친 고집만 있어 어질고 바름을 있게 못한다면 곧 스스로 노력하여 이 대중大衆 가운데서는 응당 논리를 세우지 말아야 한다 하였다.

285 원문에 불선등운운不善等云云은 『유가론』에 말하기를 내가 능력能力이 있어 스스로 논리를 세워 다른 사람의 논리를 꺾을 수 있는가, 내가 논쟁하며 진 곳에 능히 벗어날 수 있는가, 이와 같이 관찰할 때에 만약 스스로 내가 선교善敎가 없고 내가 능력이 없는 줄 알았다면 상대의 논쟁자와 더불어 응당 논리를 세우지 말 것이요, 만약 스스로 내가 선교가 있고 내가 능력이 있는 줄 알았다면 상대의 논쟁자와 더불어 응당 같이 논리를 세울 것이다 하였다.

세 번째는 변재가 다함이 없는 것이니
이 세 가지가 있음을 인유하여[286] 능히 잘 답하기에 그런 까닭으로 이름을 다분히 지은 바 법이다 하였다.

해석하여 말하면 위에 인용한 바 『유가론』 십오권은 그 대강만을 간략하게 설하였거니와 널리 설한 것은 저 『유가론』 십오권과 같다. 다만 인용한 바 『유가론』 문만 관찰한다면 소문을 거연居然히 쉽게 알 수 있을 것이지만 지금에 다시 간략하게 해석하겠다.
첫 번째 머무는 바 처소를 따른다고 한 등은 곧 타종에 잘 답하는 것이요
차례로 현시하여 설한다고 말한 것은 자종에 잘 답하는 것도 겸하였다.
그러나 이 경에 말하기를 머무는 처소를 따른다고 한 것은 또한 사론의 처소를 겸하였지만 그러나 경문의 뜻은 바로 집착하는 처소에 있기에 그런 까닭으로 이 다음 경문에 곧 말하기를 차례로 현시하여 설하는 등이다 하였다.

---

[286] 원문에 유유차삼由有此三下는 『유가론』에 갖추어 말하기를 묻겠다. 이와 같은 세 가지 법이 세운 바 논리에 무슨 까닭으로 다분히 지은 바가 있다고 이름하는가. 답하겠다. 능히 잘도 자종自宗과 타종他宗을 아는 까닭으로 저 일체법一切法에 능히 담론을 일으키며, 용맹하여 두려움이 없는 까닭으로 일체대중一切大衆에 거처하여 능히 담론을 일으키며, 변재가 다함이 없는 까닭으로 묻고 비난하는 바를 따라 다 잘 대답하나니, 이런 까닭으로 이 세 가지가 세운 바 논리에 다분히 지은 바가 있다 하였다.

종·인·유와 현량과 비량과 교량으로 자기의 정의를 나타내어 병을 따라 다스리는 것이니,
이상은 다 논리의 의거한 바라고 말한 것은 자기의 정의를 나타낸다고 한 것은 곧 논리의 의거하는 바 가운데 성립하는 바 두 가지 뜻인 자성과 차별이니
이 두 가지는 곧 자종이다.
능히 성립하는 여덟 가지 가운데[287] 문장이 다만 여섯 가지만 있고 동류와 이류가 빠진 것은 이 두 가지는 다만 성립하는 바가 나머지로 더불어 조금 같고 다름이 있음을 잡은 까닭이니
이것은 비유(喩)와 그리고 종宗 가운데[288] 섭속되는 것이다.
병을 따라 다스린다고 말한 것은 집착하는 바가 하나가 아닌 까닭이다.

변재라고 한 것은[289] 곧 논리의 자체라고 말한 것은 들은 밖에 유출하는 것을 변辨이라 말하고 중생의 마음에 교묘하게 응하는 것을 재才라 말하는 것이니
곧 언론으로 선설하여 가르쳐 인도하는 것이 바른 이치에 순하는

---

287 능히 성립하는 여덟 가지 가운데라고 한 것은 영인본 화엄 9책, p.40, 7행이다.
288 원문에 유급종중喩及宗中 운운은 비유에 동류同類와 이류異類가 있는 것은 평소와 같이 가히 알 수 있거니와 종중宗中에도 또한 동류同類와 이류異類가 있나니, 저 무상종無常宗은 동류가 되고 이 무상종無常宗과 다른 것은 이류가 되는 것이다.
289 원문에 언변재言辯才下는 소문疏文이다.

까닭이다.
또한 논리의 장엄[290]이라고 말한 것은 이름을 표한 것이요
그 아래[291]는 장엄을 설출한 것이다.
장엄에 다섯 가지가 있나니[292]
제 세 번째 두려움이 없다고 한 한 가지는 앞의 구절[293]에 이미 있었고, 첫 번째 자종과 타종에 잘 답한다고 한 것은 뒤에 제 일곱 번째 논리의 다분히 지은 바 법 가운데 겸하여 밝혔다.
여기[294]에는 다만 세 가지만 있나니
첫 번째는 말이 원만함을 구족한 것이요
두 번째 다른 사람의 말을 따른다고 한 것은 곧 응공이니
말하자면 다른 사람을 뇌롭게 하지 않고 말이 부드럽기에 그런 까닭으로 말을 따른다 말하는 것이요
세 번째 돈독하고 엄숙하다고 한 것은 가히 알 수가 있을 것이다.

또 이상은 다 논리의 다분히 지은 바 법이라고 말한 것은 이것은 이름을 표한 것이니
말하자면 위의 삼문三門[295]에 이구二句[296]를 모두 거두어 지은 바 법

---

290 원문에 역론장엄亦論莊嚴은 소문疏文이다.
291 원문에 下란, 영인본 화엄 9책, p.37, 1행, 소문疏文에 위어구謂語具 이하이다.
292 장엄에 다섯 가지가 있다고 한 것은 영인본 화엄 9책, p.42, 9행이다.
293 원문에 전구前句는 수소주처隨所住處하야 차제현설무소외고次第顯說無所畏故라 한 것이다.
294 원문에 此란, 여기에 소문疏文이다.
295 원문에 상이문上二門이라 한 二 자는 三 자이다. 즉 삼문三門은 논거論據와

을 성립한 것이요

첫 번째 자종과 타종에 잘 답한다고 한 아래는 이름을 열거한 것이다.

소문에 배속하면 가히 알 수가 있을 것이라고 한 것은 아래 두 가지[297]는 가히 알 수가 있거니와

첫 번째 자종과 타종에 잘 답한다고 한 것은 곧 주착한 바 처소를 따른다고 한 것은 곧 타종他宗[298]에 잘 답한 것이요

차례로 현시하여 설한다고 한 것은 곧 자종에 잘 답한 것이다.

말하자면 득과 실 등을 잘 관찰한다고 말한 것은[299] 나머지 두 가지를 등취한 것이니

말하자면 때와 대중과 그리고 선교와 불선교이다.

이상의 모든 뜻을 갖춤을 인유한다고 한 것으로 좇아 아래는 곧 앞에 다섯 가지를 인하여 떨어져 저버리지 아니함을 비례하여 해석한 것이니

말하자면 논리의 자체가 있고 의거하는 바가 있으며 논리의 장엄이 있고 지은 바 법이 있으며 이미 출리함에 능함이 있거니 어찌 떨어져

논체論體와 논장엄論莊嚴이다.

296 이구二句란, 此經의 第七句인 수소주처隨所住處하야 차제현설무소외고次第顯說無所畏故와 第八句인 득무애변재광명고得無碍辯才光明故이다.

297 원문에 하이下二란, 논다소작법삼중論多所作法三中에 下二니 第二에 용맹무외勇猛無畏와 第三에 변재부갈辨才不竭이다.

298 타종他宗이란, 사론邪論이다.

299 원문에 언위선관찰言謂善觀察 운운은 논출리論出離의 해석이다.

저버림을 얻겠는가.
이 장애를 깨뜨림을 인유하기에 팔지에 들어감을 얻는다고 말한 것은 말하자면 칠지 가운데 오히려 이 장애가 있어서 팔지에 들어가지 못하다가 이 장애를 깨뜨린 까닭으로 들어감을 얻는 것이다. 아래 네 구절[300]도 예가 그러하다.

疏

二는 能善答難始終이니 上明能破하고 此顯能立이라 第九善慧는 是辯才地요 住는 卽證也니라

두 번째는 능히 잘 답하고 비난하는 처음과 끝이니
위에서는 능히 깨뜨림을 밝히고 여기서는 능히 성립함을 나타낸 것이다.
제 아홉 번째 선혜지는[301] 이 변재지辯才地요
머문다(住)고 한 것은 곧 증득한다는 것이다.

---

300 원문에 하사구下四句란, 下五句에 五始終中에 第一에 始終만 마쳤으니 餘四 句이다. 今初에 二句인 즉 第七句와 第八句는 第一에 능파사론장시종能破邪 論障始終이라고 영인본 화엄 9책, p.36, 7행에 말하였다. 경문의 총 十二句를 증수十句라 한 것이니 아래(뒤에) 六句도 증수五句라 한 것이다.
301 원문에 제구선혜第九善慧 운운은 此는 경중제구經中第九에 주변재지住辨才地 이기에 하는 말이다.

鈔

上明能破하고 此顯能立者는 總釋也라 因明論云호대 能立與能破와 及似唯悟他요 現量與比量과 及似唯自悟라하니라 此之一偈가 總有 八義하니 一은 眞能立이요 二는 似能立이요 三은 眞能破요 四는 似能破요 五는 眞現量이요 六은 似現量이요 七은 眞比量이요 八은 似比量이라 今此엔 辨於利他일새 故但明能立能破어니와 而菩薩離過일새 但有眞能立破하고 無似能立破하니라

위에서는 능히 깨뜨림을 밝히고 여기서는 능히 성립함을 나타낸 것이라고 말한 것은 한꺼번에 해석한 것이다.
『인명론』에 말하기를[302]

능히 성립하는 것과 더불어 능히 깨뜨리는 것과
그리고 유사하게 능히 깨뜨리는 것은 오직 다른 사람을 깨닫게 하는 것이요
현량과 더불어 비량과
그리고 사현량은 오직 자기를 깨닫게 하는 것이다 하였다.

이 한 게송이 모두 여덟 가지 뜻이 있나니
첫 번째는 진실하게 능히 세우는 것이요
두 번째는 유사하게 능히 세우는 것이요

---

[302] 원문에 논운論云이라고 한 것은 『인명입정리론因明入正理論』 게송偈頌이다.

세 번째는 진실하게 능히 깨뜨리는 것이요
네 번째는 유사하게 능히 깨뜨리는 것이요
다섯 번째는 진실하게 현량하는 것이요
여섯 번째는 유사하게 현량하는 것이요
일곱 번째는 진실하게 비량하는 것이요
여덟 번째는 유사하게 비량하는 것이다.
지금 여기에서는 이타를 분별하기에 그런 까닭으로 다만 능히 세우는 것과 능히 깨뜨리는 것만 밝혔거니와 그러나 보살은 허물을 떠났기에 다만 진실하게 능히 세우는 것과 진실하게 능히 깨뜨리는 것만 있고 유사하게 능히 세우는 것과 유사하게 능히 깨뜨리는 것은 없다.

疏

三은 樂著小乘을 對治始終이니 不忘菩提하야 上求下化故니라

세 번째는 소승小乘을 좋아하여 집착하는[303] 것을 대치하는 처음과 끝이니
보리菩提를 잊지 아니하여[304] 위로 구하고 아래로 중생을 교화하는 까닭이다.

---

303 원문에 三에 樂著 운운은 經中에 第十句이다.
304 원문에 불망보리不忘菩提는 『십지론경十地論經』엔 菩提라고 하였다.

疏

四는 化衆生懈怠를 對治始終이니 成就不疲故니라

네 번째는 중생을 교화함에 게으름을 대치하는 처음과 끝이니 중생을 성취[305]함에 피곤해하지 않는 까닭이다.

疏

五는 無方便을 對治始終이니 善達五明하야 爲一切處開悟하야 故能巧化하니라

다섯 번째는 방편이 없음을[306] 대치하는 처음과 끝이니 오명五明을 잘 통달하여 일체 처소에 이르러 깨닫게 하기 위하여 그런 까닭으로 능히 선교로 교화하는 것이다.

疏

又上五障에 一은 不能破邪요 二는 雖能破나 而不能立이요 三은 雖能破立이나 情樂小乘이요 四는 雖不樂小乘이나 而不勤化他요 五는 雖化不疲나 而無化方便이니 治於此五하야 行化略周하니라

---

305 성취成就는 經文第十一句에 성숙중생계成熟衆生界라 한 것이다.
306 원문에 五에 무방편無方便 운운은 經中에 第十二句이다.

또 위에 다섯 가지 장애에 첫 번째는 능히 사론을 깨뜨릴 수 없는 것이요
두 번째는 비록 능히 깨뜨렸지만 능히 성립할 수 없는 것이요
세 번째는 비록 능히 성립함을 깨뜨렸지만 마음에 소승을 좋아하는 것이요
네 번째는 비록 소승을 좋아하지 않지만 부지런히 다른 사람을 교화하지도 않는 것이요
다섯 번째는 비록 교화함에 피곤해 하지 않지만 교화할 방편이 없는 것이니
이 다섯 가지 장애를 대치하여 행화行化가 두루 순행307하는 것이다.

鈔

又上五障下는 二에 重收總釋이니 不要對他하고 則令諸菩薩로 皆離此五하야 則得菩提케하니라

또 위에 다섯 가지 장애라고 한 아래는 두 번째 거듭 거두어 한꺼번에 해석한 것이니
저308 장애를 대치하기를 요망하지 않고 곧 모든 보살로 하여금 다 이 다섯 가지 장애를 떠나 곧 보리를 얻게 하는 것이다.

---

307 略은 '돌 략' 자이니 순행巡行의 뜻이다.
308 원문에 他란, 위에서 말한 팔지八地 이상에서 대치對治할 장애, 혹 오장五障 밖에 다른 장애이니 이때는 다른 장애라 해석할 것이다.

疏

第六은 正顯加相이니 論云호대 已說何故加고하얏거늘 復云何加고하니라 加相有三하니 謂口意身이라 約別相說인댄 口加는 以益辯이요 意加는 以與智요 身加는 以增威라 如實說者인댄 能加則局이나 所加皆通하니라 乘前語便일새 故先口加하고 得智堪說이요 事須起定인댄 使身觸令覺일새 故爲此次니 此는 就十方佛辯이니라 若約舍那인댄 先意令得定은 當有所說이요 次에 身光照觸은 增威요 後에 雲臺說偈令演은 亦義次第니 非有優劣하니라

제 여섯 번째는 가피하는 모습을 바로 나타낸 것이니 『십지론』에[309] 말하기를 이미 무슨 까닭으로 가피하는가 하고 말하였거늘 다시 어떤 모습으로 가피하는가 하였다.
가피하는[310] 모습이 세 가지가 있나니
말하자면 입과 뜻과 몸이다.
별상別相을 잡아 말한다면 입으로 가피하는 것은 변재를 더하는 것이요
뜻으로 가피하는 것은 지혜를 주는 것이요
몸으로 가피하는 것은 위의를 더하는 것이다.
여실하게 말한다면 능히 가피하는 것은 곧 국한하지만 가피하는 바는 다 통하는 것이다.

---

309 『십지론』 운운은 소문疏文 三中에 一이다.
310 가피 운운은 소문 三中에 二이다.

앞에 말의 편리함을 타기에[311] 그런 까닭으로 먼저 입으로 가피하고 지혜를 얻어[312] 설함을 감당하는 것이요
사실이 반드시 삼매에서 생기한다면 몸으로 하여금 닿아 하여금 깨닫게 하기에 그런 까닭으로 이 다음이 몸이 되는 것이니 이것은 시방의[313] 부처님에게 나아가 분별한 것이다.
만약 노사나 부처님을[314] 잡아 말한다면 먼저 뜻[315]에 하여금 삼매를 얻게 하는 것은 응당 설할 바가 있는 것이요
다음에[316] 신광身光으로 비추어 닿게 하는 것은 위의를 더하는 것이요 뒤에[317] 구름의 누각에서 게송을 설하여 하여금 연설하게 하는 것은 또한 의리의 차례이니 우열이 있는 것이 아니다.[318]

---

311 원문에 승전어편乘前語便 운운은 소문 三中에 三이니 앞의 가소위加所爲 가운데 반불伴佛이 이미 입으로 가피한 까닭으로 지금에도 먼저 입으로 가피하는 것이 이에 편리하다는 것이다.
312 원문에 득지得智는 意이다.
313 이것은 시방 운운은 소문 第三中의 有二에 第一이다.
314 만약 노사나 운운은 소문 第三中의 有二에 第二이다.
315 意.
316 身.
317 口.
318 원문에 역의차제亦義次第니 비유우열非有優劣은 삼업三業으로 가피加被함에 먼저는 의가意加이고 다음은 신가身加이고 뒤에는 구가口加이니, 그 의리의 차례가 이와 같을 뿐 삼업三業의 가피가 그 차례가 우열愚劣이 있는 것은 아니다.

鈔

第六正顯加相者는 疏文有三하니 一은 引論生起니 何故加는 結前이요 云何加는 生後라 言云何者는 謂加相云何니라 加相有三下는 二에 辨加相이라 言約別相說者는 謂以身加身하고 以口加口等이라 如實說者는 謂能加가 隨擧一業하야 卽加所加三業故니라 若約舍那下는 二에 辨本師次第니 意加는 卽承佛神力하야 入菩薩大智慧光明三昧요 次에 身光照觸等者는 卽下如來加請文中에 放眉間光하사 照十方竟云호대 又照十方에 一切世界의 一切諸佛이 所加說法菩薩인 金剛藏之身이라호미 是니라 後에 雲臺下에 口加者는 時光臺中에 以諸佛威神力故로 而說頌言호대 佛無等等如虛空하며 十力無量勝功德이니 人間最勝世中上인 釋師子法加於彼라호미 是也니라 言令演者는 彼次偈云호대 佛子當承諸佛力하야 開此法王最勝藏하며 諸地廣智勝妙行을 以佛威神分別說이라호미 卽其文也니 謂卽先須冥加하고 次放光成臺하고 後方得臺中勸說할새 云亦義次第라하니라

제 여섯 번째는 가피하는 모습을 바로 나타낸 것이라고 한 것은 소문에 세 가지가 있나니
첫 번째는 『십지론』을 인용하여 생기한 것이니
무슨 까닭으로 가피하는가 한 것은 앞의 말을 맺는 것이요
다시 어떤 모습으로 가피하는가 한 것은 뒤에 말을 생기하는 것이다.
어떤 모습이라고 말한 것은 가피하는 모습이 어떤 모습인가 하고 말한 것이다.

가피하는 모습이 세 가지가 있다고 한 것은 두 번째 가피하는 모습을 분별한 것이다.

별상을 잡아 말한다고 말한 것은 말하자면 몸으로써 몸을 가피하고 입으로써 입을 가피하는 등이다.

여실하게 설한다고 한 것은 말하자면 능히 가피하는 것이 한 가지 업을 거론함을 따라 곧 가피할 바 세 가지 업業을[319] 가피하는 까닭이다.

만약 노사나 부처님을[320] 잡아 말한다면이라고 한 아래는 두 번째 본사本師의 차례를 분별한 것이니

뜻으로 가피하는 것은 곧 부처님의 위신력을 받아[321] 보살의 큰 지혜광명의 삼매에 들어간다고 한 것이요

다음에 신광으로 비추어 닿게 한다고 한 등은 곧 아래 여래가 가피하여 청한 경문(如來加請文)[322] 가운데 세존이 미간에 광명을 놓아 시방 세계를 비추어 마치시고 말씀하시기를 또[323] 시방에 일체 세계의

---

319 원문에 삼업고三業故라고 한 아래에 대만본 화엄소초에는 三은 승전어편하承前語便下라 변가차제辨加次第라 어중이於中二니 先은 변제불가차제辨諸佛加次第니 可知라는 말이 더 있다.

320 원문에 약약사나若約舍那 이상은 三中第三에 有二中第一이다.

321 곧 부처님의 위신력을 받아 운운한 것은 여자권麗字卷 30장 제 두 번째 삼매분이니 그때에 금강장보살이 부처님의 위신력을 받아 보살의 큰 지혜광명의 삼매에 들어간다 한 것이다.

322 원문에 여래가청如來加請 운운은 대만본 화엄소초 42권, p.63, 3행이니 영인본 화엄 9책, p.246, 6행이다.

323 원문에 우조又照 이하는 역시 대만본 화엄소초 42권, p.63, 5행이니 영인본

일체 모든 부처님이 가피하여 법을 설하게 할 바 보살인 금강장의
몸을 비춘다고 한 것이 이것이다.
뒤에 구름의 누각이라고 한 아래 입으로 가피한³²⁴ 것은 그때에
광명의 구름 누각 가운데 모든 부처님의 위신력을 쓴 까닭으로
게송을 설하여 말하기를

부처님은 비등할 수 없이 평등하여 허공과 같으며
십력³²⁵이 한량이 없고 수승한 공덕을 갖추었으니
인간 가운데 가장 수승하며 세간 가운데 가장 높은
그 석사자의 법을 저 금강장에게 가피한다 한 것이 이것이다.
하여금 연설하게 한다고 말한 것은 저 다음 게송³²⁶에 말하기를

불자여, 마땅히 모든 부처님의 힘을 받아
이 법왕의 가장 수승한 창고를 열며
모든 지위에 광대한 지혜와 수승하고 묘한 행을
부처님의 위신력을 분별하여 설할 것이다 한 것이 곧 그 경문이니

말하자면 곧 먼저 반드시 그윽이 가피하고 다음에 광명을 놓아

화엄 9책, p.246, 9행이다.
324 소문疏文엔 口加란 말이 없다.
325 원문에 시방十方이라 한 方은 力 자의 잘못이다.
326 저 다음 게송이라고 한 것은 영인본 화엄 9책, p.258, 5행이니 바로 앞의
　　불무등등佛無等等 운운 게송偈頌 다음 게송이다.

누각을 이루고 뒤에 바야흐로 누각 가운데 권하여 설함을 얻게 하기에 또한 의리의 차례라 말한 것이다.

經

善男子야 汝當辯說此法門에 差別善巧法하리니 所謂 承佛神力하야 如來智明으로 所加故며 淨自善根故며 普淨法界故며 普攝衆生故며 深入法身智身故며 受一切佛灌頂故며 得一切世間에 最高大身故며 超一切世間道故며 清淨出世善根故며 滿足一切智智故니라

선남자여,[327] 그대는 마땅히 이 법문에 차별한 선교의 법을 분별하여 설할 것이니

말하자면 부처님의 위신력을 받아 여래의 지혜광명으로 가피하는 바인 까닭이며

자기의 선근을 청정하게 하는 까닭이며

널리 법계를 청정하게 하는 까닭이며

널리 중생을 섭수하는 까닭이며

법신과 지신智身에 깊이 들어가는 까닭이며

일체 부처님께 관정함을 받는 까닭이며

일체 세간에 가장 높고 큰 몸을 얻는 까닭이며

일체 세간에 도를 초월하는 까닭이며

출세간에 선근을 청정하게 하는 까닭이며

일체 지혜와 지혜를 만족케 하는 까닭입니다.

---

[327] 선남자善男子 운운은 시방十方에 동명금강장불同名金剛藏佛이 금강장보살金剛藏菩薩에게 권청勸請하는 말이다.

疏

初口加中에 有十一句하니 初總이요 餘別이라 總中에 令以樂說辯
로 說十地法門의 名相差別호대 不違事理하고 善巧成故니라 故云
汝當辯說等이라하니라

처음에 입으로 가피하는 가운데 열 한 구절이 있나니
처음에 한 구절은 총구요
나머지는 별구이다.
총구 가운데 요설변재로 하여금 십지 법문의 이름과 모습이 차별함
을 설하되 사리를 어기지 않고 선교로 이루는 까닭이다.
그런 까닭으로 말하기를 그대는 마땅히 분별하여 설할 것이다 한
등이라 하였다.

鈔

總中等者는 謂以樂說로 爲能說하야 說十地之法義일새 故經云辯說
이라하니 說必有詞니라 其所說中에 名相差別은 即是法義니 論엔 以
名相으로 釋於差別하니라 亦可在口로 爲辯이니 辯은 通四辯也니라
不違已下는 釋善巧字니라

총구 가운데라고 한 등은 말하자면 요설로써 능히 설함을 삼아
십지의 법과 의(法義)를 설하기에 그런 까닭으로 경에 말하기를
분별하여 설한다 하였으니,

설함에 반드시 언사言詞가 있는³²⁸ 것이다.

그 설하는 바 가운데 이름과 모습이 차별한 것은 곧 법과 의(法義)이니, 『십지론』에는 이름과 모습으로써 차별을 해석하였다.

또한 가히 입으로 분별함이 있는 것이니³²⁹

분별한다고 한 것은 네 가지 변재에 통하는 것이다.

어기지 않는다고 한 이하는 선교라는 글자를 해석한 것이다.

疏

所謂下는 十句別中에 依根本辯才하야 有二種辯才하니 一은 他力辯이니 卽是初句에 謂承佛力이니 承何力耶아 如來智明故니라 二는 自力辯이니 卽後九句니 自他因緣하야사 方有說故니라 攝此九力에 爲四種淨하니 以因中에 有四義故니라 一은 有力能作이요 二는 無力不作이요 三은 具二能引生이요 四는 泯攝前三하야사 稱理成德이니 故爲四淨하니라

---

328 원문에 설필유시說必有詞는 이것은 사무애변四無碍辨으로 배대하기를 요망하는 까닭이다. 사무애변辭無碍辨이라 한 辭 자는 詞 자로 통한다.

329 원문에 역가재구위변亦可在口爲辯은 몸으로 분별하는 것이 저 입에 있다면 곧 반드시 說할 바로 法과 義의 二辨을 삼을 것은 아니다. 사무애변四無碍辨이 다 입에 있는 때문이다. 亦可以上은 그 뜻이 辨字가 다만 요설무애변樂說無碍辨만 말하고 있지만 그러나 사무애변(辭)無碍辨을 포함하고 있다. 그리고 소설중所說中에 法과 義라 하니 사무애변四無碍辨을 따로 말하고 있다. 그러나 亦可以下는 辨字로 四無碍辨에 통함을 통설通說하고 있다 하겠다.

말하자면이라고 한 아래는 십구의 별구 가운데 근본변재를 의지하여
두 가지 변재가 있나니
첫 번째는 타력변재이니
곧 처음 구절에 부처님의 위신력을 받는다고 말한 것이니
어떤 힘을 받는가. 여래의 지혜광명을 받는 까닭이다.[330]
두 번째는 자력변재이니
곧 뒤에 아홉 구절[331]이니 자타가 인연하여야 바야흐로 설할 수
있는 까닭이다.
이 아홉 가지 힘을 섭수함에 네 가지 청정함이 되나니
원인 가운데 네 가지 뜻이 있는 까닭이다.
첫 번째는 힘이 있으면 능히 짓는 것이요
두 번째는 힘이 없으면 지을 수 없는 것이요
세 번째는 두 가지를 갖추어야 능히 이끌어 생기하는 것이요
네 번째는 앞에 세 가지를 민절하여 섭수하여야 진리에 칭합하여
공덕을 이루는 것이니
그런 까닭으로 네 가지 청정함이 되는 것이다.

---

[330] 원문에 여래지명고如來智明故는 『잡화기雜華記』에 말이 조금 빠진 듯하나니, 論에 말하기를 如來智力으로 不暗加故라 하니 加 자가 있어야 뜻이 구족된다 하였다. 즉 여래의 지혜광명으로 가피함을 받는 까닭이라는 뜻이니, 加 자가 없다 해도 묻는 가운데 承 자에 근간하여 그 承 자를 해석하여 주면 그 뜻이 잘 나타나는 것이다.

[331] 句 자 아래 초문에는 由 자가 있다.

鈔

由自他因緣者는 自力爲因이요 他力爲緣故니라 攝此九力은 此句는 總標라 以因中有四下는 二에 總出四淨所以라 言因中有四義者는 揀非約緣이니 但就自力因中耳니라 亦如泛擧因緣生法中에도 有其四義하니 如穀子爲因하고 水土爲緣하야 能生於芽하니라 但就穀子하야 卽有四義하니 一은 緣不生하고 自因生故니 卽穀子가 是有力義요 二는 因不生하고 自緣生故니 卽穀子上에 有無力義라 要具有力無力하야사 方能生芽하나니 卽第三義라 總攝上三인댄 卽穀子之德이니 是第四義라 一은 有力能作이니 故有有作善法淨이요 二는 無力不能作이니 故有無作法淨이요 三은 具二能引生이니 故有敎化衆生淨이요 四는 泯攝前三하야사 稱理成德이니 故有第四身淨이라 泯은 謂泯絶이니 以三不相離하야 互相卽故로 更互泯奪이요 攝者는 三不相離하야 擧一全收하야 具泯攝義故로 稱理成德이라

자타가 인연함을 인유[332]한다고 한 것은 자력은 원인이 되는 것이요 타력은 조연이 되는 까닭이다.
이 아홉 가지 힘을 섭수한다고 한 것은 이 구절은 한꺼번에 표한 것이다.
원인 가운데 네 가지 뜻이 있다고 한 아래는 두 번째 네 가지 청정한 까닭을 모두 설출한 것이다.
원인 가운데 네 가지 뜻이 있다고 말한 것은 조연을 잡은 것이

---

332 소문소문(疏文)엔 由 자가 없다.

아님을 가린 것이니
다만 자력의 원인 가운데 나아간 것이다.
또한 널리 인연으로 생기하는 법을 거론하는 가운데도 그 네 가지 뜻이 있는 것과 같나니
마치 곡식의 종자가 원인이 되고 물과 땅이 조연이 되어 능히 싹을 생기하는 것과 같다.
다만 곡식의 종자에 나아가 곧 네 가지 뜻이 있나니
첫 번째는 조연으로 생기하지 않고 원인으로부터 생기하는 까닭이니 곧 곡식의 종자가 힘이 있다는 뜻이요
두 번째는 원인으로 생기하지 않고 조연으로부터 생기하는 까닭이니 곧 곡식의 종자분상에 힘이 없다는 뜻이 있는 것이다.
반드시 힘이 있는 것과 힘이 없는 것을 구족하여야 바야흐로 능히 싹을 생기하나니
곧 제 세 번째 뜻이다.
위에 세 가지를 모두 섭수한다면 곧 곡식의 종자의 공덕이니 이것은 제 네 번째 뜻이다.
첫 번째는 힘이 있으면 능히 짓는 것이니
그런 까닭으로 지음이 있는 선법의 청정함이 있는 것이요
두 번째는 힘이 없으면 능히 지을 수 없는 것이니
그런 까닭으로 지음이 없는 법의 청정함이 있는 것이요
세 번째는 두 가지[333]를 구족하여야 능히 이끌어 생기하는 것이니

---

[333] 두 가지란, 유력有力과 무력無力이다.

그런 까닭으로 중생을 교화하는 청정함이 있는 것이요
네 번째는 앞에 세 가지를 민절하여 섭수하여야 진리에 칭합하여
공덕을 이루는 것이니
그런 까닭으로 제 네 번째 몸의 청정함이 있는 것이다.
민泯이라고 한 것은 민절泯絶을 말하는 것이니,
앞의 세 가지가 서로 떠나지 아니하여 서로서로 즉하는 까닭으로
다시 서로 민절하여 빼앗는 것이요
섭攝이라고 한 것은 앞의 세 가지가 서로 떠나지 아니하여 하나를
거론함에 전체를 거두어 민절하여 섭수[334]하는 뜻을 구족한 까닭으로
진리에 칭합하여 공덕을 이루는 것이다.

又上四義에 前三은 行圓이요 後一은 行滿이라 前三之中에 前二는 自利요 後一은 利他라 自利의 二中에 依體相分일새 故有有作無作이라 然其別義는 正在前二하나니 此二는 並以眞心으로 爲體니라 以眞心中에 有於三大하니 順體相大故로 有無作法淨하고 順用大故로 有有作善法淨하니라 言有作者는 卽是敎行이니 敎行本無나 順性德用하야 而修起일새 故名爲有作이요 有作順理일새 故名爲善이요 善之自體일새 故名爲法이요 法出垢染일새 目之爲淨이라 言無作者는 卽是證行이니 性出自古하야 不由緣造일새 故名無作이요 此無作體가 更不順他일새 不立善言이라 若約性善인댄 亦可名善이나 論依前義일새 故無善字니라 法淨二義는 不異前釋하니라 然有純眞不生하고

---

334 奪 자는 攝 자의 잘못이다.

單妄不成일새 眞妄和合하야사 方有所作이니 無明內熏하고 惡友外引하면 造諸惡行하야 背眞流轉하며 眞如內熏하고 善友外引하면 造諸善行하야 反本還源하리라 順眞名善이니 無妄可治며 不成善故요 由順性의 無慳貪故로 隨順修行檀波羅蜜하면 則反慳貪하야 成於檀度之善하리니 餘可例知니라 然此二淨이 若在凡時엔 但可有性일새 名作無作이요 不得名淨이니라 然無作體는 古今常湛하야 體無增減이나 約就於緣하야 有隱有顯하며 有始有終하며 說因說果요 有作法體는 本無其體나 但可依生하야 方名有作이니 如樹有芽等하며 乳有酪等하야 非是事有니라 然雖修生이나 若無有性인댄 修不可生일새 故作無作을 皆名有性이니라 此二入住인댄 有作을 名爲習種性攝이요 無作을 名爲性種性攝이며 若就解行인댄 有作을 名方便淨이요 無作을 名體性淨이며 今就聖位인댄 有作을 名敎行이요 無作을 名證行이며 若至果位인댄 有作을 名方便淨菩提와 涅槃及報身佛이요 無作을 名爲性淨菩提와 涅槃及法身佛이니 此二無礙니라 今明剛藏은 內順德用하야 萬行爰增일새 云有作淨이요 心冥性德하야 思慮斯寂일새 有無作淨이니 大意如是니라

또 위에 네 가지 뜻에 앞의 세 가지는 행이 원만한[335] 것이요 뒤에 한 가지는 행이 만족한[336] 것이다.
앞의 세 가지 가운데 앞의 두 가지는 자리요

---

335 원문에 전삼행원前三行圓은 자리自利와 이타利他가 원만圓滿한 것이다.
336 원문에 후일행만後一行滿은 자리自利와 이타利他를 구경究竟에 성취成就한 것이 만족滿足한 것이다.

뒤에 한 가지는 이타이다.
자리의 두 가지 가운데 자체와 모습을 의지하여 나누기에[337] 그런
까닭으로 지음이 있는 것과 지음이 없는 것이 있는 것이다.
그러나 그 별의別義는 바로 앞의 두 가지에 있나니
이 두 가지는 모두 진심으로써 자체를 삼는 것이다.
진심 가운데 삼대가 있나니
체대와 상대를 따르는 까닭으로 지음이 없는 법의 청정함이 있고
용대를 따르는 까닭으로 지음이 있는 선법의 청정함이 있는 것이다.
지음이 있다고 말한 것은 곧 이것은 교행敎行이니
교행이 본래 없지만 성덕性德의 작용을 따라 수행이 생기하기에
그런 까닭으로 이름을 지음이 있다 하는 것이요
지음이 있는 것이 진리에 순하기에 그런 까닭으로 이름을 선善이라
하는 것이요
선의 자체이기에 그런 까닭으로 이름을 법이라 하는 것이요
법이 번뇌에 물듦을 벗어났기에 이름을 청정이라 하는 것이다.
지음이 없다고 말한 것은 곧 이것은 증행證行이니
자성이 옛날부터 벗어나 인연을 인유하여 짓지 않기에 그런 까닭으

---

337 원문에 의체상분依體相分은 『유망기』는 이 相은 곧 用이니 이 가운데는 따로 用을 거론하지 않고 相으로써 用을 삼은 것이다 하였다. 그러나 『잡화기雜華記』는 말하기를 의체상依體相이라고 한 것은 바로 아래 두 줄 뒤에 體相(體大, 相大)은 다 無作에 배속하고 用(用大)은 有作에 배속하였지만, 지금은 이에 相으로써 有作에도 배속한 것은 相이 體와 用에 通한다 하였다. 즉 相(相大)은 위로는 體(體大)에 통하고 아래로는 用(用大)에 통한다는 것이다.

로 이름을 지음이 없다 하는 것이요
이 지음이 없는 자체가 다시 다른 것을 따르지 않기에 선善이라는 말을 세우지 않는 것이다.
만약 자성이 선함을 잡는다면 또한 가히 선이라 이름할 것이지만 『십지론』에는 앞의 뜻을 의지하기에 그런 까닭으로 선이라는 글자가 없는 것이다.
법과 청정함의 두 가지 뜻은 앞에 해석한 것과 다르지 않는 것이다.
그러나 단순한 진眞은[338] 생기하지 않고 단순한 망妄은 이루어지지 아니함이 있기에 진과 망이 화합하여야 바야흐로 짓는 바가 있는 것이니
무명이 안으로 훈습하고 악지식이 밖으로 인도하면 모든 악행을 지어 진을 등지고 유전하며
진여가 안으로 훈습하고 선지식이 밖으로 인도하면 모든 선행을 지어 근본을 돌이켜 근원에 돌아갈 것이다.
진여에 순하는 것을 선이라 이름하나니
망 가히 다스릴 것이 없으며 선 가히 이룰 것이 없는 까닭이요
자성이 간탐이 없음에 수순함을 인유한 까닭으로 보시바라밀을 수순하여 수행한다면 곧 간탐을 돌이켜 보시바라밀의 선을 이룰 것이니
나머지는 가히 비례하면 알 수가 있을 것이다.[339]

---

338 원문에 연유순진然有純眞 아래는 유작선법有作善法의 뜻을 거듭 해석한 것이다. 연유然有라 한 有 자를 其 자로 한 본本도 있다.

339 원문에 여가예지餘可例知는 나머지 지계持戒, 인욕忍辱 등 오바라밀五波羅密은

그러나 이 두 가지 청정[340]이 만약 범부에 있을 때는 다만 가히 자성만 있기에 지음이 있다 지음이 없다 이름하고, 청정하다 이름함을 얻을 수 없는 것이다.
그러나 지음이 없는 자체는 고금에 항상 담연하여 자체가 증감이 없지만 인연에 나아감을 잡아 숨은 것도 있고 나타난 것도 있으며, 처음도 있고 끝도 있으며, 원인도 설하고 결과도 설하는 것이요 지음에 있는 법의 자체는 본래 그 자체가 없지만 다만 가히 생기함을 의지하여 바야흐로 지음이 있다 이름하는 것이니
마치 나무에 싹이 있는 등과 같으며 우유에 소락이 있는 등과 같아서 사실이 본래 있는 것이 아니다.[341]
그러나 비록 닦아서 생기하지만 만약 자성이 없다면 닦아도 가히 생기할 수 없기에 그런 까닭으로 지음이 있는 것과 지음이 없는 것을 다 자성이 있다고 이름하는 것이다.
이 두 가지가 십주에 들어간다면 지음이 있는 것을 이름하여 습종성習種性[342]에 섭수된다 하고 지음이 없는 것을 이름하여 성종성性種性[343]에 섭수된다 하며
만약 해행解行[344]에 나아간다면 지음이 있는 것을 이름하여 방편정이

이 보시바라밀에 비례比例하면 가히 알 수가 있을 것이라는 것이다.
340 원문에 이정二淨이란, 유작정有作淨과 무작정無作淨이다.
341 원문에 비시사유非是事有란 사상事相이 진실로 있는 것이 아니라 진리(理)를 의지하여 있다는 것이다.
342 습종성習種性은 십주十住이다.
343 성종성性種性은 십행十行이다.
344 해행解行은 십회향十回向이다.

라 하고

지음이 없는 것을 이름하여 체성정體性淨이라 하며

지금에 성위聖位[345]에 나아간다면 지음이 있는 것을 이름하여 교행이라 하고

지음이 없는 것을 이름하여 증행이라 하며

만약 과위果位[346]에 이른다면 지음이 있는 것을 이름하여 방편정보리와 열반과 그리고 보신불이라 하고

지음이 없는 것을 이름하여 성정보리와 열반과 그리고 법신불이라 하나니

이 두 가지가 걸림이 없는 것이다.[347]

지금에 금강장보살은 안으로 성덕의 작용을 따라 만행이 이에 증장하기에 지음이 있는 청정이 있다고 말하고

마음이 성덕에 명합하여 생각이 이에 고요하기에 지음이 없는 청정이 있다고 함을 밝힌 것이니

대의가 이와 같은 것이다.

疏

一에 淨自善根者는 有作善法淨이니 卽是敎行이며 亦約相故로

---

[345] 성위聖位는 십성위十聖位니 십지위十地位이다.
[346] 과위果位는 불위佛位이다.
[347] 원문에 차이무애此二無礙는 과위果位 중에는 유작有作과 무작無作이 둘이 다 걸림이 없다는 것이다.

名爲有作이라

첫 번째[348] 자기의 선근을 청정하게 한다고 한 것은 지음이 있는
선법의 청정함이니
곧 이것은 교행이며
또한 모습[349]을 잡은 까닭으로 이름을 지음이 있다 하는 것이다.

鈔

次는 正釋이니 一에 淨自善下는 釋此一淨에 文有四節하니 初句는
牒經이요 二에 有作善法淨은 依論立名이요 三에 即是教行은 出其行
體요 四에 亦約相故로 名爲有作은 依體釋名이라 謂由約相約教일새
故有修作이니 修作이 即是教行이라

다음에는 바로 해석한 것이니
첫 번째 자기의 선근을 청정하게 한다고 한 아래는 이 한 가지
청정함을 해석함에 소문이 사절四節이 있나니
처음 구절은 경문을 첩석한 것이요
두 번째 지음이 있는 선법의 청정함이라고 한 것은 『십지론』을
의지하여 이름을 세운 것이요

---

348 원문에 一이란, 別中十句에 第一句는 자력自力이고 나머지 九句는 타력他力
이니 九句 가운데 第一이다.
349 원문에 相이란, 행상行相이다.

세 번째 곧 이것은 교행이라고 한 것은 그 행의 자체를 설출한 것이요

네 번째 또한 모습을 잡은 까닭으로 이름을 지음이 있다고 한 것은 자체를 의지하여 이름을 해석한 것이다.

말하자면 모습을 잡고 교를 잡은 것을 인유하기에 그런 까닭으로 수행의 지음이 있는 것이니

수행의 지음이 곧 교행인 것이다.

疏

二에 普淨法界者는 無作法淨이니 此約證行이며 亦約體故로 名爲無作이니 依此性相하야 而有說故니라 上二는 皆自利라

두 번째 널리 법계를 청정하게 한다고 한 것은 지음이 없는 법의 청정함이니

이것은 증행을 잡은 것이며

또한 체성을 잡은 까닭으로 이름을 지음이 없다 하는 것이니

이 체성과 모습을 의지하여 설함이 있는 까닭이다.

위에 두 가지 청정은 다 자리이다.

鈔

二에 普淨法界者는 釋此一淨에 文有五段하니 一은 牒經이요 二에 無作法淨은 依論立名이요 三에 此約證行은 出其行體요 四에 亦約體

故로 名爲無作은 依體釋名이라 由約體故로 無有修作이요 但出妄染일새 故得稱淨이니 如拂雲霧에 顯出晴空하니라 故此엔 但約顯體하야 名淨이니 不同前門에 對治名淨하니라 五에 依此性相下는 雙結上二니 先은 結二淨이니 性卽體證이요 相卽相敎라 後에 上二皆自利者는 結上自利하고 生下第三利他故也니라

두 번째 널리 법계[350]를 청정하게 한다고 한 것은 이 한 가지 청정을 해석함에 소문이 오단이 있나니
첫 번째는 경문을 첩석한 것이요
두 번째 지음이 없는 법의 청정함이라고 한 것은 『십지론』을 의지하여 이름을 세운 것이요
세 번째 이것은 증행을 잡은 것이라고 한 것은 그 행의 자체를 설출한 것이요
네 번째 또한 체성을 잡은 까닭으로 이름을 지음이 없다고 한 것은 체성을 의지하여 이름을 해석한 것이다.
체성을 잡음을 인유한 까닭으로 수행의 지음이 없는 것이요
다만 망상의 물듦을 벗어났기에 그런 까닭으로 이름을 청정이라 하는 것이니
마치 구름과 안개가 걷힘에 맑은 허공이 나타나는 것과 같다. 그런 까닭으로 여기서는 다만 체성을 나타내는 것만 잡아 청정하다 이름한 것이니,

---

350 界 자 아래 故 자는 소문에는 없다. 따라서 없는 것이 좋다.

전문前門에서 대치하는 것을 청정이라 이름한 것과는 같지 않는 것이다.
다섯 번째 이 체성과 모습을 의지한다고 한 아래는 위에 두 가지[351]를 함께 맺는 것이니
먼저는 두 가지 청정을 맺는 것이니
체성은 곧 체증體證이요
모습은 곧 상교相敎이다.
뒤에 위에 두 가지 청정은 다 자리라고 한 것은 위에 자리를 맺고 아래 제 세 번째 이타를 생기하는 까닭이다.

疏

三에 普攝衆生者는 敎化衆生淨이니 卽是利他라

세 번째 널리 중생을 섭수한다고 한 것은 중생을 교화하는 청정함이니
곧 이것은 이타이다.

疏

餘六句經은 皆名身淨이라 攝爲三種盡하니 皆顯二利滿故로 成

---

351 원문에 상이上二란, 第一淨과 第二淨이니 제일정第一淨은 상相이고, 제이정第二淨은 체성體性이다.

德이라 成德有二義하니 一은 當位顯益이니 有菩薩盡이요 二는 寄對辯勝이니 有後二盡이라

나머지 여섯 구절[352]의 경문은 다 몸의 청정함이라 이름하는 것이다. 모두 섭수하여 세 가지 다함[353]을 삼았으니
다 자리와 이타가 만족한 까닭으로 공덕을 이루는 것을 나타낸 것이다.
공덕을 이루는 것이 두 가지 뜻이 있나니
첫 번째는 당위當位에서 이익을 나타내는 것이니
보살의 다함이 있는 것이요
두 번째는 상대함을 의지하여 수승함을 분별한 것이니
뒤에 두 가지 다함이 있는 것이다.

鈔

餘六句經下는 釋第四淨에 疏文有三하니 第一은 標名이니 約體無垢故로 名身淨이라 攝爲三種盡下는 依論開義라 於中亦三이니 初句는 標니 望論컨댄 是開爲三이요 望經六句컨댄 云攝爲三하리라 二에 皆顯二利滿故로 成德者는 總顯三盡이 但滿上三句에 二利니 故下三盡中에 皆有二利하니라 三에 成德有二下는 出三所以니라 言後二盡者는 一은 對下彰出이니 有二乘不同盡이요 二는 對上彰入이니 故有

---

352 원문에 여육구餘六句란, 심입법신深入法身 이하 六句이다.
353 원문에 삼진三盡이란, 불진佛盡과 보살진菩薩盡과 이승부동진二乘不同盡이다.

佛盡이라 故此三盡이 約人爲三이니 一은 自約菩薩이요 二는 出二乘이요 三은 上同佛이라

나머지 여섯 구절의 경문이라고 한 아래는 제 네 번째 몸의 청정함을 해석함에 소문이 세 가지가 있나니
첫 번째는 이름을 표한 것이니
체성이 때가 없음을 잡은 까닭으로 몸의 청정함이라 이름하는 것이다.
섭수하여 세 가지 다함을 삼는다고 한 아래는 『십지론』을 의지하여 뜻을 연 것이다.
그 가운데 또한 세 가지가 있나니
처음 구절은 이름을 표한 것이니
『십지론』을 바라본다면 열어서 세 가지로 한 것이고, 경문에 여섯 구절을 바라본다면 섭수하여 세 가지로 한 것이다 말할 것이다.
두 번째 다 자리와 이타가 만족한 까닭으로 공덕을 이루는 것을 나타낸 것이라고 한 것은 세 가지 다함이 다만 위의 삼구三句에 자리와 이타[354]가 만족함을 한꺼번에 나타낸 것이니
그런 까닭으로 아래 세 가지 다함[355] 가운데 다 자리와 이타가 있는 것이다.
세 번째 공덕을 이루는 것이 두 가지 뜻이 있다고 한 아래는 세

---

354 원문에 상삼구이리上三句二利는 위에 제일정第一淨과 제이정第二淨은 자리自利요 제삼정第三淨은 이타利他이다.
355 원문에 하삼진下三盡은 나머지 六句이다.

가지 다함(三盡)의 까닭을 설출한 것이다.
뒤에 두 가지 다함이 있다고 말한 것은 첫 번째는 아래 이승을
상대하여 뛰어남을 밝힌 것이니
이승의 같지 않는³⁵⁶ 다함이 있는 것이요
두 번째는 위로 부처님을 상대하여 들어감을 밝힌 것이니
그런 까닭으로 부처님의 다함이 있는 것이다.
그런 까닭으로 이 세 가지 다함이 사람을 잡아 세 가지로 한 것이니
첫 번째는 스스로 보살을 잡은 것이요
두 번째는 이승을 뛰어난 것이요
세 번째는 위로 부처님과 같은 것이다.

疏

初에 菩薩盡者는 因位窮終故니 攝經三句니라 初句는 位滿이니 謂十地勝進에 破和合識하야 顯現法身이요 非心意識으로 之所能得하고 唯如智所依일새 成於智身이요 菩薩照寂일새 故云深入이라하니라

처음에 보살의 다함이라고 한 것은 인위의 종극인 까닭이니 경에 세 구절을 섭수한 것이다.³⁵⁷

---

356 원문에 이승부동二乘不同은 이승二乘이 보살菩薩로 더불어 같지 않다는 것이다.
357 원문에 인위궁종因位窮終은 석명釋名이고, 섭경삼구攝經三句는 지경指經이다.

처음 구절은 지위가 만족한 것이니
말하자면 십지의 승진에 화합식和合識을 깨뜨려 법신을 나타내는 것이요, 심心[358]과 의意[359]와 식識[360]으로 능히 얻을 바가 아니고 오직 진여의 지혜로만 의지하는 바이기에 지신을 이루는 것이요 보살이 비추지만 고요하기에 그런 까닭으로 깊이 들어간다 한 것이다.

初에 菩薩盡者下는 第三에 隨文解釋이라 初句는 標名이니 具足論云호대 一은 菩薩盡이니 有二種利益이라하니 初句位滿이 是一益이요 卽顯後二句成益이 爲二니 今에 約卽經에 深入法身智身故니라 從謂 十地下는 疏釋이니 今疏엔 先以起信意로 釋하고 後用本論하니라 今 初는 卽釋本覺中에 隨染本覺之文이니 論云호대 復次本覺이 隨染分 別하야 生二種相호대 與彼本覺으로 不相捨離하나니 云何爲二고 一 者는 智淨相이요 二者는 不思議業相이라 智淨相者는 謂依法力熏習 하야 如實修行하야 滿足方便故로 破和合識相하야 滅相續心相하고 顯現法身하야 智純淨故라하니 今엔 正用此智淨相이라 言智淨相者 는 卽本覺隨染하야 還淨之相이요 不思議業相者는 明還淨本覺業用 之相이니 此之二門이 若離染緣인댄 則不能得成일새 故云隨染이라

---

358 심心은 집기集起니 제팔식第八識이다.
359 의意는 사량思量이니 제칠식第七識이다.
360 식識은 요별了別(分別)이니 제육식第六識이다.

하니라 此智淨中에 論文에 先明因法力熏習은 此是地前이니 非今所用이요 如實修行은 此當地上이니 十地行終일새 故云滿足方便이라하니라 此在金剛이 因位之極이로대 今疏取意일새 故云謂十地勝進이라하니라 從破和合識下는 辨果也니 謂本以不生不滅이 與生滅和合이 名阿賴耶識이거늘 今엔 破和合識內에 生滅之相하고 顯其不生不滅之性하니 此는 根本無明盡故로 心無所合이 卽顯法身이니 本覺義也니라 卽於此時에 能染心中에 滅業相等相續之相이나 不滅心體일새 故令本覺으로 還源하야 淳淨圓智니 以相續心體일새 故合本覺故니라 今疏에 不引智淳淨者는 智淳淨言이 意在下疏니라 非心意識下는 是本論意니 論具云호대 菩薩盡者는 法身은 離心意識하야 唯智依止하나니 如經法身智身故라하니라 今疏에 言非心意識之所能得은 卽取論意하야 反成法身이니 了心體離念하야 不可得故로 說名法身이니 故慮知集起와 思量分別로 安能得耶아 如智所依下는 釋智身體니 此一句는 一에 向上順成法身이니 法身은 唯爲智依일새 故非心等能得이요 二에 向下成智身이니 卽依法身之智가 卽是智身이니 始覺義也니라 然此始覺은 無別始覺하야 卽是本覺이 隨染而作이니 今染緣旣息에 始還同本일새 故云淳淨이라하니 卽法報一體니라 故經云호대 唯如如及如如智가 獨存이 名爲法身이라하니라 故次下論云호대 若無明滅인댄 相續卽滅이나 智性不滅이라하니 明智身이 全同法性호미 如金成像에 像不離金인달하야 從能所證義하야 分二身耳니라 菩薩照寂者는 此以瓔珞經으로 釋深入義니라 彼經云호대 等覺은 照寂하고 妙覺은 寂照라하니 今是菩薩일새 故云照寂이라하니 則等覺已還은 未爲深入이라

처음에 보살의 다함이라고 한 아래는 제 세 번째 경문을 따라 해석한 것이다.

처음 구절은 이름을 표한 것이니

『십지론』에 구족[361]하여 말하기를 첫 번째는 보살의 다함이니 두 가지 이익이 있다 하였으니

처음 구절은 지위가 만족한 것이라고 한 것이 이 첫 번째 이익이요 곧 뒤에 두 구절은 이익을[362] 이룬다고 현시한 것이 두 번째 이익이 되는 것이니

지금에 곧 경에 법신과 지신에 깊이 들어가는 까닭이라고 한 것을 잡아 설한 것이다.

말하자면 십지의 승진이라고 한 것으로 좇아 아래는 소가가 해석한 것이니

---

361 원문에 구족론具足論은 十地論 第一卷에 是身淨中에 顯三種盡하니 一者는 菩薩盡이니 有二種二益이요 二者는 聲聞辟支佛不同盡이요 三者는 佛盡이라 菩薩盡者는 法身은 離心意識하야 唯智依止니 如經法身智身故라 二種利益者는 現報利益은 受佛位故요 後報利益은 摩醯首羅智處에 生故라하니라. 즉 『십지론』 제일권에 이 몸의 청정 가운데 세 가지 다함을 나타내었으니 첫 번째는 보살의 다함이니 두 가지 이익이 있는 것이요, 두 번째는 성문과 벽지불로 같지 않은 다함이요, 세 번째는 부처의 다함이다. 보살의 다함이라고 한 것은 법신은 심·의·식을 떠나 오직 지혜로만 의지하나니 저 『십지경』에 법신과 지신과 같은 까닭이다. 두 가지 이익이라고 한 것은 현보의 이익은 부처님의 지위를 받는 까닭이요, 후보의 이익은 마예수라 지혜의 처소에 태어나는 까닭이다 하였다.

362 원문에 후이구성익後二句成益은 바로 뒤에 소문이다.

지금 소문에는 먼저 『기신론』의 뜻³⁶³으로써 해석하고 뒤에 본론인 『십지론』을³⁶⁴ 인용하였다.
지금은 처음³⁶⁵으로 곧 본각 가운데 수염본각이라는 문장을 해석한 것이니
『기신론』에 말하기를 다시 본각이 염분을 따라 분별하여 두 가지 모습을 생기하되 저 본각으로 더불어 서로 떠나지 않나니 어떤 것이 두 가지가 되는가.
첫 번째는 지혜의 청정한 모습이요
두 번째는 사의할 수 없는 업의 모습이다.
지혜의 청정한 모습이라고 한 것은 말하자면 법력의 훈습을 의지하여 여실하게 수행하여 방편을 만족한 까닭으로 화합식의 모습을 깨뜨려 상속심의 모습을 제멸하고 법신을 나타내어 지혜가 깨끗하고 청정케 하는 까닭이다 하였으니
지금에는 바로 이 지혜의 청정한 모습을 인용한 것이다.
지혜의 청정한 모습이라고 말한 것은 곧 본각이 염분을 따라 정분에 돌아가는 모습이요
사의할 수 없는 업의 모습이라고 한 것은 정분에 돌아가는 본각업용의 모습을 밝힌 것이니
이 두 가지 문門³⁶⁶이 만약 염분의 인연을 떠난다면 곧 능히 성립함을

---

363 원문에 기신의起信意는 파화합식破和合識이다.
364 원문에 본론의本論意는 비심의식非心意識이다.
365 원문에 금초今初란, 기신의起信意이다.
366 문門은 본소本疏엔 相 자이다.

얻을 수 없기에 그런 까닭으로 염분을 따른다 하였다.
이 지혜의 청정한 가운데 논문에 먼저 법력의 훈습을 인유함을 밝힌 것은 이것은 십지 이전이니 지금에 인용할 바가 아니요 여실하게 수행한다고 한 것은 이것은 십지 이상에 해당하는 것이니 십지의 행이 끝나기에 그런 까닭으로 말하기를 방편을 만족한다 한 것이다.
이것은 금강장보살이 인위因位의 종극에 있지만 지금에 소가가 뜻으로 취하였기에 그런 까닭으로 말하기를 말하자면 십지의 승진이라 한 것이다.

화합식을 깨뜨린다고 한 것으로 좇아 아래는 과위果位[367]를 분별한 것이니
말하자면 본래 불생불멸이 생멸로 더불어 화합하는 것이 이름이 아뢰야식이거늘, 지금에는 화합식 안에 생멸의 모습을 깨뜨리고 그 불생불멸의 자성[368]을 나타내었으니
이것은 근본무명이 다한 까닭으로 마음에 화합하는 바가 없는 것이 곧 법신임을 나타낸 것이니 본각의 뜻이다.
곧 이때에 능히 염심染心 가운데 업상 등 상속하는 모습은 사라지지만 심체心體는 사라지지 않기에 그런 까닭으로 본각으로 하여금 근원에 돌아가 원만한 지혜를 깨끗하고 청정케 하는[369] 것이니 심체가 상속하

---

367 疏에서는 果를 법신法身으로 보았다.
368 원문에 性은 疏에 법신法身의 뜻이다.
369 혹본에는 源 자 아래에 成 자가 있으니 그렇다면 깨끗하고 청정하고 원만한

기에 그런 까닭으로 본각에 화합하는 까닭이다.
지금 소문에 지혜가 깨끗하고 청정함을 이끌지 아니한 것은 지혜가 깨끗하고 청정하다는 말이 그 뜻이 아래 소문370에 있기에 그렇다.

심과 의와 식으로 능히 얻을 바가 아니라고 한 아래는 이것은 본론인 『십지론』의 뜻이니
『십지론』에 구족하여 말하기를 보살의 다함이라고 한 것은 법신은 심과 의와 식을 떠나 오직 지혜로만 의지하나니
저 경에 법신과 지신인 까닭이라 한 것과 같다 하였다.
지금 소문에 심과 의와 식으로 능히 얻을 바가 아니라고 말한 것은 곧 『십지론』의 뜻을 취하여 도리어 법신을 성립한 것이니
심체는 생각을 떠나 가히 얻을 수 없음을 요달한 까닭으로 말하기를 법신이라 이름하는 것이니
그런 까닭으로 연려지(慮知)와 집기集起와 사량思量과 분별分別371로 어찌 능히 얻겠는가.
진여의 지혜로만 의지하는 바라고 한 아래는 지신의 자체를 해석한 것이니

지혜를 이룬다고 번역할 것이다. 그러나 영인본 화엄 9책, p.60, 1행처럼 지순정고智純淨故의 뜻으로 보는 것이 좋다.
370 원문에 하소下疏란, 卽下에 비심의식非心意識이다. 곧 바로 아래 심과 의와 식으로 능히 얻을 바가 아니라고 한 것이다.
371 여지慮知는 통팔식通八識이고, 집기集起는 제팔식第八識이고, 사량思量은 제칠식第七識이고, 분별分別은 제육식第六識이다.

이 한 구절[372]은 첫 번째 위를 향하여 법신을 수순하여 성립하나니 법신은 오직 지혜로만 의지함이 되기에 그런 까닭으로 심心 등[373]으로 능히 얻을 바가 아니요

두 번째 아래를 향하여 지신을 수순하여 성립하나니

곧 법신의 지혜로 의지하는 것이 곧 지신이니 시각의 뜻이다. 그러나 이 시각은 따로 시각이 없어서 곧 이 본각이 염분을 따라 작용하나니

지금에 염분의 인연이 이미 그침에 시각이 도리어 본각과 같아지기에 그런 까닭으로 말하기를 깨끗하고 청정하다 하였으니 곧 법신과 보신이 한 몸이다.

그런 까닭으로 경에 말하기를 오직 여실한 진여와 그리고 여실한 진여의 지혜가 독존獨存하는 것이 이름이 법신이 된다 하였다.

그런 까닭으로 이 다음 아래『기신론』[374]에 말하기를 만약 무명이 사라지면 상속하는 모습도 곧 사라지지만 지혜의 자성은 사라지지 않는다 하였으니

지혜의 몸이 온전히 법성과 같은 것이 마치 황금으로 형상을 조성함에 형상이 황금을 떠나지 않는 것과 같아서 능증과 소증의 뜻을 좇아 두 가지 몸을 나눈 것을 밝힌 것이다.

보살이 비추지만 고요하다고 한 것은 이것은『영락경』[375]으로써

---

372 句 자 아래 一 자가 있으면 좋아 一 자를 보증하였다. 그 이유는 아래 二 자가 있기 때문이다.
373 등等이란, 意와 識을 등취等取함이다.
374 원문에 차하론次下論은 위에 인용한『기신론起信論』의 다음 문장이다.

깊이 들어간다는 뜻을 해석한 것이다.
저 『영락경』에 말하기를 등각은 비추지만 고요하고 묘각은 고요하지만 비춘다 하였으니
지금에는 보살이기에 그런 까닭으로 말하기를 비추지만 고요하다 하였으니
곧 등각 이전은 아직 깊이 들어갔다 할 수 없는 것이다.

疏

後二句는 成益이라 一은 成現報益이니 得佛灌頂하야 受佛位故라

뒤에 두 구절은 이익을 이루는 것이다.
첫 번째는 현보이익을 이루는 것이니
부처님께 관정을 얻어 부처님의 지위를 받는 까닭이다.

鈔

後二句等者는 此句는 總標니 一에 成現報는 纔證十地에 得離垢三昧요 末後에 有一三昧하니 名受一切智勝職이라 此三昧가 現前時에 有大寶蓮華하야 忽然出現에 身坐其上거든 十方諸佛이 現身灌頂이 名爲受位니 故是現報니라 廣如第十地說하니라 然泛明受位에 略有三種하니 一은 唯就相이니 如彌勒等이 示居長子하야 已窮聖位로대

---

375 『영락경瓔珞經』은 하권下卷에 석의품釋義品이다.

授記當來에 次補佛處요 二는 就相顯實이니 如迴向所引이니 名爲得位요 三은 唯就實이니 十地行滿에 衆累永寂하고 法身之相이 顯自心源이라 雖有三義나 今取第二일새 故云現報라하니라

뒤에 두 구절이라고 한 등은 이 구절은 한꺼번에 표한 것이니 첫 번째 현보의 이익을 이룬다고 한 것은 겨우 십지의 초두에 이구삼매離垢三昧를 얻는 것을 증거하는 것이요
말후[376]에 한 삼매가 있으니 이름이 일체 지혜의 수승한 직위를 받는 것이다.
이 삼매가 현전할 때에 큰 보배 연꽃이 있어 홀연히 출현함에 몸이 그 위에 앉았거든, 시방에 모든 부처님이 몸을 나타내어 관정하는 것이 이름이 지위를 받는 것이 되는 것이니
그런 까닭으로 현보라 하는 것이다.
널리는 제십지에서 설한 것과 같다.
그러나 지위 받는 것을 널리 밝힘에 간략히 세 가지가 있나니
첫 번째는 오직 모습에만 나아가[377] 말한 것이니
마치 미륵보살 등이 장자長子에 거처함을 시현하여 이미 성위聖位를

---

376 말후未後는 제십지第十地이다.
377 원문에 유취상唯就相은 다만 부처가 된다고 수기授記한 모습만 있을 뿐 세 번째에서 말한 것처럼 법력法力의 모습이 자심自心의 근원에 나타난다는 것은 없다. 위에서 말한 것처럼 연꽃 위에 앉자 부처님이 몸을 나타내어 관정灌頂(授記)한 것은 취상就相이고, 삼매三昧의 법력法力을 얻어 자심의 근원에 나타나는 것은 취실就實이다.

다하였지만 당래에 다음으로 성불하여 석가모니 부처님의 처소[378]를 도울 것이라고 수기한 것과 같은 것이요
두 번째는 모습에 나아가 진실을 나타낸 것이니
십회향에 이끈 바와 같나니[379] 이름이 지위를 얻는 것이 되는 것이요
세 번째는 오직 진실에만 나아가 말한 것이니
십지의 행이 만족함에 수많은 번뇌가 영원히 사라지고 법신의 모습이 자심의 근원에 나타나는 것이다.
비록 세 가지 뜻이 있지만 지금에는 제 두 번째 뜻을 취하기에 그런 까닭으로 말하기를 현보라 한 것이다.

疏

二는 成後報益이니 十地攝報로 生大自在일새 云高大身이라하니라 高大二義하니 一은 色形中極이니 量最大故로 居有頂故요 二는 約三乘이니 此成報身이 位極普周일새 故云高大라하니라 論云호대 摩醯首羅智處生故者는 智處가 亦二義하니 一은 摩醯首羅智

---

[378] 원문에 불처佛處는 석가모니불釋迦牟尼佛의 처소이다.
[379] 원문에 취상현실就相顯實이니 여회향소인如迴向所引은 광자권光字卷 십회향十迴向初, 20장 초문鈔文에 말하기를 제불지광諸佛智光이 입보살심정고入菩薩心頂故라 하였다. 즉 모든 부처님의 지혜광명이 보살의 심정心頂에 들어가는 까닭이라는 것이다. 그러나 『유망기遺忘記』는 此引用文이 此鈔文과 다소 차이가 있기에 迴向所引이란 네 글자는 없는 것이 어떤가 하고 반문하였다. 혹 네 글자(四字)만 衍이라 하니 그러면 향래向來에 인용한 바란 뜻이니 바로 此鈔文을 말한다 할 수 있다.

自在故요 二는 攝報智滿하야 成種智故라

두 번째는 후보의 이익을 이루는 것이니
십지에 섭수한 과보[380]로 대자재천[381]에 태어나기에 높고 큰 몸이라 말하는 것이다.
높고 큰 몸에 두 가지 뜻이 있나니
첫 번째는 색신의 형상 가운데 지극히 큰 것[382]이니
신량身量이 가장 큰 까닭으로 유정천에 거처하는 까닭이요
두 번째는 삼승을 잡은 것이니
이것은 과보로 이룬 몸이 지위가 지극하여 널리 두루하기에 그런 까닭으로 높고 크다 말하는 것이다.
『십지론』에 말하기를 마혜수라[383] 지혜의 처소에 생기하는 까닭이라고 한 것은 지혜의 처소가 또한 두 가지 뜻이 있나니
첫 번째는 마혜수라의 지혜가 자재한 까닭이요
두 번째는 섭수한 과보의 지혜가 만족하여 일체종지를 이루는 까닭이다.

---

380 원문에 섭보攝報는 섭수한 과보, 혹 과보를 섭수한다고 해석한다.
381 대자재천大自在天은 색구경천色究竟天이니 일명 마혜수라천이다. 마혜수라를 번역하면 대자재大自在이다.
382 원문에 색형중극色形中極은 즉 색구경色究竟의 뜻이다.
383 마혜수라천과 유정천과 대자재천을 여기서는 같은 하늘로 본다.

鈔

二成後報益은 疏有三節하니 初句는 標名이요 二에 十地攝報下는 取論意釋經이요 三은 正引論釋이라 二中에 然十地에 各有攝報之果하니 初地는 多作閻浮提王이요 二地는 輪王이요 乃至第十은 爲大自在天王이니 今是第十이라 一色形中極者는 俱舍頌云호대 欲天俱盧舍에 四分一一增하고 色天瑜繕那에 初四增半半하고 此上增倍倍하고 唯無雲減三이라하니 謂色界十七天에 初之四天은 各半瑜繕那요 至於第四에 方二由旬이라 此上增倍倍는 謂第五有四하고 第六有八하고 七有十六하고 八有三十二하고 九有六十四하고 第十에 合有一百二十八이로대 十卽無雲이니 欲成上都數일새 故減於三하야 有一百二十五니라 則第十一에 有二百五十하고 十二에 五百하고 十三에 一千하고 十四에 二千하고 十五에 四千하고 十六에 八千하고 十七에 一萬六千하니라 故至十七에 卽色究竟이니 身高가 一萬六千由旬일새 故云高大라하니라 言居有頂者는 唯是色界之頂이니 無色無處일새 故此便爲三有之頂하니라 二는 約三乘下는 上엔 就攝報王身하야 爲大요 今엔 約成佛報身하야 爲大니라 然云約三乘者는 以一乘中에 唯說攝報가 多作此王이나 亦不必作이요 而其實成妙覺은 不局於處하며 不定於天하나니 於閻浮提成하야도 亦成眞佛일새 故指三乘하니라 而三乘意에도 亦就攝報身이 爲彼王하야 於彼成佛에 卽周法界라하야거늘 學人便謂호대 報身之佛이 在色究竟이라하야 則令報身報土로 皆成局劣케할새 故指三乘하야 便爲不周法界라하니라 論云下는 三에 引論釋이요 從智處二義下는 卽疏釋論이라 二義는 亦順上高大

二義니 一은 卽就攝報之身하야 智便自在니라 故賢首品云호대 摩醯首羅智自在하야 大海龍王降雨時에 悉能分別數其滴호대 於一念中皆辯了라하니 卽其文也니라 然此天이 何以爲智處耶아 以下天은 定少하고 四空定多어니와 以四禪中엔 定慧均等하야 色界中極故며 又約二乘之人이 多以無漏之智로 熏習禪定故니라 二에 攝報智者는 此有二意하니 一은 約未成佛이니 但是十地攝報로 居彼하고 智度已圓일새 故云攝報智滿이요 二는 就彼天上하야 得成菩提하야 具足種智일새 名爲智處니라 然論成佛컨댄 通說有三하니 一은 寄化顯實이니 在閻浮提하야 卽周法界요 二는 寄報顯實이니 在色究竟成에 便遍法界요 三은 就實顯實이니 妙出三世하야 不可定其時處身相이니 今就中義하니라

두 번째는 후보의 이익을 이룬다고 한 것은 소문에 삼절이 있나니 처음 구절은 이름을 표한 것이요
두 번째 십지에 섭수한 과보라고 한 아래는 『십지론』의 뜻을 취하여 경을 해석한 것이요
세 번째는 바로 『십지론』을 인용하여 해석한 것이다.
두 번째 가운데 그러나 십지에 각각 섭수한 과보의 결과가 있나니 초지는 다분히 염부제의 왕이 되는 것이요
이지는 전륜왕이 되는 것이요
내지 제십지는 대자재천왕이 되는 것이니
지금에는 제십지에 해당하는 것이다.

첫 번째는 색신의 형상 가운데 지극히 큰 것이라고 한 것은 『구사론』384 게송에 말하기를

욕계는 일구로사385에
사분四分의 일에 일분을 더하고
색계는 일유선나386에
처음에 사천은 반유순에 반유순을 더하고
이 사천 이상은 배유순에 배유순을 더하고
오직 무운천만 삼유순을 감소한다 하였으니

말하자면 색계 십칠천387에 처음에 사천은 각각 반유선나요 제 사천에

---

384 『구사론俱舍論』은 十一卷 분별품分別品, 三之四이다. 『구사론』에 말하기를 욕계 최고 하천下天의 신량身量은 일구로사一俱盧舍에 사분의 일이고 이와 같이 후후后后로 일분 일분을 더하고 제 육천에 이름에 신량은 일구로사에 반半이고 범중천은 반유선나이고 범보천은 온전히 한유선나이고 대범천은 일유선나 반이고 소광천은 온전히 이유선나이고 이 위에 나머지 하늘은 다 배유선나에 배유선나를 더하고 오직 무운천만 삼유선나를 감소한다 하였다. 자세한 것은 『구사론』 11권과 월자권 하권 26장 이하를 볼 것이다.
385 구로사는 『잡화기』도 『유망기』도 이리二里라 하였다. 그렇다면 욕계는 반리 半里로써 半에 半을 더하는 것이니 욕계육천을 합합하면 삼리三里가 되는 것이다.
386 유선나瑜繕那는 즉 유순由旬이니 십육리十六里로 하유순下由旬이라고 『잡화기』는 말하고 있다.
387 색계십칠천色界十七天은 범중천梵衆天과 범보천梵補天을 하나로 보기에 십칠천十七天이니, 월자권月字卷에서 이미 설파하였다. 『잡화기』엔 무상천無想天

이름에 바야흐로 이유순二由旬이다.
이 사천 이상은 배유순에 배유순을 더한다고 한 것은 말하자면 제 오천에 사유순이 있고 제 육천에 팔유순이 있고 제 칠천에 십육유순이 있고 제 팔천에 삼십이유순이 있고 제 구천에 육십사유순이 있고 제 십천에 합당히 일백이십팔유순이 있어야 할 것이지만, 제 십천은 곧 무운천이니 위에 모든 수를 이루고자 하기에 그런 까닭으로 삼유순을 감소하여 일백이십오유순이 있는 것이다.
따라서 곧 제 십일천에 이백오십유순이 있고 제 십이천에 오백유순이 있고 제 십삼천에 일천유순이 있고 제 십사천에 이천유순이 있고 제 십오천에 사천유순이 있고 십육천에 팔천유순이 있고 제 십칠천에 일만육천유순이 있는 것이다.
그런 까닭으로 제 십칠천에 이름에 곧 색구경천이니 몸의 높이가 일만육천유순이기에 그런 까닭으로 말하기를 높고 크다 하였다.
유정천[388]에 거처한다고 말한 것은 오직 색계의 정상이니
무색계는 처소가 없기에 그런 까닭으로 이 하늘이 곧 삼유의 정상이 되는 것이다.
두 번째는 삼승을 잡은 것이라고 한 아래는 위에서는 섭수한 과보의 왕신에 나아가 크다 하였고 지금에는 성불한 과보의 몸에 나아가

이 별처別處가 없어서 광과천廣果天에 섭재攝在한 까닭으로 십칠천十七天이라 한다 하였다.

388 유정천이라고 한 것은 보통 유정천有頂天은 무색계無色界 최상천最上天인 비상비비상천非想非非想天을 말한다. 즉 유정천有頂天은 삼유三有의 정상頂上이라는 뜻이다. 그러나 여기서는 색계의 정상을 말한다.

크다 한 것이다.

그러나 삼승을 잡았다고 말한 것은 일승 가운데 오직 섭수한 과보가 다분히 이 왕신을 짓는다고 말하였지만 또한 반드시 짓는 것만도 아니요

기실 묘각을 이루는 것은 처소에 있지 아니하며 하늘에 결정되지 아니하나니, 염부제에서 이루어도 또한 진실한 부처를 이루기에 그런 까닭으로 삼승을 가리킨 것이다.

삼승의 뜻에도 또한 섭수한 과보의 몸이 저 왕이 됨에 나아가 저 염부제에서 성불함에 곧 법계에 두루할 것이다 하였거늘, 삼승의 학인[389]은 곧 말하기를 보신의 부처님이 색구경천에 있다 하여 곧 보신과 국토로 하여금 다 국한하여 하열함을 이루게 하기에[390] 그런 까닭으로 삼승을 가리켜 곧 법계에 두루하지 않는다 하였다.

『십지론』에 말하였다고 한 이하는 세 번째『십지론』을 인용하여 해석한 것이요

지혜의 처소에 두 가지 뜻이[391] 있다고 한 것으로 좇아 아래는 곧 소가가『십지론』을 해석한 것이다.

---

389 학인 운운은, 학인學人은 삼승학인三乘學人이다. 경의 뜻은 보신이 법계에 두루한다 하였거늘 그러나 이 삼승학인은 보신이 색구경천에 국한하여 법계에 두루하지 않는다고 말하고 있다는 것이다.

390 원문에 개성국열皆成局劣은 보신報身과 국토國土가 다 두루하지 않는 까닭으로 국한局限하여 하열下劣함을 이룬다고 말하는 것이다.

391 義 자 아래 下 자가 있는 것이 좋다.

두 가지 뜻이라고 한 것은 또한 위에 높고 크다는 두 가지 뜻을 따른 것이니
첫 번째는 곧 섭수한 과보의 몸에 나아가 지혜가 곧 자재한 것이다.
그런 까닭으로 현수품[392]에 말하기를

마혜수라가 지혜가 자재하여
큰 바다에 용왕이 비를 내릴 때에
다 능히 그 물방울을 분별하여 헤아리되

한 생각 가운데 다 분별하여 안다 하였으니
곧 그 경문이다.
그러나 이 하늘이 무슨 까닭으로 지혜인의 처소가 되는가.
아래 하늘은 선정이 적고 사공천은 선정이 많거니와 사선천 가운데는 선정과 지혜가 균등하여 색계 가운데 지극한 까닭이며
또 이승인二乘人이[393] 다분히 무루의 지혜로 선정을 훈습함을 잡은 까닭이다.
두 번째 섭수한 과보의 지혜라고 한 것은 여기에 두 가지 뜻이 있나니
첫 번째는 아직 성불하지 못함을 잡은 것이니

---

392 현수품은 게송이다.
393 원문에 약이승지인約二乘之人 운운은 불환과不還果의 이승二乘이 이 색계구경천色界究竟天에 있으나 이미 초과시절初果時節에 견도見道를 얻은 까닭으로 무루無漏의 지혜가 많은 것이다.

다만 이 십지에 섭수한 과보로 저 대자재천에 거처하고 지혜바라밀이 이미 만족하기에 그런 까닭으로 말하기를 섭수한 과보의 지혜가 만족하다 한 것이요
두 번째는 저 대자재천상에 나아가 보리를 이룸을 얻어 일체종지를 구족하기에 이름을 지혜의 처소라 하는 것이다.
그러나 성불을 논한다면 통설에 세 가지가 있나니
첫 번째는 화신을 의지하여 진실신을 나타내는 것이니
염부제에 있어서 곧 법계에 두루하는 것이요
두 번째는 보신을 의지하여 진실신을 나타내는 것이니
색구경천에 있어서 성불함에 곧 법계에 두루하는 것이요
세 번째는 진실신에 나아가 진실신을 나타내는 것이니
삼세를 묘하게 벗어나 가히 그 시간과 처소와 몸의 모습을 결정할 수 없는 것이니
지금에는 중간에 제 두 번째 뜻에 나아가 말한 것이다.

疏

二는 寄對顯勝中에 一은 對下彰出이니 有二乘不同盡이라 攝經二句하니 一에 超一切世間道者는 度五道故니 道卽因義니라 二에 淸淨出世善根者는 論云호대 復涅槃道淨故라하니 以二乘은 雖度五道나 有三餘故로 不淨涅槃이어니와 今無三餘일새 故云復淨也라하니라 由具此二故로 不同二乘하니라

두 번째는 상대함을 의지하여 수승함을 나타내는 가운데 첫 번째는 아래를 상대하여 벗어남을 밝힌 것이니
이승으로 더불어 같지 않는 다함이 있는 것이다.
경문에 두 구절을 섭수하였으니
첫 번째 일체 세간에 도를 초월하는 까닭이라고 한 것은 오도五道를 지나는 까닭이니
도라고 한 것은 곧 원인의 뜻이다.
두 번째 출세간에 선근을 청정하게 하는 까닭이라고 한 것은 『십지론』394에 말하기를 다시 열반의 도가 청정한 까닭이다 하였으니
이승은 비록 오도五道를 지났지만 삼여三餘가 있는 까닭으로 열반이 청정하지 못하거니와 지금에는 삼여가 없기에 그런 까닭으로 말하기를 다시 청정하다 하였다.
이 두 가지를 갖춤을 인유한 까닭으로 이승과는 같지 않는 것이다.

鈔

二寄對顯勝下는 釋後二盡이니 此句總標요 一對下彰出下는 釋第二盡也라 以二乘下는 疏釋上論의 涅槃道淨이라 言三餘者는 一은 無明住地惑이 爲煩惱餘요 二는 無漏有分別對業이 爲業餘요 三은 變易生死가 爲苦餘라 故有三餘일새 涅槃非淨은 即佛性論文이라 故

---

394 『십지론』운운은 十地論 第一卷에 二에 不同盡者는 度五道하야 復涅槃道淨故라하니, 즉『십지론』제일권에 두 번째 같지 않는 다함이라고 한 것은 오도五道를 지나 다시 열반의 도(涅槃道)가 청정한 까닭이다 하였다.

法華云호대 是人於何에 而得解脫고 但離虛妄을 名爲解脫이언정 其實은 未得一切解脫일새 佛說是人은 未實滅度며 斯人은 未得無上道故等이라 第一疏中에 已廣分別거니와 今則金剛藏이 已出三餘일새 故涅槃道淨이라하니라 經言出世善根者는 卽無貪等이니 旣盡所知하야 超度變易하며 滿菩薩行하야 諸度皆圓하며 常樂我淨과 三德皆圓하야 處而不住일새 故涅槃道淨이라하니라 問이라 此句가 不同二乘은 義則可爾어니와 上句에 度於五道라하니 則不同凡夫거니 何名不同二乘고 有人答云호대 但約超勝일새 略無凡夫라하니 此義不然하니라 今謂凡夫는 此不足論이어니와 今明正度五道가 有濫小乘일새 故淨涅槃으로 顯不同彼니 故合二句하야사 方成此盡이니라 又二句가 皆濫二乘어늘 今皆不同이라하니 由淨善根故로 不住涅槃하고 由度五道故로 不住生死하나니 合二無住故로 不同二乘이 度於五道하야 入涅槃矣니라

두 번째는 상대함을 의지하여 수승함을 나타낸다고 한 아래는 뒤에 두 가지 다함[395]을 해석한 것이니
이 구절은 한꺼번에 표한 것이요
첫 번째는 아래를 상대하여 벗어남을 밝힌 것이라고 한 아래는 제 두 번째 다함[396]을 해석한 것이다.
이승이라고 한 아래는 소가가 위에 『불지론』에 열반의 도가 청정하

---

395 원문에 후이진後二盡은 二에 이승부동진二乘不同盡과 三에 불진佛盡이다.
396 원문에 제이진第二盡은 이승부동진二乘不同盡이다.

다고 한 것을 해석한 것이다.
삼여라고 말한 것은 첫 번째는 무명주지혹이 번뇌여煩惱餘가 되는 것이요
두 번째는 무루유분별대업無漏有分別對[397]업이 업여業餘가 되는 것이요
세 번째는 변역생사가 고여苦餘가 되는 것이다.
그런 까닭으로 삼여가 있기에 열반이 청정하지 못하다고 한 것은 곧 『불성론』의 문장이다.
그런 까닭으로 『법화경』에 말하기를 이 사람이 어디에서 해탈을 얻었는가.
다만 허망함을 떠난 것을 이름하여 해탈이라 할지언정 그 실은 일체 해탈을 얻지 못하였기에 부처님이 말씀하시기를 이 사람은 진실한 열반을 얻지 못한 것이며 이 사람은 아직 무상도를 얻지 못한 까닭이다 한 등이다.
제일권[398] 소문 가운데 이미 널리 분별하였거니와 지금에는 곧 금강장보살이 이미 삼여를 벗어났기에 그런 까닭으로 열반의 도가 청정하다 한 것이다.
경에 출세간에 선근이라고[399] 말한 것은 곧 탐욕이 없다는 등이니 이미 소지장을 다하여[400] 변역생사를 초월하여 지났으며[401] 보살의

---

397 북장경에는 對 자가 없다.
398 제일권第一卷은 『현담玄談』 八卷이 다 二十卷疏 가운데 第一卷에 해당하나니, 천자문千字文으로는 『현담』 第五卷 우자권宇字卷에 해당한다.
399 원문에 선근자善根者 아래에 根者 두 글자(二字)는 없는 것이 좋다.

행을 만족하여⁴⁰² 모든 바라밀이 다 원만하며, 상락아정과 세 가지 덕이 다 원만하여⁴⁰³ 거처하지만 머물지 않기에 그런 까닭으로 열반의 도가 청정하다 한 것이다.

묻겠다.

이 구절⁴⁰⁴이 이승과 같지 않는 것은 의리가 곧 가히 그러하거니와 위에 구절⁴⁰⁵에 오도를 지났다 하였으니 곧 범부와 같지 않거니 어찌 이승과 같지 않다고 이름하는가.

어떤 사람이 답하여 말하기를 다만 뛰어나 수승함을 잡았기에 범부가 생략되어 없다 하니

이 뜻은 그렇지가 않다.

지금에 말하기를 범부는 여기에서 족히 논할 것이 아니거니와 지금에는⁴⁰⁶ 바로 오도五道를 지난다는 것이 소승과 혼돈⁴⁰⁷이 있음을

---

400 원문에 기진소지旣盡所知는 번뇌여煩惱餘가 없다는 것이다.
401 원문에 초도변역超度變易은 고여苦餘가 없다는 것이다.
402 원문에 만보살행滿菩薩行은 업여業餘가 없다는 것이다.
403 원문에 상락아정常樂我淨과 삼덕개원三德皆圓은 사덕四德과 삼덕三德이 다 원만하다는 것이다. 또 사덕四德이 곧 삼덕三德이니 상常·락樂은 법신法身이고, 아我는 해탈解脫이고, 정淨은 반야般若이니, 고여苦餘가 없는 까닭으로 법신法身이 원만하고, 업여業餘가 없는 까닭으로 해탈解脫이 원만하고, 번뇌여煩惱餘(惑餘)가 없는 까닭으로 반야般若가 원만한 것이다.
404 원문에 此句는 출세선근구出世善根句이다.
405 원문에 上句는 일체세간도구一切世間道句이다.
406 원문에 금명수明云云下는 소승小乘도 대승大乘도 다 오도五道를 지났기에 혼돈할까 말한 것이다.
407 원문에 람濫은 혼람混濫, 남잡濫雜, 남용濫用, 혼용混用의 뜻을 가진다. 즉

밝히기에 그런 까닭으로 열반이 청정함으로 저 소승과 같지 아니함을 나타낸 것이니

그런 까닭으로 두 구절을 합하여야 바야흐로 이 이승부동진二乘不同盡을 이루는 것이다.

또 두 구절이 다 이승과 혼돈이 있거늘[408] 지금에 다 같지 않다[409] 하였으니

선근을 청정히 함을 인유한 까닭으로 열반에 머물지 않고, 오도를 지남을 인유한 까닭으로 생사에 머물지 않나니

두 가지 머물지 아니함[410]을 합한 까닭으로 이승이 오도를 지나[411] 열반에 들어가는 것과는 같지 않은 것이다.

疏

後一은 望上顯同이니 名爲佛盡이니 等覺菩薩이 同滿種智故니라

뒤섞이어 질서가 없고 구분하기 어렵다는 뜻이다.

408 원문에 우이구개람이승又二句皆濫二乘이라고 한 것은 묻겠다. 初句는 소승小乘과 혼돈이 있는 것은 위에서 말한 것과 같이 가히 알 수가 있겠다. 그러나 무슨 까닭으로 後句도 또한 소승과 혼돈이 있는가. 답하겠다. 출세간出世間의 선근善根이라는 말이 이승二乘과 혼돈이 있는 까닭이며, 지금에는 청정淸淨하여 생사生死에도 열반涅槃에도 머물지 않는 까닭으로 저 이승二乘의 열반涅槃과는 같지 않다고 말하는 것이다. 『잡화기』는 又二句 운운은 疏 밖에 또 다른 쯤이라 하였다.

409 원문에 부동不同은 이승부동진二乘不同盡이다.

410 원문에 이무주二無住란, 부주열반不住涅槃과 부주생사不住生死이다.

411 원문에 도오도度五道는 경문經文에 초일체세간도超一切世間道이다.

뒤에 한 구절[412]은 위를 바라보아 같음을 나타낸 것이니
이름이 부처님의 다함이 되는 것이니
등각보살이 일체종지를 만족한 것과 같은 까닭이다.

鈔

後一은 望上下는 明第三盡이니 此句는 顯意標名이라 言滿種智者는 釋一切智智字라 此有二意하니 一은 上一切智는 是根本智요 重言智者는 是後得智니 此二無礙가 名一切種智니라 二는 依論經意인댄 上一切智는 是佛이요 下智字는 是佛智慧라 故論云호대 得一切智人이 智滿足故라하니 二義가 皆是智니라

뒤에 한 구절은 위를 바라본다고 한 아래는 제 세 번째 부처님의 다함을 밝힌 것이니
이 구절은 뜻을 나타내어 이름을 표한 것이다.
일체종지를 만족한다고 말한 것은 일체 지혜와 지혜라는 글자를 해석한 것이다.
여기에 두 가지 뜻이 있나니[413]
첫 번째는 위에 일체 지혜라고 한 것은 이것은 근본지요
거듭 지혜라고 말한 것은 이것은 후득지이니

---

412 원문에 후일後一은 경문에 만족일체지지고滿足一切智智故이다.
413 원문에 차유이의此有二義는 영인본 화엄 9책, p.35, 末行에 이미 한 번 설출說出하였다.

이 두 가지 지혜가 걸림이 없는 것이 이름이 일체종지이다.
두 번째는 『십지론경』의 뜻을 의지한다면 위에 일체 지혜는 이 부처님이요
아래 지혜라는 글자는 이 부처님의 지혜이다.
그런 까닭으로 『십지론』에 말하기를 일체 지혜를 얻은 사람이 지혜가 만족한 까닭이다 하였으니
두 가지 뜻이 다 이 지혜인 것이다.

疏

自力辯中에 多義顯者는 校量後後가 勝前前故니라

자력변재 가운데 수많은 뜻을 나타낸 것은 뒤에 뒤에가 앞에 앞에보다 수승함을 비교하여 헤아리는 까닭이다.

鈔

自力辨下는 解妨이라 問意云호대 他力은 唯一句어늘 自力은 有九句者아 答이라 謂他力은 總彰佛加니 不在彰於佛德이요 自力은 欲彰剛藏勝德일새 故具列多句니라 後後勝前前은 則無德不備니 如無作法淨은 卽勝有作善法淨하고 敎化衆生은 勝前自利하고 身淨은 已勝前三하나니 皆顯二利滿故니라 身淨中受位는 過於位滿하고 後報는 勝於現益하고 得涅槃道는 後勝於前하고 同佛種智는 謂位極尊勝하야 方顯剛藏이 從因至果히 無德不備하야 方堪說法이니 故廣顯之니라

자력변재라고 한 아래는 방해함을 해석한 것이다.
묻는 뜻에 말하기를 타력은 오직 한 구절뿐이거늘[414] 자력은 어찌하여 아홉[415] 구절이 있는가.[416]
답하겠다.
말하자면 타력은 다 부처님의 가피를 나타내는 것이니
부처님의 공덕을 밝힘에 있는 것이 아니요
자력은 금강장의 수승한 공덕을 밝히고자 하기에 그런 까닭으로 많은 구절[417]을 갖추어 열거한 것이다.
뒤에 뒤에가 앞에 앞에보다 수승하다고 한 것은 곧 공덕마다 갖추지 아니함이 없는 것이니
저 지음이 없는 법의 청정한 것은 곧 지음이 있는 선법의 청정한 것보다 수승하고, 중생을 교화하는 청정한 것은 앞의 자리[418]보다 수승하고, 몸의 청정한 것은 이미 앞의 세 가지보다 수승하나니 다 이리二利가 만족함을 나타낸 까닭이다.
몸이 청정한 가운데 지위를 받는 것은 지위가 만족한[419] 것보다

---

414 타력은 오직 한 구절뿐이라고 운운한 것은 영인본 화엄 9책, p.52, 1행에 십구별十句別 가운데 두 가지 변재가 있나니 一은 타력변재니 初句에 승불신력承佛神力이요 二는 자력변재이니 곧 뒤에 九句라 하였다.
415 원문에 十 자는 九 자의 잘못이다.
416 원문에 者 자는 何 자가 아닌지 의심해본다. 혹 耶 자인가.
417 원문에 다구多句 곧 後九句이다.
418 원문에 전자리前自利라고 한 것은 前에 무작법정無作法淨과 유작법정有作法淨이다.
419 원문에 위만位滿은 영인본 화엄 9책, p.58, 末行이다.

지나고, 후보의 이익은 현보의 이익보다 수승하고, 열반의 도를 얻는[420] 것은 뒤가 앞에보다 수승[421]하고, 등각보살이 부처님의 종지와 같은[422] 것은 말하자면 지위의 종극이 높고 수승하여 바야흐로 금강장보살이 인위로 좇아 과위에 이르기까지 공덕마다 갖추지 아니함이 없어서 비로소 설법함을 감당하는 것을 나타낸 것이니 그런 까닭으로 널리 현시하였다.

---

420 원문에 득열반得涅槃이라 한 得 자는 淨 자인 듯하니, 즉 청정출세선근淸淨出世善根을 의미하는 것이다.
421 원문에 후승後勝이라 한 後 자는 復 자인 듯하다고 『유망기』는 말한다.
422 원문에 동불종지同佛種智라고 한 것은 末句인 만족일체종지滿足一切種智를 의미한다. 즉 등각보살이 부처님의 종지와 같다는 것이다.

經

爾時에 十方諸佛이 與金剛藏菩薩에게 無能映奪身하시며 與無
礙樂說辯하시며 與善分別淸淨智하시며 與善憶念不忘力하시며
與善決定明了慧하시며 與至一切處開悟智하시며 與成道自在
力하시며 與如來無所畏하시며 與一切智人이 觀察分別諸法門
하는 辯才智하시며 與一切如來의 上妙身語意가 具足莊嚴하시니

그때에 시방에 모든 부처님이 금강장보살에게 능히 비추어 빼앗을
수 없는 몸을 주시며
걸림 없는 잘 말하는 변재를 주시며
잘 분별하는 청정한 지혜를 주시며
잘 기억하고 생각하여 잊지 않는 힘을 주시며
잘 결정하여 분명하게 아는 지혜를 주시며
일체 처소에 이르러 열어 깨닫게 하는 지혜를 주시며
도를 이루는 자재한 힘을 주시며
여래의 두려워하는 바가 없는 것을 주시며
일체 지혜로운 사람이 모든 법문을 관찰하여 분별하는 변재의
지혜를 주시며
일체 여래의 최상으로 묘한 몸과 말과 뜻이 구족하게 장엄함을
주시니

疏

第二意加中에 二니 初는 正顯이요 後는 徵釋偏加所以라 前中十句니 初總이요 餘別이라 總中에 身有二種하리니 一은 與無上勝威德身이니 如王處衆하야 無能映奪이요 二는 與辯才無能映奪身이니 前은 色身勝이요 後는 名身勝이라

제 두 번째 뜻으로 가피하는 가운데 두 가지가 있나니
처음에는 바로 나타낸 것이요
뒤에는 치우쳐 가피하는 까닭을 묻고 해석한 것이다.
앞의 바로 나타낸 가운데 열 구절이 있나니
처음 구절은 총구요
나머지 구절은 별구이다.
총구 가운데 몸을 준다고 한 것은 두 가지가 있나니
첫 번째는 더 이상 없는 수승한 위덕의 몸을 주는 것이니[423]
왕의 처소에 대중과 같아서 능히 비추어 빼앗을 수 없는 것이요

---

[423] 원문에 일여무상승一與無上勝 운운은 十地論 第一卷에 無畏身者는 有二種하니 一者는 與無上勝威德身이니 如王處中하야 自在無畏요 二者는 與辯無畏身이니 前은 色身勝이요 後는 名身勝이라하니라. 즉 『십지론』제일권에 두려움이 없는 몸이라고 한 것은 두 가지가 있나니 첫 번째는 더 이상 없는 수승한 위덕의 몸을 주는 것이니 마치 왕의 처소에 대중과 같아서 자재로 두려움이 없는 것이요 두 번째는 변재가 두려움이 없는 몸을 주는 것이니 앞에 몸은 색신이 수승한 것이요 뒤에 몸은 명신名身이 수승한 몸이다 하였다.

두 번째는 변재의 능히 비추어 빼앗을 수 없는 몸을 주는 것이니
앞에 몸은 색신이 수승한 것이요
뒤에 몸은 명신名身이 수승한 것[424]이다.

鈔

第二에 意加者는 當時如來가 但意地에 冥被하사 與其智力하시고 都無言說거늘 皆集經者言이니라 總中者는 論經總句云호대 與金剛藏菩薩에게 眞實無畏身이라하니 無畏는 卽無能勝義요 上力被下일새 故名爲與니 雖己之智는 卽不可他用이나 約爲緣助일새 故得言與니라 如鬼入身이라도 尙增智辯거든 況於如來리요 問이라 此與가 爲暫爲永가 答에 有三義하니 一은 就實相인댄 金剛藏은 上契佛心하고 佛力은 下被하야 相應爲與니 此與則常이요 二는 就化體인댄 旣金剛藏이 化周法界하야 無時不說일새 隨說卽與하사대 無有暫廢니 亦得名永이요 三은 就化相인댄 有說不說일새 說時卽與니 此則非永이라 然此總句가 亦總亦別이니 總謂總攝十句하야 爲無能勝身故요 別謂此句는 卽當色身이요 後九句別은 唯屬名故니라 二名已去라야 卽得名身이니 身者는 聚義니라

제 두 번째 뜻으로 가피한다고 한 것은 당시에 여래가 다만 의지意地에

---

424 원문에 전색신승前色身勝은 別이 되고, 후명신승後名身勝은 總이 되는 것이다. 즉 此總句인 第一句가 別도 되고 總도 된다는 것이다. 此下에 초문鈔文을 참고하여 보라.

그윽이 가피하여 그 금강에게 지혜의 힘만 주시고 도무지 말이 없었거늘, 그때에 운운한 것은 다 경문을 편집한 사람의 말[425]이다.
총구 가운데라고 한 것은 『십지론경』의 총구에 말하기를 금강장보살에게 진실로 두려움이 없는 몸을 주신다 하였으니,
두려움이 없다고 한 것은 곧 능히 이길 수 없다는 뜻이요
위에 힘이 아래로 가피하기에 그런 까닭으로 이름을 주신다고 한 것이니
비록 자기의 지혜는 곧 가히 다른 사람이 사용할 수 없지만 조연이 됨을 잡았기에 그런 까닭으로 주신다고 말함을 얻는 것이다.
만약 귀신이 몸에 들어갈지라도 오히려 지혜와 변재를 증장하거든 하물며 여래이겠는가.
묻겠다.
이 주신다고 한 것이 잠깐이 되는가 영원함이 되는가.
답함에 세 가지 뜻이 있나니
첫 번째는 실상에 나아간다면 금강장은 위로 부처님의 마음에 계합하고 부처님의 힘은 아래로 금강장에게 가피하여 서로 응하는 것이 주시는 것이 되는 것이니
이것은 주신다고 한 것이 곧 영원함이 되는 것이요
두 번째는 화신의 자체에 나아간다면 이미 금강장의 화신이 법계에 두루하여 때때로 설하지 아니함이 없기에 설함을 따라 곧 주시되

---

425 원문에 집경자언集經者言이란, 부처님은 마음으로만 가피하고 말이 없었거늘, 이시爾時에 시방제불十方諸佛 운운한 것은 집경자集經者의 말이라는 것이다.

잠깐도 그치지 않는 것이니
또한 영원함이 된다고 이름함을 얻는 것이요
세 번째는 화신의 모습에 나아간다면 설하는 때와 설하지 않는
때가 있기에 설할 때에 곧 주시는 것이니
이것은 곧 영원함이 되지 않는 것이다.
그러나 이 총구가 또한 총總도 되고 별別도 되나니
총이라고 한 것은 말하자면 열 구절을 모두 섭수하여 능히 이길
수 없는 몸을 삼는 까닭이요
별이라고 한 것은 말하자면 이 총구[426]는 곧 색신에 해당하는 것이요
뒤에 아홉 구절의 별구는 오직 명신名身에 속하는 까닭이다.
두 가지 이름 이상이라야[427] 곧 몸이라 이름함을 얻나니
몸이라고 한 것은 취聚의 뜻이다.

疏

後에 與無礙下는 別이니 別開名身하야 成九種身하니 所加通三일
새 故增其色身하니라 在心名智이요 在口稱辯이라 經云與智라하

---

[426] 원문에 차구此句란, 第一句로 총구總句이다.
[427] 두 가지 이름 이상이라고 한 것은 이름에 한 가지 이름(如云山/如云水)과 두 가지 이름(如云淸山/如云流水)과 세 가지 이름 등이 있나니 곧 다만 한 가지 이름은 취聚의 뜻이 아닌 까닭으로 다만 가히 이름이라고 말할 뿐 몸이라고 말함을 얻을 수 없거니와 오직 두 가지 이름 이상이라야 바야흐로 명신이라고 함을 얻는 것이다.

고 論判爲名이라하니 二文影略하야 顯義方備하니라

뒤에 걸림 없는 몸을 주신다고 한 아래는 별구이니 따로 명신을 열어 아홉 가지 몸을 성립하였으니 가피하는 바가 세 가지에 통하기에[428] 그런 까닭으로 그 색신을 증장하는 것이다.
마음에 있는 것은 지혜라 이름하고 입에 있는 것은 변재라 이름하는 것이다.
경에는 말하기를 지혜를 주신다 하고 『십지론』에는 판별하여 명신이라 하였으니[429]
두 문장이 그윽이 생략하여[430] 뜻을 나타낸 것이 바야흐로 갖추어졌다.

鈔

後與無礙下는 釋別句라 於中有四하니 一은 總顯別句가 不遍色身이요 所加通三下는 二에 解妨이니 謂有難云호대 上云口加增辯하고 意加益智하고 身加增威라하얏거늘 今何意加가 而增身威고 此는 卽難前身勝이니 故爲此答하니라 亦是此釋云호대 如實說者인댄 能加則

---

[428] 원문에 통삼通三은 신가身加, 의가意加, 구가口加이다.
[429] 원문에 논판위명論判爲名은 前은 색신승色身勝, 後는 명신승名身勝이라 한 것이니 영인본 화엄 9책, p.71, 末行을 참고할 것이다.
[430] 원문에 영략影略은 영략호현影略互顯이니 두 가지 문장을 서로 반반씩 생략하여 뜻을 나타내는 것, 즉 자비를 한쪽에서는 慈라고만 하고 다른 한쪽에서는 悲라고만 하여 뜻을 나타내는 것이니 『불교사전』을 참고할 것이다.

局이나 所加則通이라하니 故隨一業하야 皆加三業거니와 今此엔 意加故로 益身勝하고 由意得智하야사 便說無礙일새 卽益口也니라 在心名智下는 三에 會論同經이니 正顯所加가 通加口義니라

뒤에 걸림 없는 몸을 주신다고 한 아래는 별구를 해석한 것이다.
그 가운데 네 가지가 있나니
첫 번째는 별구가 색신에 두루하지 아니함을 한꺼번에 나타낸 것이요
가피하는 바가 세 가지에 통한다고 한 아래는 두 번째 방해함을 해석한 것이니
말하자면 어떤 사람이 비난하여 말하기를 위[431]에서 입으로 가피하는 것은 변재를 더하고, 뜻으로 가피하는 것은 지혜를 더하고, 몸으로 가피하는 것은 위의를 더하는 것이다 말하였거늘 지금에는 어찌하여 뜻으로 가피하는 것이 몸의 위의를 더한다 하는가.
이것은 곧 앞[432]에 명신이 수승하다고 한 것을 비난한 것이니 그런 까닭으로 이 답[433]을 한 것이다.
역시 이것을 해석함[434]에 말하기를 여실하게[435] 말한다면 능히 가피하

---

431 원문에 上이란, 영인본 화엄 9책, p.48, 末行이니 위에서는 증변增辨을 익변益辨이라 하고, 익지益智를 증지增智라 하였다.
432 원문에 前이란, 영인본 화엄 9책, p.71, 末行이다.
433 원문에 차답此答이란, 의가意加가 증신위增身威라 한 것이다.
434 원문에 역시차석亦是此釋은 영인본 화엄 9책, p.49, 初行이다. 차석此釋은 곧 삼업가피三業加被이지만 의가意加에 뜻이 있다.

는 것은 곧 국한하지만 가피하는 바는 곧 통한다 하였으니
그런 까닭으로 한 가지 업을 따라 다 세 가지 업으로 가피하는 것이어니와
지금 여기에는 뜻으로 가피하는[436] 까닭으로 몸의 수승함을 더하고, 뜻을 인유하여 지혜를 얻어야 곧 말이 걸림이 없기에 곧 입으로 가피함을 더한 것이다.

마음에 있는 것은 지혜라 이름한다고 한 아래는 세 번째 『십지론』이 경과 같음을 회통한 것이니
가피하는 바가 입으로 가피함에 통하는 뜻을 바로 나타낸 것이다.

疏

一은 與不著辯才니 說法不斷하야 無滯礙故라하니 謂無偏住著故로 不滯事理일새 云無礙樂說이라하니라

첫 번째[437]는 집착함이 없는 변재를 주는 것이니
설법이 끊어지지 아니하여 막히거나 걸림이 없는 까닭이다 하니

---

435 원문 實 자 아래에 說 자가 있어야 한다.
436 원문에 금차의가今此意加下는 의가意加가 삼업三業에 통통함을 말하고 있다.
437 첫 번째 운운은 十地論 第一卷에 是名身에 有九種身하니 一者는 不著辨才니 說法不斷하야 無滯碍故라. 즉 『십지론』 제일권에 이 명신에 아홉 가지 몸이 있나니 첫 번째는 집착함이 없는 변재이니 설법이 끊어지지 아니하여 막히거나 걸림이 없는 까닭이다 운운하였다.

말하자면 치우쳐 주착함이 없는 까닭으로 사리에 막히지 않기에 걸림 없이 잘 말하는 변재라 말하였다.

鈔

一與不著下는 隨文別釋이니 九中前八은 與其自在說智요 後一은 與其殊勝化業이라 前中相從하야 攝爲三對하리니 初에 二句가 一對니 前句는 說能이요 後句는 能說智니 令知世法이라 次에 三句가 爲一對니 初句는 說能이요 後二句는 能說智니 前句는 方便智요 後句는 了理智라 後에 三句가 爲一對니 前二句는 說能이요 後一句는 說智니 令知敎法이라 然이나 案文影略일새 故爲此判거니와 實則智能이 皆通諸句일새 故總名與智니라 已總科判일새 今當別釋호리라 今初니 一은 不著辯才니 疏文有四라 一에 此上은 卽論標名이니 峻若懸流하야 無澁滯故요 二에 說法不斷하야 無滯礙故는 卽是論釋이요 三에 謂無偏住著故로 不滯事理는 卽疏釋論이요 四에 云無礙樂說은 疏擧經帖이라 下八도 大同하니라

첫 번째는 집착함이 없는 변재를 준다고 한 아래는 논문을 따라 따로 해석한 것이니
아홉 가지 몸 가운데 앞에 여덟 가지[438]는 자재로 설하는 지혜를 주는 것이요
뒤에 한 가지는 그 수승한 화신의 업을 주는 것이다.

---

438 원문에 구중전팔九中前八은 명신名身의 구종신九種身 가운데 前八이다.

앞의 자재로 설하는 지혜를 주는 가운데 서로 좇아 섭수하여 삼대三對로 하리니[439]
처음에 두 구절[440]이 일대이니
앞에 구절은 설함에 능한 것이요
뒤에 구절은 능히 설하는 지혜이니
하여금 세간의 법을 알게 하는 것이다.
다음에 세 구절이 일대가 되나니
처음 구절은 설함에 능한 것이요
뒤에 두 구절은 능히 설하는 지혜이니
앞에 구절은 방편의 지혜요
뒤에 구절은 진리를 분명하게 아는 지혜이다.
뒤에 세 구절이 일대가 되나니
앞에 두 구절은 설함에 능한 것이요
뒤에 한 구절은 능히 설하는 지혜이니
하여금 교법을 알게 하는 것이다.
그러나 경문을 안찰함에 그윽이 생략하였기에 그런 까닭으로 여기에 판별하였거니와 실은 곧 능히 설하는 지혜와 설함에 능한 것이 다 모든 구절에 통하기에 그런 까닭으로 다 지혜를 준다고 이름한 것이다.
이미 모두 과판하였기에 지금에 마땅히 따로 해석하겠다.

---

439 원문에 섭위삼대攝爲三對는 鈔中의 別意이다.
440 원문에 초이구初二句는 여무애요설변與無碍樂說辨 이하 二句이다.

지금은 처음으로 첫 번째는 집착함이 없는 변재이니
소문에 네 가지가 있다.
첫 번째 이 위[441]에 집착함이 없는 변재라고 한 것은 곧 『십지론』에 이름을 표한 것이니
고준한 것이 폭포수[442]와 같아서 막힘[443]이 없는 까닭이요
두 번째 설법이 끊어지지 아니하여 막히거나 걸림이 없는 까닭이라고 한 것은 곧 이것은 『십지론』에서 해석한 것이요
세 번째 말하자면 치우쳐 주착함이 없는 까닭으로 사리에 막히지 않는다고 한 것은 곧 소가가 『십지론』을 해석한 것이요
네 번째 걸림 없이 잘 말하는 변재라고 말한 것은 소가가 경문을 들어 첩석한[444] 것이다.
아래 여덟 가지도 크게는 같다.

疏

二는 與堪辯이니 分別法相하야 能正說故로 名爲淸淨이라 論云호대 善淨堪智가 有四種하니 一者는 緣이요 二者는 法이요 三者는 作이요 四者는 成이니 善知此義의 成不成相故라하니라 此言緣者는 卽因緣生法이니 亦名觀待이요 二에 法者는 卽法爾之法이요

---

441 원문에 차상此上이란, 불착변재不著辯才이다.
442 원문에 현류懸流는 폭포수를 말한다.
443 澁은 '막힐 삽' 자이다.
444 帖은 牒이니 첩석牒釋이다.

三에 作者는 此二作用이요 四에 成者는 引正理例하야 證成上三이니 若順此四하면 名爲成相이요 不順此四하면 名不成相이요 菩薩善知故로 堪能有說하면 名爲堪辯이라 然其此四는 經論多明커니와 相續解脫經엔 名爲四成이라하니 相續解脫은 卽解深密經이니 前後異譯이라 深密第五엔 名爲四種道理라하니라 然上二經은 文博義隱일새 今依雜集十一하야 釋之하니 名次가 全同深密하니라 彼論云호대 觀待道理者는 謂諸行生時에 要待衆緣이니 如芽生時에 要待種子와 時節水土等이라 二에 作用者는 謂異相諸法에 各別作用이니 如眼等根은 爲眼等識의 所依作用이요 色等境界는 爲眼識等의 所緣作用等이라 三에 證成者는 謂爲證成所應成義하야 宣說諸量의 不相違語니 所應成義者는 謂自體差別의 所攝이 所應成義요 諸量의 不相違語者는 謂現量等이 不違立宗等言故라 四에 法爾者는 謂無始時來로 於自相共相의 所住法中에 所有成就한 法性法爾니 如火能燒等과 有爲法無常等이라 而彼經論의 次第爾者는 謂緣生之法이 有此作用일새 以理成證하고 後結諸法의 性相常爾어니와 今論義次는 已如前說하니라

두 번째는 감당하는 변재를 주는 것이니[445]
법상을 분별하여 능히 바로 설하는 까닭으로 이름을 청정한 지혜라 하는 것이다.
『십지론』에 말하기를 선하고 청정하여 감당하는 지혜가 네 가지가

---

445 원문에 與堪辯은 『십지론十地論』엔 감변재堪辯才라 하였다.

있나니

첫 번째는 인연이요

두 번째는 법이요

세 번째는 작용이요

네 번째는 이루는 것이니

이 뜻이 이루어지고 이루어지지 않는 모습을 잘 아는 까닭이다 하였다.

여기에 인연이라고 말한 것은 곧 인연으로 생기하는 법이니 또한 이름이 상대相待[446]를 관찰하는 것이요

두 번째 법이라고 한 것은 곧 법이 그러한 법이요

세 번째 작용이라고 한 것은 이 두 가지[447] 작용이요

네 번째 이룬다고 한 것은 바른 이치[448]를 이끌어 비례하여 위에 세 가지 지혜를 증거하여 성립하는 것이니

만약 이 네 가지 지혜를 따른다면 이름이 이루어지는 모습이 되는 것이요

이 네 가지 지혜를 따르지 않는다면 이름이 이루어지지 않는 모습이 되는 것이요

보살이 잘 아는 까닭으로 감당하여 능히 설함이 있다면 이름이 감당하는 변재가 되는 것이다.

그러나 이 네 가지 지혜는 경론에 다분히 밝혔거니와 『상속해탈

---

[446] 원문에 대대란, 상대중연相待衆緣이니 수많은 인연을 상대하는 것이다.
[447] 원문에 차이此二란, 一에 緣과 二에 法이다.
[448] 원문에 정리正理는 宗, 因, 喩 등 삼량三量이 다 정리正理이다.

경』에는 이름이 네 가지 이름(四成)이 된다 하였으니
『상속해탈경』은 곧 『해심밀경』이니 전후에 번역이 다르다.⁴⁴⁹
『해심밀경』제오권에는 이름이 네 가지 도리(四種道理)가 된다 하였다.
그러나 이상에 두 경전⁴⁵⁰은 문장이 넓고 뜻이 숨었기에 지금에는 『잡집론』제십일권을 의지하여 해석하나니 이름과 차례가 온전히 『해심밀경』과 같다.
저『잡집론』십일권에 말하기를 상대의 도리를 관찰한다고 한 것은 말하자면 모든 행이 생기할 때에 반드시 수많은 인연을 상대하는 것이니
마치 싹이 생기할 때에 반드시 종자와 시절과 물과 흙 등⁴⁵¹을 상대하는 것과 같다.
두 번째 작용이라고 한 것은 말하자면 다른 모습의 모든 법에 각각 다른 작용이니

---

449 원문에 전후이석前後異譯은 同本에 異譯이 있다는 것이니,
　1.『相續解脫地波羅密了義經』一卷, 宋 求那跋陀羅譯이니 393-468.
　2.『佛說解節經』一卷, 眞諦三藏譯이니 493-569.
　3.『深密解脫經』五卷, 菩提流支譯이니 572-729.
　4.『相續解脫如來所作隨順了義經』一卷, 玄奘三藏譯이니 601-664.
　이상과 같이 前과 後에 번역한 역자의 뜻에 따라 조금씩 다르게 번역 해석되었다는 것이다.
450 원문에 이경二經은『상속해탈경相續解脫經』과『해심밀경解深密經』이다.
451 원문에 수토등水土等은 육식六識이 생기生起할 때 반드시 육근六根과 육경六境을 상대相待하여 작의作意하는 등의 조연助緣을 등취等取하는 것이다.

마치 안근 등의 근根은 안식 등 식識의 의지할 바 작용이요
색 등의 경계는 안식 등의 반연할 바 작용이 되는 등과 같다.
세 번째 증거하여 성립한다고 한 것은 말하자면 응당 이룰 바 뜻을
증거하여 성립하여 제량諸量⁴⁵²의 서로 어기지 않는 말을 선설하는
것이니
응당 이룰 바 뜻이라고 한 것은 말하자면 자체 차별⁴⁵³의 섭수하는
바가 응당 이룰 바 뜻⁴⁵⁴이요
제량의 서로 어기지 않는 말이라고 한 것은 말하자면 현량 등이
종宗을 성립하는 등의 말을 어기지 않는 까닭이다.
네 번째 법이 그러한 것이라고 한 것은 말하자면 비롯함이 없는
때로부터 오면서 자상과 공상의 주착한 바 법⁴⁵⁵ 가운데 있는 바
성취⁴⁵⁶한 법성의 법이 그러한 것이니
마치 불이 능히 태우는 등⁴⁵⁷과 유위법이 무상한 등과 같은 것이다.
저 『해심밀경』과 『잡집론』의 차례가 그러한 것은 말하자면 인연으로
생기하는 법⁴⁵⁸이 이 작용⁴⁵⁹이 있기에 진리로써 성립하여 증거⁴⁶⁰하고,

---

452 원문에 제량諸量은 비량比量, 현량現量 등이다.
453 원문에 자체차별自體差別은 유법有法을 진술한 것이다.
454 원문에 소섭소응성의所攝所應成義는 곧 그 종법宗法이다.
455 원문에 소주법所住法은 자상自相과 공상共相의 상이 능주能住가 되는 까닭
이다.
456 원문에 소유성취所有成就는 도리어 자상自相과 공상共相을 가리키는 것이다.
457 등等이란, 地能載하고 水能濕하고 風能動이니, 즉 땅은 능히 싣게 하고
물은 능히 젖게 하고 바람은 능히 움직이게 하는 것이다.
458 원문에 연생지법緣生之法은 一에 緣이다.

뒤에는 모든 법의 자성과 모습이 영원히 그러함을 맺었거니와 지금에 『십지론』의 뜻과 차례는 이미 앞에서 설한 것과 같다.

鈔

二에 與堪辯은 此論標名이요 分別法相下는 疏以論意로 會經이니 由解法相일새 故能正說이요 解故名堪이요 正故名淨이라 論云下는 二에 別示堪相이니 解此四事를 名解法相이니 故堪說法이라 所應成義者는 聲은 爲自體요 常無常等은 而爲差別이며 又色은 是自體요 形色顯色과 表無表等은 而爲差別이라 謂現量等者는 等取比量과 聖言量이라 不違立宗等言者는 等取於因이라 因은 唯一字어늘 何故로 不言不違宗因하며 今等取言은 云何等言고 如云聲은 是有法이요 定無常故는 宗法이요 因은 云從緣生故라하니 此言旣多나 今엔 立宗等言의 四字攝之일새 故云等言이라하니라 如火能燒者는 此釋自相이요 下釋共相이라

두 번째는 감당하는 변재를 준다고 한 것은 이것은 『십지론』에 이름을 표한 것이요
법상을 분별한다고 한 아래는 소가가 『십지론』의 뜻으로써 경문을 회석한 것이니
법의 모습을 앎을 인유하기에 그런 까닭으로 능히 바로 설한다

---

459 원문에 작용作用은 二에 作用이다.
460 원문에 이성증리成證은 三에 成證이다.

한 것이요

아는 까닭으로 감당한다 이름하는 것이요

바로 설하는 까닭으로 청정한 지혜라 이름하는 것이다.

『십지론』에 말하였다고 한 아래는 두 번째[461] 감당하는 모습을 따로 시현한 것이니

이 네 가지 사실을 아는 것을 법의 모습을 안다 이름하는 것이니 그런 까닭으로 감당하여 법을 설하는 것이다.

응당 이룰 바 뜻이라고 한 것은 소리는 자체가 되는 것이요

영원하다 영원하지 않다는 등은 차별이 되는 것이며

또 색은 이 자체요

형색과 현색과 표색과 무표색 등은 차별이 되는 것이다.

말하자면 현량 등이라고 한 것은 비량과 성언량을 등취한 것이다.

종을 성립하는 등의 말을 어기지 않는다고 한 것은 원인(因)을 등취한 것이다.

원인(因)은 오직 한 글자거늘 무슨 까닭으로 종宗・인因을 어기지 않는다고 말하지 아니하며 지금에 등취한다고 한 말은[462] 어떤 등의 말을 등취한다고 말하는가.

저 『인명론』에 말하기를 소리는 이 유법有法[463]이요

---

461 원문에 二란, 三 자가 아닌가 의심한다.
462 원문에 금등취언수等取言下는 인법因法만 취하는 것이 아니라 종법宗法, 인법因法, 유법喩法 등 수많은 말을 등취等取한다는 것이다.
463 유법有法은 인명학因明學에 종인유宗因喩의 삼작법三作法 가운데 宗中의 前名辭이다. 『불교사전』, p.668(운허 저)을 참고할 것이다.

결정코 무상한 까닭이라고 한 것은 종법宗法이요
인법因法은 말하기를 인연으로 좇아 생기하는 까닭이다 하니
이와 같은 말이 이미 많지만 지금에는 종宗을 성립하는 등의 말(立宗
等言)이라고 한 네 글자로 섭수하기에 그런 까닭으로 말하기를 등취
한다고 말한다 하였다.
불이 능히 태우는 것과 같다고 한 것은 이것은 자상自相을 해석한
것이요
이 아래[464]는 공상共相을 해석한 것이다.

疏

三은 卽任放辯才니 說不待次하야 言辭不斷하며 處處隨意하야 不
忘名義일새 故云善憶念不忘力이라하니 謂隨門異說이나 不忘本
宗故니라

세 번째는 곧 맡겨 놓아두는 변재이니
말이 차례를 기다리지 아니하여 언사가 끊어지지 아니하며 곳곳에
뜻을 따라 이름과 뜻을 잊지 않기에 그런 까닭으로 말하기를 잘
기억하고 생각하여 잊지 않는 힘이다 하였으니
말하자면 문門을 따라 말이 다르지만 본래 종취를 잊지 않는 까닭
이다.

---

[464] 원문에 下란, 유위법무상有爲法無常이다.

鈔

三任放辯才는 於中三이니 此는 標名이니 言說恣心일새 故名任放이라 二에 說不待下는 論釋이요 三에 謂隨門下는 疏釋論이라 然論經云호대 與善憶念不忘加라하얏거늘 論에 釋加字云호대 是不忘加가 意力故라하니 所以偏就此釋者는 意加가 正爲不忘故니라

세 번째는 맡겨 놓아두는 변재라고 한 것은 그 가운데 세 가지가 있나니
이것은 이름을 표한 것이니 말을 마음대로 하기에 그런 까닭으로 맡겨 놓아둔다고 이름하는 것이다.
두 번째 말이 차례를 기다리지 않는다고 한 아래는 『십지론』에서 해석한 것이요
세 번째 말하자면 문을 따라 말이 다르다고 한 아래는 소가가 『십지론』을 해석한 것이다.
그러나 『십지론경』에 말하기를 잘 기억하고 생각하여 잊지 않는 가피를 준다 하였거늘, 『십지론』에 가加라는 글자를 해석하여 말하기를 이것은 잊지 않는 가피가 뜻의 힘인[465] 까닭이다 하였으니 치우쳐 이 뜻으로 가피함에 나아가 해석한[466] 까닭은 뜻으로 가피하

---

465 원문에 力 자 아래에 『십지론十地論』엔 加 자가 더 있다.
466 원문에 소이편취차석자所以偏就此釋者 운운은 그 뜻이 此經文 가운데 十句가 다 이 의가중意加中에 경문經文이거늘 지금은 치우쳐 이 여선억념불망구與善憶念不忘句에만 나아가 해석하여 말하기를 의가意加라 한 것은 意加가 바로

는 것이 바로 잊지 아니함이 되는 까닭이다.

疏

四는 能說辯이니 隨所應度하야 種種譬喩로 能斷疑故라하니 謂應機斷疑일새 故名決定이요 能隨所應일새 是謂明了니라

네 번째는 능히 설하는 변재이니
응당 제도할 바를 따라 가지가지 비유로 능히 의심을 끊는 까닭이다 하였으니
말하자면 근기에 응하여 의심을 끊기에 그런 까닭으로 잘 결정한다 이름하는 것이요
능히 응하는 바를 따르기에 분명하게 안다 말하는 것이다.

鈔

四能說辯者는 初는 擧論이요 二에 謂字下는 疏가 會論就經이라

네 번째는 능히 설하는 변재라고 한 것은 처음에는 『십지론』을 거론한 것이요
두 번째 말하자면이라고 한 글자 이하는 소가가 『십지론』을 회통하여 경에 나아간 것이다.

그 불망不忘이 되는 까닭이다.

疏

五는 不雜辯이니 三種同智가 常現前故라하니 三同智者는 卽自相同相과 及不二相이라 自相者는 色心等殊故요 同相者는 同無常苦無我故요 不二相者는 卽一實理니라 又自相은 卽俗諦요 同相은 卽眞諦요 不二는 卽中道第一義諦니 金剛仙等諸論에 皆明此三하니라 無法不爾일새 故云遍至一切라하고 菩薩所了일새 故云開悟라하니라

다섯 번째는 섞이지 않는 변재이니
세 가지 같은 지혜가 항상 앞에 나타나는 까닭이다 하였으니 세 가지 같은 지혜라고 한 것은 곧 자상自相과 동상同相[467]과 그리고 불이상不二相이다.
자상이라고 한 것은 색과 심 등이 다른 까닭이요
동상이라고 한 것은 다 같이 무상과 고와 무아인 까닭이요
불이상이라고 한 것은 곧 하나의 진실한 진리이다.
또 자상은 곧 속제요
동상은 곧 진제요
불이상은 곧 중도제일의제이니
『금강선론』[468] 등 모든 논에 다 이 세 가지 모습을 밝혔다.

---

467 동상同相은 곧 공상共相이다.『불교사전』공상작의共相作意를 참조할 것이다.
468 『금강선론金剛仙論』은 世親造, 十卷이니 금강선논사金剛仙論師가 해석한 것으로 보리유지가 번역하였다.

법이 그렇지 아니함이 없기에 그런 까닭으로 말하기를 두루[469] 일체 처소에 이른다 하고

보살이 아는 바이기에 그런 까닭으로 말하기를 열어 깨닫게 한다 하였다.

鈔

五不雜辯下는 初擧論이니 三義無亂일새 故云不雜이라하니라 次에 三同智下는 疏釋論이요 無法不爾下는 會經이라

다섯 번째는 섞이지 않는 변재라고 한 아래는 처음에 『십지론』을 거론한 것이니

세 가지 뜻이 섞이어 어지러움이 없기에 그런 까닭으로 말하기를 섞이지 않는 변재라 한다 하였다.

다음에 세 가지[470] 같은 지혜라고 한 아래는 소가가 『십지론』을 해석한 것이요

법이 그렇지 아니함이 없다고 한 아래는 경을 회석한 것이다.

疏

六은 敎出辯이니 以十力智로 自在化物하야 斷惑得果일새 故云自

---

469 원문에 徧 자는 此經엔 없고 『십지경十地經』엔 있다.
470 원문에 차삼종次三種이라 한 種 자는 衍이다.

在成道라하니라

여섯 번째는 가르쳐 벗어나게 하는 변재이니
십력의 지혜로써 자재로 중생을 교화하여 번뇌를 끊고 불과를 얻게
하기에 그런 까닭으로 말하기를 자재로 도를 이룬다[471] 하였다.

鈔

六敎出辯은 然論但云호대 得佛十力不壞하야 於可度者에 斷煩惱故
라하니 釋曰爲令衆生으로 斷惑出離일새 故名敎出이니라 而論經엔
云與佛不壞力故라할새 故有不壞之言하니라 今疏云호대 化物은 卽
是敎義요 斷惑은 是出義니라 論엔 無得果之言거늘 今會經文에 成道
二字하니라

여섯 번째는 가르쳐 벗어나게 한다고 한 것은 그러나 『십지론』에는
다만 말하기를 부처님의 십력이 무너지지 아니함을 얻어 가히 제도
할 자에게 번뇌를 끊게 하는 까닭이다 하였으니
해석하여 말하면 중생으로 하여금 번뇌를 끊고 벗어나게 하기에
그런 까닭으로 가르쳐 벗어나게 하는 변재라 이름하는 것이다.
『십지론경』에는 부처님의 무너지지 않는 힘을 주는 까닭이라고

---

471 원문에 득과得果라고 한 것은 『십지경十地經』에도 『십지론十地論』에도 없다.
그리고 자재성도自在成道라는 말도 없다. 此經에 성도자재成道自在를 말하는
것이다.

말하였기에 그런 까닭으로 무너지지 않는다는 말이 있는 것이다.
지금 소문에 말하기를 중생을 교화한다고 한 것은 곧 이것은 가르친
다는 뜻이요
번뇌를 끊는다고 한 것은 이것은 벗어난다는 뜻이다.
『십지론』에는 불과를[472] 얻게 한다는 말이 없거늘
지금 경문에 도를 이룬다고 한 두 글자를 회석한 것이다.

疏

七은 不畏辯이니 於他言說에 不怯弱故니라

일곱 번째는 두려움이 없는 변재이니
다른 사람의 말에 겁내거나 나약함이 없는 까닭이다.

疏

八은 無量辯이니 於一切智가 隨順宣說修多羅等法의 六種正見
故라하니 六正見者는 卽是法門이라 金剛仙論云호대 一은 眞實智
正見이니 能知理法이요 二는 行正見이니 能知行法이니 此二는
敎旨니라 三은 敎正見이니 能知敎法이요 四는 離二邊正見이니

---

472 『십지론』에는 불과 운운은 말이 축약되었다. 갖추어 말하면『십지론』에는 불과를 얻게 한다는 말이 없거늘 소문에 불과를 얻게 한다고 말한 것은 지금 경문에 도를 이룬다고 한 두 글자를 회석한 것이다 할 것이다.

知前理法하야 不同情取요 五는 不思議正見이니 知前行法하야 成
德出情이요 六은 根欲性正見이니 知前教法하야 說隨物心이라하
며 瑜伽六十四엔 名六種理門이라하니 大旨無異하니라

여덟 번째는 한량없는 변재이니
일체 지혜인이 수다라 등 법의 여섯 가지 정견을 수순하여 선설하는
까닭이다 하였으니
여섯 가지 정견이라고 한 것은 곧 이것은 법문이다.
『금강선론』에 말하기를 첫 번째는 진실한 지혜의 정견이니
능히 이법理法을 아는 것이요
두 번째는 행의 정견이니
능히 행법行法을 아는 것이니
이 두 가지는 교教의 뜻[473]이다.
세 번째는 교의 정견이니
능히 교법教法을 아는 것이요
네 번째는 이변二邊을 떠난 정견이니
앞에 이법理法을 알아 망정으로 취하는 것과는 같지 않는 까닭이요
다섯 번째는 사의할 수 없는 정견이니
앞에 행법行法을 알아 공덕을 이루어 망정을 벗어난 것이요
여섯 번째는 근성욕락을 따르는 정견이니

---

473 원문에 차이교지此二教旨는 아래 교법教法이라는 말을 상대한 것이니, 위에
    이법理法과 행법行法은 소전의所詮義이고, 바로 아래 세 번째 교법教法은
    능전교能詮教이다.

앞에 교법敎法을 알아 설하는 것이 중생의 마음을 따르는 것이다 하였으며
『유가론』육십사권에는 이름을 여섯 가지 이문理門이다 하였으니 큰 뜻은 다름이 없는 것이다.

鈔

八無量辨은 先擧論이니 言修多羅等은 等餘二藏이라 次에 言六正見者下는 疏釋論이라 此正見은 卽深密中에 六種理趣니 已如普賢三昧品說거니와 此中에 名亦小異爾니라 其能知敎法은 合云敎道라하리라 前三은 爲本이요 後三은 次第로 釋於前三이라 就其所知하야는 名爲理趣요 就其能知하야는 名爲正見이니 全與前同하니라 若約今文인댄 前三은 卽理行敎니 略無果耳니라

여덟 번째는 한량없는 변재라고 한 것은 먼저 『십지론』을 거론한 것이니
수다라 등이라고 말한 것은 나머지 이장인 율장과 논장을 등취한 것이다.

다음에 여섯 가지 정견이라고 말한 아래는 소가가 『십지론』을 해석한 것이다.
이 정견이라고 한 것은 곧 『심밀경深密經』 가운데 여섯 가지 이취理趣이니[474]

이미 보현삼매품에서⁴⁷⁵ 설한 것과 같거니와 이 가운데 이름이 또한 조금 다를 뿐이다.

능히 교법을 안다고 한 것은 합당히 교도敎導를⁴⁷⁶ 안다고 말해야 할 것이다.

앞에 세 가지는 근본이 되고

뒤에 세 가지는 차례로 앞에 세 가지를 해석한 것이다.

그 알아야 할 바에 나아가서는 이름이 이취理趣가 되고

그 능히 아는 것에 나아가서는 이름이 정견正見이 되는 것이니 온전히 앞에 보현삼매품으로 더불어 같다.⁴⁷⁷

만약 지금 경문에 나아간다면 앞에 세 가지는 곧 이법과 행법과

---

474 여섯 가지 이취理趣라고 한 것은 보현삼매품에서 『심밀경』에 나오는 여섯 가지 이취를 인용하여 설하기를 첫 번째는 진아眞我이취요, 두 번째는 증득證得이취요, 세 번째는 교도敎導이취요, 네 번째는 이이변離二邊이취요, 다섯 번째는 부사의不思議이취요, 여섯 번째는 수중생소락隨衆生所樂이취이다 하였다.

475 보현삼매품이란, 열자권列字卷 27장이다.

476 원문에 합운교도合云敎道는 지금에 교법敎法은 중생衆生을 개시開示한다는 뜻이 나타나지 않는 까닭으로 저『심밀경深密經』의 第三에 교도敎導라 말한 것과 같다고 하는 것이 합당하다는 것이다.

477 원문에 전여전동全與前同은 此中의 정견正見이 앞에 보현삼매품 가운데 이취理趣로 더불어 能과 所가 비록 다르지만 그 뜻은 온전히 같다 하겠다. 『유망기遺忘記』는 앞에 삼매품三昧品의 이취理趣는 소지所知에 나아가고 지금의 정견正見은 정지正知에 나아간 까닭으로 지금 또한 앞에 여섯 가지로 더불어 온전히 같지만, 그러나 다만 지금은 第三은 이 理와 行과 敎이고, 저 삼매품三昧品은 第三은 理와 果와 敎이니 여기와는 조금 다르다 하였다.

교법이니
과법果法은 생략되어 없다.

> 疏

九는 同化辯이니 一切如來가 同以三輪으로 化故니라 三業殊勝일새 故曰莊嚴이라하니라 上十은 已辯他力이라

아홉 번째는 다 교화하는 변재이니
일체 여래가 다 삼륜[478]으로써 교화하는 까닭이다.
삼업이 수승하기에 그런 까닭으로 말하기를 장엄이다 하였다.
위에 열 가지[479]는 이미 타력을 분별한 것이다.

> 鈔

上十已辯他力者는 然論文中엔 無有自力他力之文이나 以前口加中엔 有自力他力二辯才일새 故以義例之니라 故此上에 已有佛力으로 正與智일새 故爲他力이요 具德堪加일새 故爲自力이라

위에 열 가지는 이미 타력을 분별한 것이라고 한 것은 그러나 『십지론』문 가운데는 자력이다 타력이다 하는 문장이 없지만, 앞[480]의

---

478 삼륜三輪은 身·口·意니 곧 삼업三業이다.
479 원문에 十이란, 경문의 十句이니 初는 總이고 나머지는 別이니 즉 구종변재九種辯才이다.

입으로 가피하는 가운데는 자력과 타력의 두 가지 변재가 있었기에 그런 까닭으로 뜻으로써 비례하여 말한 것이다.

그런 까닭으로 이 위에 이미⁴⁸¹ 부처님의 위신력으로 바로 지혜를 주신 것이 있기에 그런 까닭으로 타력이라 하고, 공덕을 구족하여 가피를 감당하기에 그런 까닭으로 자력이라 하는 것이다.

---

480 앞이란, 영인본 화엄 9책, p.52, 初行이다.
481 원문에 차상이유此上已有 운운은 영인본 화엄 9책, p.51, 구가중口加中 原文에 승불신력承佛神力하야 여래지명如來智明으로 소가고所加故라 한 것이다.

經

何以故오 得此三昧에 法如是故며 本願所起故며 善淨深心故며 善淨智輪故며 善積集助道故며 善修治所作故며 念其無量法器故며 知其淸淨信解故며 得無錯謬總持故며 法界智印善印故니라

무슨 까닭인가.
이 삼매[482]를 얻음에 법이 이와 같은 까닭이며
본래의 서원으로 생기한 바인 까닭이며
깊은 마음을 잘 청정하게 하는 까닭이며
지혜의 바퀴를 잘 청정하게 하는 까닭이며
조도의 복덕을 잘 쌓아 모으는 까닭이며
지을 바를 잘 닦아 다스리는 까닭이며
그 한량없는 법의 그릇을 생각하는 까닭이며
그 청정한 믿음과 지혜를 아는 까닭이며
착오가 없는 다라니를 얻는 까닭이며
법계에 지혜의 도장으로 잘 찍는 까닭입니다.

疏

第二에 何以故下는 釋偏加所以하야 以顯自力堪加니라 偏就意

---

[482] 이 삼매三昧란, 보살대지혜광명삼매菩薩大智慧光明三昧이다.

業釋者는 意爲本故니라 初徵意云호대 諸佛慈力이 若隨闕者인댄 可許偏加어니와 旣有力인댄 能與하시고 有慈인댄 能普하야시늘 何以上十은 偏加剛藏하고 而不加餘고할새 下釋十句하니 初總이요 餘別이라 總明得此三昧에 法合偏加니 剛藏得此하고 餘不得故니라 何以로 得此三昧고 下別顯中에 有二因故니 一은 本願所致故니 卽初句에 顯示요 二에 善淨下는 三昧身이 攝功德故니라

제 두 번째 무슨 까닭인가 한 아래는 치우쳐 가피하는 까닭을 해석하여 자력으로 가피를 감당하는 것을 나타낸 것이다.
의업意業에 치우쳐 나아가 해석한 것은 의업이 근본이 되는 까닭이다. 처음에 묻는 뜻에 말하기를 모든 부처님의 자비한 힘이 만약 빠진 것을 따른다면[483] 가히 치우쳐 가피함을 허락하거니와 이미 힘이 있다면 능히 주시고 자비가 있으면 능히 두루해야 하시거늘 어찌 위에 열 가지는 금강장보살만 치우쳐 가피하고 나머지 보살은 가피하지 않는가 하기에 이 아래에 열 구절로 해석하였으니
처음 구절은 한꺼번에 밝힌 것이요
나머지 구절은 따로 나타낸 것이다.
이 삼매를[484] 얻음에 법이 합당히 치우쳐 가피함을 한꺼번에 밝힌 것이니
금강장보살만이 이 삼매三昧를 얻었고 나머지 보살은 얻지 못한 까닭이다.

---

483 원문에 수궐자隨闕者는 두루하지 못함을 의미한다.
484 원문에 총명總明 이하는 초구를 밝힌 것이다.

무슨 까닭으로 이 삼매를 얻었는가.
이 아래는 따로 나타내는[485] 가운데 두 가지 원인이 있는 까닭이니
첫 번째는 본래 서원으로 이룬 바인 까닭이니
곧 처음 구절[486]에 현시한 것이요
두 번째 깊은 마음을 잘 청정하게 한다고 한 아래는 삼매의 몸이 공덕을 섭수하는[487] 까닭이다.

鈔

何以得此三昧者는 疏徵得三昧之由라 上總句中에 由得三昧일새 故得偏加라하니 今徵意云호대 三昧殊勝거늘 何以能得고하니라 下別顯下는 答이니 有二因이라 一은 宿願深重이니 謂因中發願하야 欲證十地의 智光三昧일새 故今得之요 二는 是現緣이니 卽三昧身이 攝功德也니라 現身無德인댄 雖有宿願이나 亦不能入이니라 然諸菩薩도 皆具此德이나 隨門顯法은 在金剛藏일새 故偏言有니라 又標佛力은 能加草木거니 何要有德이리요마는 欲令菩薩로 進修具德하야 上契佛心하야사 方得加故니라 表此地法은 證方說故니라

무슨 까닭으로 이 삼매를 얻었는가 한 것은 소가가 삼매를 얻은

---
485 원문에 하별현下別顯은 나머지 별구別句이다.
486 원문에 초구初句는 別中에 初句이니 第二句이다.
487 원문에 삼매신섭공덕三昧身攝功德은 이 공덕功德을 인유한 연후에 바야흐로 삼매三昧의 몸을 얻는다면 이것은 삼매신三昧身이 공덕功德을 섭수攝收하는 까닭이다.

이유를 물은 것이다.
위의 총구 가운데 삼매를 얻음을 인유하기에 그런 까닭으로 치우쳐 가피함을 얻는다 하였으니
지금에 묻는 뜻에 말하기를 삼매가 수승하거늘 무슨 까닭으로 능히 얻는다고 하는가 하였다.
이 아래는 따로 나타낸다고 한 아래는 답한 것이니
두 가지 원인이 있다.
첫 번째는 숙세의 서원이 깊고 무거운 것이니
말하자면 인행因行 가운데 서원을 일으켜 십지에 지광智光삼매를 증득하고자 하기에 그런 까닭으로 지금에 얻는다고 한 것이요
두 번째는 현재의 인연이니
곧 삼매의 몸이 공덕을 섭수하는 것이다
현재의 몸이 공덕이 없다면 비록 숙세의 서원이 있으나 또한 능히 들어갈 수 없는 것이다.
그러나 모든 보살도 다 이 공덕을 갖추었지만 문門을 따라 법을 나타내는 것은 금강장보살에게 있기에 그런 까닭으로 치우쳐 있다고 말한 것이다.
또 부처님의 힘은 능히 초목에도 가피하거니 어찌 공덕이 있기를 요망하리요만은 보살로 하여금 나아가 수행하여 공덕을 갖추어[488] 위로 부처님의 마음에 계합하여야 바야흐로 가피를 얻게 하고자

---

488 원문에 욕령보살진수구덕欲令菩薩進修具德은 모든 보살菩薩로 하여금 금강장보살金剛藏菩薩에게 나아가 수행修行하여 공덕功德을 갖추게 한다는 뜻이다.

함을 표⁴⁸⁹한 까닭이다.
이 십지의 법은 증득하여야 바야흐로 설함을 표한 까닭이다.

疏

此復八種淨이니 依自利利他故라하니 謂前四自利요 後四利他라

여기⁴⁹⁰에 다시 여덟 가지 청정이 있나니 자리이타를 의지하는 까닭이다 하였으니
말하자면 앞에 네 가지는 자리요
뒤에 네 가지는 이타이다.

鈔

此復八種下는 就總開別이라 於中有三하니 初는 總科니 先은 出論文이요 前四已下는 疏釋이라

여기에 다시 여덟 가지 청정이 있다고 한 아래는 총에 나아가 별별을 연 것이다.
그 가운데 세 가지가⁴⁹¹ 있나니

---

489 원문에 우표又標라 한 標 자는 방득가방得加 아래에서 해석할 것이다.
490 원문에 此란, 선정심심善淨深心 이하이니 즉 삼매신섭공덕三昧身攝功德이다.
   『십지론十地論』에 이 三昧身攝功德에 八種이 있다 하였다.
491 세 가지라고 한 것은 처음에는 한꺼번에 과목한 것이고 두 번째는 따로

처음에는 한꺼번에 과목한 것이니
먼저는 논문을 설출한 것이요
앞에 네 가지라고 한 이하는 소가가 해석한 것이다.

疏

一에 善淨深心은 是因淨이니 信樂至極하야사 能趣菩薩地盡하야 皆淸淨故니라 故云善淨이라하니 此一은 爲衆行本일새 故名爲因이라 次三은 明自利行德이니 謂二는 卽智淨이니 趣菩薩地盡하야 修道眞如觀이 如日輪圓滿하야 普照法界故라하니 此卽智德이라 三은 身轉淨이니 謂生生轉勝하야 集助道福德故니라 四는 心調伏淨이니 善斷煩惱習일새 故云修治라하니 此卽斷德이라 上三은 亦證助不住니라

첫 번째 깊은 마음을 잘 청정하게 한다고 한 것은 이것은 원인이 청정한 것이니
믿고 즐거워하는[492] 마음이 지극하여야 능히 보살의 지위가 다함에 나아가 다 청정하게 하는 까닭이다.
그런 까닭으로 말하기를 잘 청정하게 한다 하였으니
이 한 가지는 수많은 행의 근본이 되기에 그런 까닭으로 이름을 원인이라 하는 것이다.

해석한 것이고 세 번째는 한꺼번에 나타낸 것이다.
[492] 원문에 신락信樂이란, 초지初地의 신락심信樂心이다.

다음에 세 가지는 자리행의 공덕을 밝힌 것이니
말하자면 제 두 번째는 곧 지혜가 청정한 것이니[493]
보살의 지위가 다함에 나아가 도를 닦아[494] 진여를 관찰하는 것이
마치 태양이 원만하여 널리 법계를 비추는 것과 같은 까닭이다
하였으니
이것은 곧 지덕이다.
제 세 번째는 몸이 전전이 청정한 것이니
말하자면 세세생생에 전전이 수승하여 조도助道의 복덕을 모으는
까닭이다.
제 네 번째는 마음을 조복 받아 청정한 것이니
번뇌의 습기를 잘 끊기에 그런 까닭으로 말하기를 닦아 다스린다[495]
하였으니
이것은 곧 단덕이다.
이상의 세 가지는 또한 증도證道와 조도助道와 부주도不住道이다.

鈔

一善淨深心下는 別釋이니 此一句中에 文有五節하니 上句는 牒經이
요 二에 云是因淨者는 是論立名이요 三에 信樂下는 是論釋義니 論中
具云호대 一은 因淨이니 深心으로 趣菩薩地盡하야 清淨故니 如經의

---

493 원문에 이즉지정二卽智淨 아래는 『십지론十地論』 문이다.
494 수도위修道位는 대승大乘에서는 초지初地에서 십지十地까지라 한다.
495 원문에 수치修治란, 此經의 말이다.

善淨深心故니라 深心者는 信樂等이 復是一切善法의 根本故라하니라 今엔 疏取後論하야 向前釋이니 其信樂字가 是論釋經이라 深心은 卽初地에 契理淨心이니 論主但云호대 信樂이라하니라 其至極兩字는 卽是疏가 釋深心之言이니 以信樂殷重일새 故曰深心이라하니라 由此深心故로 能得第二第三으로 乃至十地하야 爲菩薩地盡이니 卽論等字니라 旣至地盡인댄 障無不除일새 云盡淸淨이라하니라 四에 故云下는 疏以論會經이요 五에 此一爲衆行本下는 疏釋論立名이니 卽復是一切善法의 根本也라하니라 旣此爲因인댄 則顯下德이 爲其行體니라 二는 卽智淨下는 擧論이니 則顯初句가 是見道故니라 次如日輪下는 義取論釋이니 具足論云호대 此眞如觀이 內智圓滿하야 普照法界가 猶如日輪光이 遍世界故라하니라 然今疏文은 言含法喩니라 三은 身轉淨者는 助道로 能得出世報身일새 名身이니 初地已上은 受身非一이며 後後勝前前일새 名生生轉勝이니 總由助道의 福行淨故니라 四는 心調伏淨은 空有自在일새 名心調伏이라 言善斷等者는 不著有故로 斷麁煩惱하고 不住無故로 斷微細習이니 無住而斷일새 故稱善斷이라 言故云修治者는 以論會經이라 無住는 是菩薩本業이니 卽是修治니라 故論經云호대 善修本業이라하니 本業은 卽是今經의 所作이라 亦是以無住心으로 修前證助하야 以爲本業이라 言此卽斷德者는 初是智德인댄 則顯助道가 是其恩德이니 已配三德하고 下配三道일새 故有亦言하니라

첫 번째 깊은 마음을 잘 청정하게 한다고 한 아래는 따로 해석한 것이니

이 한 구절 가운데 소문이 오절이 있나니

위에 구절[496]은 경문을 첩석한 것이요

두 번째 이것은 원인이 청정한 것이라고 한 것은 이것은 『십지론』에서 세운 이름이요

세 번째 믿고 즐거워하는 마음이라고 한 아래는 이것은 『십지론』에서 해석한 뜻[497]이니

『십지론』 가운데 갖추어 말하기를 첫 번째는 원인이 청정한 것이니 깊은 마음으로 보살의 지위가 다함에 나아가 청정하게 하는 까닭이니, 『십지경』에 깊은 마음을 잘 청정하게[498] 하는 까닭이라고 한 것과 같다.

깊은 마음이라고 한 것은 믿고 즐거워하는 마음 등이 다시 이 일체 선법의 근본인 까닭[499]이다 하였다.

지금에는 소가가 뒤에 『십지론』 문을 취하여 앞의 경문을 향하여 해석한 것이니

그 믿고 즐거워한다는 글자가 이 『십지론』에서 경문[500]을 해석한 것이다.

깊은 마음이라고 한 것은 곧 초지에서 진여의 이치에 계합하여

---

496 원문에 상구上句란, 一에 선정심심善淨深心이다.
497 원문에 시론석의是論釋義는 『십지론十地論』 第一卷에 심심자深心者는 신락신 樂 등이 부시일체선법근본고復是一切善法根本故라 하였다.
498 원문 청정淸淨 아래에 『십지론十地論』엔 深心故 세 글자(三字)가 더 있다.
499 원문에 근본고根本故까지가 『십지경론十地經論』의 말이다.
500 경문經文이란, 선정심심善淨深心이다.

마음을 청정하게 하는 것이니
『십지론』주는 다만 말하기를 믿고 즐거워한다고만 하였다.
그 지극이라는 두 글자는 곧 이것은 소가가 깊은 마음이라는 말을 해석한 것이니
믿고 즐거워하는 마음이 은중하기에 그런 까닭으로 말하기를 깊은 마음이다 하였다.
이 깊은 마음[501]을 인유한 까닭으로 능히 제이지와 제삼지로 내지 제십지를 얻어 보살의 지위가 다함이 되는 것이니
곧 『십지론』의 등等[502] 자이다.
이미 지위가 다함에 이르렀다면 장애가 제멸되지 아니함이 없기에 다 청정하다 말하는 것이다.

네 번째 그런 까닭[503]으로 말하였다[504]고 한 아래는 소가가 『십지론』 문으로써 경을 회석한 것이요
다섯 번째 이[505] 한 가지는 수많은 행의 근본이 된다고 한 아래는 곧 소가가 『십지론』에서 세운 이름을 해석한 것이니

---

501 원문에 심심深心은 초지初地에 심심深心이다.
502 원문에 논등論等이라 한 등은 신락등信樂等이라 한 것이니, 다만 신락信樂이라고만 한다면 곧 초지初地에만 국한하거니와 等 자가 있는 까닭으로 다른 지위에도 통한다 하겠다.
503 故 자 위에 四 자가 있으면 좋다.
504 원문에 고운故云은 영인본 화엄 9책, p.84, 末行이다.
505 此 자 위에 五 자가 있으면 좋다.

곧 다시 이 일체 선법의 근본인 까닭이다 하였다.
이미 이것이 원인이 된다면 곧 하덕下德이 그 행의 자체가 됨을 나타낸 것이다.
제 두 번째는 곧 지혜가 청정한 것이라고 한 아래는 『십지론』을 거론한 것이니
곧 처음 구절이 이 견도임을 나타낸 까닭이다.
다음에 마치 태양과 같다고 한 아래는 뜻으로 『십지론』에 해석한 것을 취한 것이니
『십지론』에 구족하여 말하기를 이 진여를 관찰하는 것이 안으로 지혜가 원만하여 널리 법계를 비추는 것이 비유하자면 태양의 광명이 세계에 두루하는 것과 같은 까닭이다 하였다.
그러나 지금에 소문은 말이 법과 비유를 포함하고 있다.
제 세 번째는 몸이 전전이 청정한 것이라고 한 것은 조도助道로 능히 세간에 출현한 보신을 얻기에 몸이다 이름하는 것이니
초지 이상은 몸을 받는 것이 하나가 아니며 후후신이 전전신보다 수승하기에 세세생생에 전전이 수승하다 이름하는 것이니
모두 조도의 복행이 청정함을 인유한 까닭이다.
제 네 번째는 마음을 조복 받아 청정한 것이라고 한 것은 공과 유에 자재하기에 마음을 조복 받았다 이름하는 것이다.
잘 끊는다고 말한 등은 유에 집착하지 않는 까닭으로 큰 번뇌를 끊고
무에 머물지 않는 까닭으로 미세한 습기를 끊나니
머무름이 없이 끊기에 그런 까닭으로 잘 끊는다고 이름하는 것이다.

그런 까닭으로 말하기를 닦아 다스린다고 말한 것은 『십지론』으로써
경문을 회석한 것이다.
머무름이 없이 끊는다고 한 것은 이것은 보살의 본업이니
곧 닦아 다스린다는 것이다.
그런 까닭으로 『십지론경』에 말하기를 본업을 잘 닦는다 하였으니
본업이라고 한 것은 곧 이것은 지금 경에 지을 바라 한 것이다.
또한 이것은 머무름이 없는 마음으로써 앞에 증도와 조도를 닦아
본업을 삼는 것이다.

이것은 곧 단덕이라고 말한 것은 처음에 증도가 이 지덕이라면
곧 조도가 이 은덕임을 나타낸 것이니
이미 삼덕을 배속하였고, 이 아래는 삼도에 배속하기에 그런 까닭으
로 또한(亦)[506]이라는 말이 있는 것이다.

疏

後四는 利他中에 五는 聞攝淨이니 能聞持佛法일새 故爲法器니
此는 利他方便이요 餘三은 利他行體니 卽身語意業이라 謂六者는
通淨이니 以勝神通으로 生物信解故라 七은 辯才淨이니 由總持力
하야 於一字中에 攝一切字句호대 前後無違일새 故無錯謬라하니
라 八은 離慢淨이니 謂雖化衆生이나 以實智印으로 印之하야 不違
法界일새 故無化慢이라

---

506 원문에 亦이란, 소문疏文에 上三은 역증亦證이라 한 그 亦 자이다.

뒤에 네 가지는 이타 가운데 제 다섯 번째는 듣고 섭수하는 것이
청정한 것이니
능히 불법을 듣고 받아가지기에 그런 까닭으로 법의 그릇이 되는
것이니
이것은 이타의 방편이요,
나머지 세 가지는 이타행의 자체이니
곧 신·어·의업이다.
말하자면 제 여섯 번째는 신통이 청정한 것이니
수승한 신통으로써 중생에게 믿음과 지해를 내게 하는 까닭이다.
제 일곱 번째는 변재가 청정한 것이니
총지의 힘을 인유하여 한 글자 가운데 일체 글자를 섭수하되 전후로
어김이 없기에 그런 까닭으로 착오가 없다 하였다.
제 여덟 번째는 교만을 떠나 청정한 것이니
말하자면 비록 중생을 교화하지만 진실한 지혜의 도장으로써 찍어
법계法界에 어기지 않기에 그런 까닭으로 교화한다는 교만이 없는
것이다.

鈔

五聞攝淨은 謂聞持智는 而爲能念이요 其無量法은 卽是所念이라 持
卽是念이니 具能所持일새 故爲法器라하니 論云호대 一切如來의
所說祕密法者는 一切는 明廣이요 祕密은 顯深이니 若不持法인댄 不
能利他일새 故以聞持로 而爲方便하니라 其無量言은 便含二義니 一

은 多無分量이요 二는 深無分量이라

제 다섯 번째는 듣고 섭수하는 것이 청정한 것이라고 한 것은 말하자면 듣고 받아가지는 지혜는 능히 생각하는 것이 되는 것이요 그 한량없는 법[507]의 그릇은 곧 생각하는 바가 되는 것이다.
가진다고 한 것은 곧 이 생각하는[508] 것이니
능히 가지고 가지는 바를 갖추었기에 그런 까닭으로 법의 그릇이 된다 하였다.
『십지론』에 말하기를[509] 일체 여래가 설하신 바 비밀한 법이라고 한 것은 일체라고 한 것은 넓은 것을 밝힌 것이요
비밀이라고 한 것은 깊은 것을 나타낸 것이니
만약 법을 받아가지지 않는다면 능히 다른 사람을 이롭게 할 수 없기에 그런 까닭으로 듣고 받아가지는 것으로 방편을 삼은 것이다.
그 한량이 없다는 말은 곧 두 가지 뜻을 포함하고 있나니
첫 번째는 많아서 분량이 없는 것이요
두 번째는 깊어서 분량이 없는 것이다.

---

507 원문에 기무량법其無量法은 경문經文에 기무량법기其無量法器이다.
508 원문에 시념是念이라 한 념念은 경문經文에 염기무량법기념其無量法器라 한 그 념念이다.
509 『십지론』에 말하였다고 한 것은 구체적으로 말하면 다섯 번째는 듣고 섭수하는 것이 청정한 것이니 능히 일체 여래가 설하신 바 비밀한 법을 받아가지는 것을 감당하는 까닭이니 저 『십지경』에 한량없는 법을 생각하여 가진다고 한 것과 같은 까닭이라 하였다.

疏

上八句中에 前四는 自利因이니 一은 精進因이요 二는 不忘因이요 三은 勢力因이요 四는 彼不染因이라 如次配前四句하리니 謂由深心하야 能起行等이라 後四는 利他因이니 謂五는 是斷疑因이니 由知法故요 六은 是敬重因이니 以神通力으로 令信入故요 七은 是轉法理因이니 法若壞時에 假餘尊法하야 誦持故요 八은 教授出離因이니 論云호대 如是化者는 得自利하야 不忘故라하니 此意는 明若化時에 取相거든 以法界印으로 即自利不忘하야사 便能出離니라

위에 여덟 구절 가운데 앞에 네 구절은 자리의 원인이 되는 것이니
첫 번째[510]는 정진의 원인이 되는 것이요
두 번째는 잊지 않는 원인이 되는 것이요
세 번째는 세력의 원인이 되는 것이요
네 번째는 저 공과 유 등에 염착하지 않는 원인이 되는 것이다.
차례와 같이 앞에 네 구절을 배속하리니
말하자면 깊은 마음을 인유하여 능히 행을 일으키는 등[511]이다.
뒤에 네 구절은 이타의 원인이 되는 것이니
말하자면 제 다섯 번째는 의심을 끊는 원인이니
법을 앎을 인유한 까닭이요

---

510 원문에 一이란, 第三句이다
511 等 자의 뜻은 초문鈔文에 있다.

제 여섯 번째는 공경하고 존중하는 원인이 되는 것이니
신통력으로써 하여금 믿고 들어가게 하는 까닭이요
일곱 번째는 법의 의리를 전하는 원인이 되는 것이니
정법이 만약 무너지려 할 때에[512] 다른 존중하는 법을 가자하여
외워 가지는 까닭이요
여덟 번째는 가르쳐 주어 벗어나게[513] 하는 원인이 되는 것이니
『십지론』에 말하기를 이와 같이 교화하는 것은 자리自利를 얻어
잊지 않는 까닭이다 하였으니
이 뜻은 만약 교화하려 할 때에 교화하는 모습을 취하거든 법계의
도장으로써[514] 곧 자리를 잊지 아니하여야[515] 문득 능히 벗어난다는
것을 밝힌 것이다.

鈔

上八句下는 第三에 總顯上八行이 能爲因義니 謂由深心者는 前明

---

512 원문에 법약괴시法若壞時 운운은 정법正法이 만약 무너지려 할 때에 보살菩薩이 다른 왕王의 법法 등을 가자하여 그 불교佛敎가 행하여짐을 얻게 하는 것이니, 다음 문장에 여존법餘尊法이란 다른 왕의 법法이다. 여기서 다른 왕의 법法 등이란 외도법外道法도 등취等取한다. 초문鈔文에 잘 나타나 있다.
513 원문에 출리出離란, 번뇌煩惱에서 벗어나고 취착取着에서 벗어난다는 것이다.
514 원문 印 자 아래에 印之令離라는 네 글자(四字)가 더 있어야 한다고 『사기私記』는 말하고 있다.
515 원문에 자리불망自利不忘은 스스로 취착하는 모습을 벗어나야 바야흐로 자리自利가 되는 까닭이다.

深心이 是起行方便이니 起行이 卽是精進일새 故深心이 爲精進因이
라 二는 由得如智일새 故常不忘이요 三은 由助道하야 成勝勢力이요
四는 由不住道하야 不住空有와 生死涅槃일새 故無染著이요 五는 由
自念法하야 能斷他疑요 六은 由神通故로 令他敬重이니 敬重이 卽是
信入이요 七에 轉法理因者는 卽無錯謬總持法이니 是故로 是敎法이
요 理是義理요 化流名轉이니 謂正法滅時에 假餘外法하야 流通誦持
彼正法義일새 故以總持로 持餘尊法하야 爲敎理流轉之因하니라 八
에 敎授出離因者는 具足論云호대 敎授出離因은 卽經에 法界智印으
로 善印故라하니 謂敎授於他하야 由契法界하야 自出取相이니 卽化
而無化也며 亦令他出케하니라 次는 引論釋이니 此意明下는 疏釋論
이라

위에 여덟 구절 가운데라고 한 아래는 제 세 번째 위에 여덟 구절(八行)
이 능히 원인이 되는 뜻을 모두 나타낸 것이니
말하자면 깊은 마음을 인유한다고 한 것은 앞에 깊은 마음이 이
행을 일으키는 방편이 됨을 밝힌 것이니
행을 일으키는 것이 곧 정진이기에 그런 까닭으로 깊은 마음이
정진의 원인이 되는 것이다.
두 번째는 진여의 지혜를 얻음을 인유하기에 그런 까닭으로 항상
잊지 않는 것이요
세 번째는 조도의 복덕을 인유하여 수승한 세력을 이루는 것이요
네 번째는 부주도를 인유하여 공과 유와 생사와 열반에 머물지
않기에 그런 까닭으로 염착하지 않는 것이요

다섯 번째는 스스로 법을 생각함을 인유하여 능히 다른 사람의 의심을 끊는 것이요

여섯 번째는 신통을 인유한 까닭으로 다른 사람으로 하여금 공경하고 존중하게 하는 것이니

공경하고 존중하는 것이 곧 믿고 들어가는 것이요

일곱 번째 법의 의리를 전하는 원인이 된다고 한 것은 곧 착오가 없는 다라니의 법이니

이런 까닭으로 법이라고 한 것은 이 교법이요

이리라고 한 것은 의리요

교화하여 유통케 하는 것은 전한다 이름하는 것이니

말하자면 정법이 사라지려 할 때에 다른 외도의 법을 가자하여 저 정법의 의리를 유통시켜 외우고 받아가지게 하기에 그런 까닭으로 다라니로써 다른 존중하는 법을 가져 교법의 의리를 유전케 하는 원인을 삼는 것이다.

여덟 번째 가르쳐 주어 벗어나게 하는 원인이 된다고 한 것은 『십지론』에 갖추어 말하기를[516] 가르쳐 주어 벗어나게 하는 원인이라고

---

[516] 원문에 구족론운具足論云은 『십지론十地論』第一卷에 말하기를 一者는 離慢淨이니 謂眞實智로 敎授不異故니 如經法界智印으로 善印故 云云하고 이 부분이 끝날 즈음 轉法理因이니 法若壞時에 假餘尊法하야 誦持故며 法界智印으로 善印故라 敎授出離因이니 如是化者는 得自利하야 不忘故라 하였다. 즉 첫 번째는 교만을 떠난 청정이니 말하자면 진실한 지혜로 가르쳐주어 다르지 않게 하는 것이니 『십지경』에 법계에 지혜의 도장으로 잘 찍는 까닭이다 운운하고 이 부분이 끝날 즈음 법의 의리를 전하는 원인이니 정법이 만약 무너지려 할 때 다른 존중하는 법을 가자하여 외워 가지는

한 것은 곧 『십지경』에 법계에 지혜의 도장으로 잘 찍는 까닭이다 하였으니

말하자면 다른 사람에게 가르쳐 주어 법계에 계합함을 인유하여 스스로 취착하는 모습에서 벗어나는 것이니 곧 교화하되 교화하는 모습이 없는 것이며

또한 다른 사람으로 하여금 벗어나게 하는[517] 것이다.

다음[518]은 『십지론』을 인용하여 해석한 것이니

이 뜻은 벗어난다는 것을 밝힌 것이라고 한 아래는 소가가 『십지론』을 해석한 것이다.

까닭이며 법계에 지혜의 도장으로 잘 찍는 까닭이다 가르쳐주어 벗어나게 하는 원인이니 이와 같이 교화하는 것은 자리를 얻어 잊지 않는 까닭이다 하였다.

517 원문에 역령타출亦令他出은 이 위에는 능히 스스로 취착하는 모습에서 벗어나는 것이고, 여기서는 또한 교화할 바 다른 사람으로 하여금 번뇌에서 벗어나게 하는 것이다.

518 다음이란, 바로 아래 이 뜻은 운운이다.

經

爾時에 十方諸佛이 各伸右手하사 摩金剛藏菩薩頂하시니

그때에 시방의 모든 부처님이 각각 오른손을 펴서 금강장보살의 머리를 만지시니

疏

第三은 身加니 增威令起故니라 言各申者는 不離本處而申이니 卽延促無礙요 諸佛皆摩실새 故云各申이라하니 卽一多無礙니라 卽四通中에 如意通也니라 餘義는 如前第三會中說하니라

제 세 번째는 몸으로 가피하는 것이니
위의를 더하여 하여금 일어나게 하는 까닭이다.
각각 손을 편다고 말한 것은 본래의 처소를 떠나지 않고 펴는 것이니
곧 길게 하고 짧게 하는 것이 걸림이 없는 것이요[519]
모든 부처님이 다 만지시기에 그런 까닭으로 각각 편다 말하는 것이니
곧 한 부처님으로 하고 많은 부처님으로 하는 것이 걸림이 없는

---

519 원문에 연촉무애延促無礙라고 한 것은 본래本來의 처소處所를 떠나지 않는 까닭으로 延이고, 능히 마정摩頂하는 까닭으로 促이니, 한 부처님이 마정시摩頂時에 일체제불一切諸佛이 동시同時에 마정摩頂하는 것이다. 연촉延促이라고 한 등은 성자권成字卷 上卷, 12장에 잘 나타나 있다.

것이다.[520]
곧 네 가지 신통 가운데 여의신통이다.
나머지 뜻은 앞의 삼회 가운데서 설한 것과 같다.

鈔

不離本處者는 今經但云호대 各申右手라하고 論經云호대 爾時에 十方諸佛이 不離本處하고 以神通力으로 各申右手라할새 故疏爲此釋하니라 卽四通者는 智論云호대 一은 如意通이니 轉變自身하야 以大音聲으로 聞一切等이요 二者는 幻通이니 轉變外事요 三은 法智通이니 智法無礙요 四는 聖自在通이니 能於苦中에 生於樂想하고 於彼樂中에 能生苦想하고 於苦樂中에 生於捨想하는 如是一切라하니 今於自身이 但延促一多할새 故是如意요 非餘三也니라

본래의 처소를 떠나지 않았다고 한 것은 지금 경에는 다만 말하기를 각각 오른손을 폈다고 하고
『십지론경』에는 말하기를 그때에 시방의 모든 부처님이 본래의 처소를 떠나지 않고 신통력으로써 다 각각 오른손을 폈다 하였기에 그런 까닭으로 소가가 이 해석을 한 것이다.

---

520 원문에 일다무애一多無礙라고 한 것은 일불一佛과 다불多佛이 동시에 마정摩頂하는 까닭이다. 또 일불一佛이 마정摩頂할 때 여불餘佛이 마정함을 얻는 까닭으로 제불諸佛이 각각 손을 편다 한 것이다.

곧 네 가지 신통이라고 한 것은 『지도론』에 말하기를
첫 번째는 여의신통이니
전전이 자신을 변화하여 큰 음성으로써 일체 사람에게 듣게 하는 등이요
두 번째는 환술신통이니
전전이 밖에 일을 변화하는 것이요
세 번째는 법과 지혜신통이니
지혜와 법이 걸림이 없는 것이요
네 번째는 성자재신통이니
능히 괴로운 가운데 즐거운 생각을 내고 저 즐거운 가운데 능히 괴로운 생각을 내고, 괴롭고 즐거운 가운데 버리는 생각을 내는 이와 같은 일체다 하였으니
지금에는 자신이 다만 길게 하고 짧게 하며, 한 부처님으로 하고 많은 부처님으로 하기에 그런 까닭으로 이것은 여의신통이요 나머지 세 가지 신통이 아니다.

經

摩頂已에 金剛藏菩薩이 從三昧起하야

머리를 만지신 이후에 금강장보살이 삼매로 좇아 일어나

疏

第四에 摩頂已下는 起分이니 所以起者는 三昧事訖故니라 云何訖고 已得勝力故니라 雖已得力이나 何不且定고 說時至故니라 何不定中說고 定無言說故니라

제 네 번째 머리를 만지신 이후라고 한 아래는 기분起分이니 삼매에서 일어나는 까닭은 삼매에서 할 일을 마친 까닭이다.
어떻게 마쳤는가.
이미 수승한 힘을 얻은 까닭이다.
비록 이미 힘을 얻었지만 어찌하여 또한 삼매에 있지 않는가.
설법할 때가 이른 까닭이다.
어찌하여 삼매 가운데서 설법하지 않는가.
삼매에는 언설이 없는 까닭이다.

鈔

所以起等者는 徵其起因이 乃有四義어늘 論主但云호대 卽三昧起者

는 以三昧事訖故며 又得勝力이며 說時復至며 定無言說故라하니라
釋此論文인댄 乃通二勢니 一은 當句釋이요 二는 相承釋이니 卽今疏
意로 後後로 躡於前前이라 若當句釋者인댄 言事訖者는 上入三昧는
爲顯已證일새 故能宣說거니와 今已顯竟일새 故名事訖이라 二는 前
入三昧는 爲受佛加어니와 今佛已加할새 云得勝力이라 三은 前入三
昧는 爲觀物機하야 隨順受法거니와 物悟在今일새 故云時至라하니라
四는 前入三昧는 顯證離言거니와 今說起定은 反顯所入의 寂滅離言
일새 故云定無言說이라하니라 當句인댄 則顯入定이 有其四義하야 句
句不同거니와 相躡인댄 則得勝力言이 含於多意하나니 謂顯證得加
하고 觀機已竟을 皆名得力이니 應存二釋하니라

삼매에서 일어나는 까닭이라고 한 등은 그 삼매에서 일어나는 원인
을 물은 것이 이에 네 가지 뜻이 있거늘 『십지론』 주는 다만 말하기를
곧 삼매에서 일어난다고 한 것은 삼매에서 할 일을 마친 까닭이며
또 수승한 힘을 얻은 까닭이며
설법할 때가 다시 이른 까닭이며
삼매에는 언설이 없는 까닭이라고만 하였다.
이 『십지론』 문을 해석한다면 이에 두 가지 문세에 통하나니
첫 번째는 당구當句로 해석한 것이요
두 번째는 서로 이어서 해석한 것이니
곧 지금에 소가의 뜻으로 뒤에 뒤에 구절로 앞에 앞에 구절을 밟아
해석한 것이다.
만약 당구로 해석한다면 할 일을 마쳤다고 말한 것은 위[521]에 삼매에

들어간 것은 이미 증득하였기에 그런 까닭으로 능히 선설함을 나타내기 위한 것이어니와, 지금에는 이미 나타내어 마쳤기에 그런 까닭으로 할 일을 마쳤다 이름하는 것이다.

두 번째는 앞에 삼매에 들어간 것은 부처님의 가피를 받기 위한 것이어니와, 지금에는 부처님이 이미 가피하였기에 수승한 힘을 얻었다 말하는 것이다.

세 번째는 앞에 삼매에 들어간 것은 중생의 근기를 관찰하여 수순하여 법을 받게 하기 위한 것이어니와, 중생을 깨닫게 하는 것이 지금에 있기에 그런 까닭으로 때가 이르렀다 말하는 것이다.

네 번째는 앞에 삼매에 들어간 것은 증득한 것이 말을 떠난 것을 나타내기 위한 것이어니와, 지금에 삼매에서 일어남을 말한 것은 도리어 들어갈 바 적멸이 말을 떠난 것을 나타내기에 그런 까닭으로 결정코 언설이 없다고 말하는 것이다.

당구로 해석한다면 곧 삼매에 들어감을 나타낸 것이 그 네 가지 뜻이 있어서 구절구절이 같지 않거니와 구절구절을 서로 밟아서 해석한다면 곧 수승한 힘을 얻는다고 하는 말이 수많은 뜻을 포함하고 있나니

말하자면 증득함을 나타내고 가피를 얻고 근기를 관찰하는 것을 이미 마친 것을 다 수승한 힘을 얻는다 이름하는 것이니

응당 두 가지 해석[522]이 있는 것이다.

---

521 원문에 上이란, 第二에 삼매분三昧分이니, 대만본 화엄소초는 42권, p.35, 1행 이하이다.

522 원문에 이석二釋이란, 당구석當句釋과 상승석相承釋이다.

疏

第五에 普告下는 本分이니 略示綱要하야 爲廣本故며 亦與下請으로 爲其本故니라 不請而說者는 不自說本인댄 衆則不知爲說不說하며 又復不知欲說何法故니라 文分爲三하리니 初는 明六決定하야 以爲地體요 次에 佛子何等下는 標列十名하야 以顯地相이요 三에 佛子我不見下는 擧十方同說하야 彰地要勝이라

제 다섯 번째 널리 일체 보살대중에게 일러 말하였다고 한 아래는 본분本分이니
강요綱要를 간략하게 현시하여 광본廣本[523]을 삼는 까닭이며 또한 아래 청(請分)으로 더불어 그 근본을 삼는 까닭이다.
청하지 않았지만 설하는 것은 스스로 설하는 것으로 근본을 삼지 않는다면 대중이 곧 설하고 설하지 아니함을 알지 못하며 또 다시 무슨 법을 설하고자 하는지 알지 못하는 까닭이다.

경문을 나누어 세 가지로 하리니
처음에는 여섯 가지 결정[524]을 밝혀 십지의 자체를 삼는 것이요

---

[523] 광본廣本이란, 초문鈔文에 잘 설명하였다.
[524] 원문에 육결정六決定이라고 한 것은 『십지론十地論』 第一卷 가운데 본분本分에 선결정善決定에 六이니 一者는 관상선결정觀相善決定이요 二者는 진실선결정眞實善決定이요 三者는 승선결정勝善決定이요 四者는 인선결정因善決定이요 五者는 대선결정大善決定이요 六者는 불겁약선결정不怯弱善決定이라 하였다.

다음[525]에 불자여, 어떤 등이 보살마하살의 지혜의 지위라 하는가 한 아래는 십지의 이름을 표하여 열거하여 십지의 모습을 나타내는 것이요

세 번째[526] 불자여, 내가 여래께서 십지를 설하지 아니함을 보지 못했다고 한 아래는 시방에 여래가 다 같이 설함을 거론하여 십지의 중요하고 수승함을 밝힌 것이다.

鈔

第五에 普告下本分者는 若約敎道하야 分三分者인댄 此下는 當其正宗이니 正說地故니라 如品初所明하니 例如法華의 方便品去로 以爲正宗하니라 此中本分은 如雙歎二深하고 下請分은 如身子三請하고 說分은 如彼廣明한 開權顯實故니라 前四分은 爲序니 卽起說之由하야 令物生信이요 今此本分은 擧法歎勝하야 令起樂欲이니 是所成行이라 文中有四하니 一은 釋名이니 何名爲本고 生下二分일새 故於此中에 略示綱要의 有體有相하고 說分之中에 說於地相하야 以顯體故며 請分에 聞於名體하고 而申請故니라 若別說者인댄 十名地相이 卽說分本이니 說分에 廣顯十地相故로 云爲廣本이라하고 此中地體가 卽請分本이니 廣顯地體寂滅하야 出言道故라 故云亦與請分으로 爲其本故라하니라 不請而說下는 二에 辨妨이니 妨云호대 下待三請거니 此何不請고 答有二意하니 前意는 疑說이요 後意는 疑法이니 謂設知

---

525 다음에 운운은 영인본 화엄 9책, p.115, 6행이다.
526 세 번째 운운은 영인본 화엄 9책, p.135, 末行이다.

欲說이라도 不知說何니 此卽無問自說經也니라 問이라 上言佛加하
야 爲令說法이라하얏거늘 何言不知爲說不說고 答이라 諸佛雖加나
不知剛藏이 承力說不하니라 問이라 上言說不思議諸佛法明이라하
얏거늘 云何言復不知欲說何法고 答이라 不思議法中에 門別非一일
새 故猶不知니라 若爾인댄 上以能加가 同名金剛藏이니 則知所爲가
是金剛法이어늘 云何不知고 答이라 藉相表知나 而非決定일새 猶名
不知爲說何法이니라 文分爲三下는 三에 科判也니 科爲三段하니라
若別對者인댄 對下請中하야 互相成起니 此初에 地體는 起下請中에
地體寂滅이요 後에 顯寂滅은 成此標體며 此에 彰要勝은 起下大衆으
로 令生樂欲이요 下에 自陳有根有欲은 卽成於此니라 其第二段은
自對說分이니 此能起彼하고 彼能成此니라

제 다섯 번째 널리 일체 보살대중에게 일러 말하였다고 한 아래는
본분이라고 한 것은 만약 교도敎道를 잡아 삼분三分[527]으로 나눈다면
이 아래는 그 정종분에 해당하는 것이니
바로 십지를 설하는 까닭이다.
십지품 초에 밝힌 바와 같나니, 비례한다면 저『법화경』의 방편품
이후로 정종분을 삼는 것과 같다.
이 가운데 본분은 저『법화경』에 두 가지 깊은 것을[528] 함께 찬탄한[529]

---

527 삼분三分은 서분序分, 정종분正宗分, 유통분流通分이다.
528 두 가지 깊은 것이란, 권실이지權實二智이니 옥자권玉字卷 23장을 볼 것이다.
   그곳에『법화경』을 인용하여 잘 설명하였다.
529 원문에 雙歎二深이라고 한 것은 法華經云호대 諸佛智慧는 甚深無量하야

것과 같고

이 아래 청분은[530] 저 『법화경』에 사리불이 세 번 청한 것과 같고 설분은 저 『법화경』에 널리 설명한 방편을 열어 진실을 나타낸 것과 같은 까닭이다.

앞에 사분四分은 서분이 되는 것이니[531]

곧 설법하는 이유를 생기하여 중생으로 하여금 믿음을 내게 하는

其智慧門은 難解難入 云云하고 又云, 成就甚深未曾有法이라하니 實智也요 隨宜所說한 意趣는 難解라하니 權智也라 又云, 舍利弗아 如來知見은 廣大深遠하야 無量無礙며 力無所畏라 此禪定解脫三昧가 深入無際하야 成就如來 未曾有法이라하니 實智也요 舍利弗아 如來가 能種種分別하야 巧說諸法호대 言辭柔軟하야 悅可衆心이라하니 權智也라. 즉 두 가지 깊은 것을 함께 찬탄한다고 한 것은 『법화경』에 말하기를 모든 부처님의 지혜는 깊고도 깊고 헤아릴 수 없어 그 지혜의 문은 알기 어렵고 들어가기 어렵다 운운하고 또 말하기를 깊고도 깊은 미증유의 법을 성취한다 하였으니 실지實智요 마땅함을 따라 설한 바 의취는 알기 어렵다 하니 권지權智이다. 또 말하기를 사리불아 여래의 지견은 광대하고 심원하여 한량도 없고 걸림도 없으며 그 힘은 두려워하는 바가 없다. 이 선정 해탈삼매가 깊이 끝없는 곳까지 들어가 여래의 미증유법을 성취한다 하였으니 실지요 사리불아 여래가 능히 가지가지로 분별하여 방편으로 모든 법을 설하되 말을 부드럽게 하여 중생의 마음을 기쁘게 한다 하였으니 권지이다. 『잡화기雜華記』엔 이심二深을 증교이심證敎二深이라 하고 출자권出字卷 27장을 보라 하였다.

530 아래 청분이란, 영인본 화엄 9책, p.144, 8행이다.
531 원문에 전사분위서前四分爲序는 영인본 화엄 8책, p.786에 초지소섭初地所攝이 有八分하니 一은 序分이요 二는 三昧分이요 三은 加分이요 四는 起分이요 五는 本分이요 六은 請分이요 七은 說分이요 八은 校量勝分이라하니 前四分은 序分이 되는 것이요 第五分 이후는 正宗分이 되는 것이다.

것이요
지금에 이 본분은 법을 들어 수승함을 찬탄하여 하여금 욕락을
일으키게 하는 것이니
이것은 이룰 바 행이다.

경문 가운데 네 가지가 있나니
첫 번째는 이름을 해석한 것이니
어떤 것을 이름하여 본분이라 하는가.
아래 이분二分을 생기하기에 그런 까닭으로 이 본분 가운데 강요가
자체가 있고 모습이 있음532을 간략하게 현시하고, 설분 가운데 십지
의 모습을 설하여 자체를 현시하는 까닭이며
청분에 십지의 이름 자체를 듣고 신청하는 까닭이다.
만약 따로 설한다면 십지의 명상이 곧 설분의 근본이 되는 것이니
설분에 널리 십지의 명상을 나타내는 까닭으로 말하기를 광본을
삼는다 하였고
이 가운데 십지의 자체가 곧 청분의 근본이 되는 것이니
널리 십지의 자체가 적멸하여 언어의 길을 떠난 것을 나타내는
까닭이다.
그런 까닭으로 말하기를 또한 청분으로 더불어 그 근본을 삼는
까닭이다 하였다.

---

532 원문에 유체有體는 육결정六決定이고, 유상有相은 십명十名이다.

청하지 않았지만 설하는 것이라고 한 아래는 두 번째 방해함을 분별한 것이니
방해하여 말하기를 아래 청분에는 삼청三請533을 기다리거니 여기 본분에는 어찌 청하지 않는가.
답함에 두 가지 뜻이 있나니
앞에 뜻은 설함을 의심하는 것이요
뒤에 뜻은 법을 의심하는 것이니
말하자면 설사 설하고자 함을 알지라도 무슨 법을 설하고자 하는지 알지 못하는 것이니
이것은 곧 묻지 않았는데 스스로 설한 경이다.
묻겠다.
위에 부처님이 가피하여 하여금 법을 설하게 한다고 말하였거늘 어찌 설하고 설하지 아니함을 알지 못한다 말하는가.
답하겠다.
모든 부처님이 비록 가피하지만 금강장보살이 힘을 받아 설하는지 설하지 않는지 알지 못하는 것이다.
묻겠다.
위534에 사의할 수 없는 모든 불법의 광명을 설하게 한다고 말하였거

---

533 삼청三請은 청분請分에 해탈청解脫請과 대중청大衆請과 여래청如來請이다.
534 원문에 上이란, 여자권麗字卷 三十四之一에 三十八丈上에 欲令汝로 爲一切菩薩하야 說不思議諸佛法光明故니 所謂令入智地故 云云이라 하였다. 즉 그대로 하여금 일체보살을 위하여 사의할 수 없는 모든 불법의 광명을 설하게 하고자 하는 까닭이니 말하자면 하여금 지혜의 지위에 들어가게

늘 어떻게 다시 무슨 법을 설하고자 하는지 알지 못한다고 말하는가.
답하겠다.
사의할 수 없는 법 가운데 법문의 다른 것이 하나가 아니기에 그런 까닭으로 오히려 알지 못하는 것이다.
만약 그렇다고 한다면 위에 능히 가피하는 부처님이 다 이름이 금강장이니, 곧 설법하는 바가 이 금강장의 설법인 줄 알아야 하거늘 어떻게 알지 못하는가.
답하겠다.
모습을 의지하여 알기를 표하였지만[535] 결정하지는 아니하였기에 오히려 무슨 법을 설하는지 알지 못한다고 이름하는 것이다.

경문을 나누어 세 가지로 한다고 한 아래는 세 번째 과판한 것이니 과판을 삼단[536]으로 하였다.
만약 따로 상대한다면 아래 청분 가운데를 상대하여 서로서로 생기함을 이룰 것이니
여기 본분의 처음에 십지의 자체는 아래 청분 가운데 십지의 자체가 적멸함을 생기하는 것이요
뒤[537]에 적멸을 나타낸 것은 여기에 십지의 자체를 표함을 성립하는

하는 까닭이며 운운하였다는 것이다.
535 원문에 자상표지藉相表知는 동명同名의 금강장金剛藏의 모습을 의지하여 금강장이 설법說法하는 줄 알게 표하기는 하였지만 또한 금강장이 설법한다고 결정하지는 않았다는 것이다.
536 삼단三段은 소문疏文에 잘 나타나 있다.

것이며

여기에 십지의 중요하고 수승함을 밝힌 것은 아래 대중으로 하여금 욕락을 내게 함을 생기하는 것이요

아래에 스스로 근성이 있고 욕락이 있음을 진술한 것은 곧 이 십지의 중요하고 수승함을 성립하는 것이다.

그 제이단은 스스로 설분을 상대한 것이니

이것이 능히 저것[538]을 생기하고 저것이 능히 이것을 성립하는 것이다.

---

537 원문에 후後란, 청분請分이다.

538 원문에 此란 십명十名이고, 彼란 십지상十地相이다. 『잡화기』는 此彼가 모두 十地相이라 하였다.

經

普告一切菩薩衆言호대 諸佛子야 諸菩薩願은 善決定하야 無雜하며 不可見하며 廣大如法界하며 究竟如虛空하야 盡未來際하며 遍一切佛刹하야 救護一切衆生하며 爲一切諸佛所護하야 入過去未來現在諸佛智地하니라

널리 일체 보살의 대중에게 일러 말하기를 모든 불자여, 모든 보살의 서원은 잘 결정하여 잡란함이 없으며
가히 볼 수 없으며
광대하여 법계와 같으며
구경에 허공과 같아 미래 세계를 다하며
일체 부처님의 세계에 두루하여 일체중생을 구호하며
일체 모든 부처님의 호념하는 바가 되어 과거 미래 현재 모든 부처님의 지혜의 지위에 들어갑니다.

疏

今初地體는 已如前辯하니라 文中에 初句는 標告요 諸佛子下는 正顯이라 於中에 初句는 總明이요 後에 無雜下는 別顯이라 總中에 言菩薩願善決定者는 標人列法일새 故云菩薩이요 於大菩提에 立誓趣求일새 故名爲願이니 卽下初地中에 發菩提心也니라 此願을 所以名善決定者는 以眞實智攝故라하니 謂攝導此願하야 皆令

順理하야 決擇揩定故니라 眞智卽善이니 善卽決定이니 持業受名이라 故論云호대 善決定者는 卽是善決定이라하니 此는 揀依他로 受名也니라 此는 已入初地일새 是證決定이니 非是地前의 信地所攝之願이 受決定名이라 若通論決定인댄 有其六義하니 一은 約行體니 決定堅固요 二는 望所證이니 決定須證이요 三은 定能斷惑이요 四는 決信不疑요 五는 決能度生이요 六은 決成佛果라

지금은 처음으로 십지의 자체는 이미 앞[539]에서 분별한 것과 같다.
경문 가운데 처음 구절은 표하여 이른 것이요
모든 불자라고 한 아래는 바로 나타낸 것이다.
그 가운데 처음 구절은 한꺼번에 밝힌 것이요
뒤에 잡란하지 않는다고 한 아래는 따로 나타낸 것이다.
한꺼번에 밝힌 가운데 보살의 서원은 잘 결정한다고 말한 것은 사람을 표하여 법을 열거하기에 그런 까닭으로 보살이라 말하는 것이요
큰 보리에 서원을 세워 나아가 구하기에 그런 까닭으로 이름을 서원이라 하는 것이니
곧 아래 초지 가운데 보리심을 일으킨 것이다.
이 서원을 잘 결정한다고 이름한 까닭은 진실한 지혜로써[540] 섭수하는

---

539 앞이란, 此品初에 십종체十種體니 초문초文에 있다.
540 원문에 이진실以眞實 운운은 十地經 第一卷에 何故로 不請而說고 眞實智로 攝故라 善決定者는 卽是善決定이니 此는 已入初地일새 非信地所攝이라 此善決定에 有六種하니 一者는 觀相을 善決定이니 眞如觀은 一味相故 云云

까닭이다 하였으니
말하자면 이 서원을 거두어 인도하여 다 하여금 진리에 수순하여 결택하고 닦아 결정케 하는 까닭이다.
진실한 지혜라고 한 것은 곧 잘하는 것이니
잘한다고 한 것은 곧 결정이니
지업석으로 이름을 받은 것이다.
그런 까닭으로 『십지론』에 말하기를 잘 결정한다고 한 것은 곧 이것은 잘 결정하는 것이다 하였으니
이것은 의타석[541]으로 이름을 받는 것을 가리는 것이다.
이것은 이미 초지에 들어갔기에 증득함을 결정하는 것이니
십지 이전의 신지信地[542]에 섭수한 바 서원이 결정이라는 이름을 받는 것이 아니다.
만약 결정을 통틀어 논한다면 그 결정에 여섯 가지 뜻이 있나니
첫 번째는 행의 자체를 잡은 것이니 결정코 견고한 것이요
두 번째는 증득할 바를 희망하는 것이니 결정코 반드시 증득하는 것이요

하였다. 즉 『십지경』 제일권에 무슨 까닭으로 청하지 않았지만 설하는가. 진실한 지혜로써 섭수하는 까닭이다. 잘 결정한다고 한 것은 곧 이것은 잘 결정하는 것이니 이것은 이미 초지에 들어갔기에 신지信地에 섭수할 바가 아니다. 이 잘 결정하는 것에 여섯 가지가 있나니 첫 번째는 관찰하는 모습을 잘 결정하는 것이니 진여가 관찰하는 것은 한 맛의 모습인 까닭이다 운운하였다는 것이다.

541 의타석依他釋이란, 의주석依主釋과 의사석依士釋이다.
542 신지信地는 십신위十信位이다.

세 번째는 결정코 능히 번뇌를 끊는 것이요
네 번째는 결정코 믿어 의심치 않는 것이요
다섯 번째는 결정코 능히 중생을 제도하는 것이요
여섯 번째는 결정코 불과를 이루는 것이다.

鈔

今初地體下는 四에 釋文也라 卽是品初에 有十種體하니 一은 離言體요 二는 所證體요 三은 能證體요 四는 能所合體요 五는 隨相體요 六은 三昧體요 七은 就德體요 八은 隨要體요 九는 總攝體요 十은 唯因體라 今此는 卽當第八隨要니 以六決定으로 而爲體也니라 言菩薩下는 釋此總句라 文有六段하니 一은 解菩薩이요 於大菩提下는 二에 解願義라 於中有二하니 初는 正釋願이니 願은 以希求로 爲義故라 卽下初地者는 卽指初地住分之中에 菩提心生이 卽是此願이니 故下論文에 還指此願이라 故彼文云호대 生是心者는 是本分中에 願善決定이라하니 良以心願體一이라 故二處相指하니 兩處之文이 俱顯地體니 謂出世眞證善根으로 以能增長하야 順趣菩提호려할새 故說名願이며 亦名發心이니 體雖是同이나 隨義有異하야 心願不同하니라 言義異者는 謂於大菩提에 起意趣向은 是發心義요 要彼屬己는 是其願義라 問이라 願善은 是諸地體거니 何故로 偏指初地發心고 答曰호대 就始言故니라 又問호대 願善은 是體요 說分已下는 但是地相거니 云何指相하야 而得顯體고 答이라 總相指彼인댄 在地相中거니와 分別指彼인댄 卽相所顯의 果分發心이 是此願矣니라 此願所以

下는 三에 釋善決定義니 願是希求니라 若地前願인댄 不得稱善決定이어니와 今是證智로 相應之願이 眞能隨理일새 故名爲善이니 此善은 卽是決定之義니라 眞智卽善下는 四에 會六釋이니 於中有二하니 先은 正釋이요 後에 故論下는 引證이나 迴文未盡이니 合言善決定者는 善卽是決定이라하리라 此已入初地下는 五에 揀善決定이니 地前에도 亦有相心之善이나 非眞智攝일새 不名決定이요 地前에도 亦有決定이나 復非至順於理일새 不得稱善이라 故地持說호대 決定有三하니 一은 種性地를 名爲決定이니 定爲佛種이요 二는 解行地를 名爲決定이니 定能發心이요 三은 初地已上을 名爲決定이라하니 今是第三이요 揀非前二니라 若通論決定下는 六에 通顯決定得名이니 唯取第三決定耳니라 下別句中에 有六決定호대 一一皆具今之六義하나니라

지금은 처음으로 십지의 자체라고 한 아래는 네 번째 경문을 해석한 것이다.
곧 이 십지품 초에 열 가지 자체가 있었으니
첫 번째는 말을 떠난 자체요
두 번째는 증득할 바 자체요
세 번째는 능히 증득하는 자체요
네 번째는 능소가 합한 자체요
다섯 번째는 모습을 따르는 자체요
여섯 번째는 삼매의 자체요
일곱 번째는 공덕에 나아가는 자체요

여덟 번째는 요要를 따르는 자체요
아홉 번째는 모두 섭수하는 자체요
열 번째는 오직 원인의 자체이다.
지금 여기에서는 곧 제 여덟 번째 요를 따르는 자체에 해당하나니
여섯 가지 결정[543]으로 자체를 삼는 것이다.

보살이라고 말한[544] 아래는 이 총구를 해석한 것이다.
소문에 육단이 있나니
첫 번째는 보살을 해석한 것이요
큰 보리라고 한 아래는 두 번째 서원의 뜻을 해석한 것이다.
그 가운데 두 가지가 있나니
처음에는 바로 서원을 해석한 것이니
서원은 희망하여 구하는 것으로써 뜻을 삼는 까닭이다.
곧 아래 초지라고 한 것은 곧 초지 주분住分[545] 가운데 보리심을 생기하는 것이 곧 이 서원임을 가리킨 것이니
그런 까닭으로 아래 논문에서 도리어 이 서원을 가리킨[546] 것이다.

---

543 원문에 육결정六決定은 앞에서 이미 서술하였다.
544 원문에 언보살言菩薩은 소문疏文에 총중언보살總中言菩薩이라 한 것이다.
545 주분住分은 대만본 화엄소초 44권, p.20, 2행 소문疏文에 생심生心은 즉시생보리심卽是生菩提心이라 하였다.
546 원문에 하론문환지차원下論文還指此願은 대만본 화엄소초 44권, p.19, 末行 소문疏文에 論云卽是本分中에 願善決定者는 上求佛智가 卽是願故라 前本分中에 指此文云호대 願善決定者는 如初地中에 發菩提心이라하니 卽此本分中願者는 卽指此文이라하니라. 즉 논문에 말하기를 곧 이 본분 가운데

그런 까닭으로 저 논문에 말하기를 이 마음을 생기한다고 한 것은
이 본분 가운데 서원은 잘 결정하는 것이다 하였으니
진실로 마음과 서원의 자체가 하나인 것이다.
그런 까닭으로 두 곳547에서 서로 가리켰으니
두 곳의 문장이 함께 십지의 자체를 나타낸 것이다.
말하자면 세간을 벗어나 진실로 증득한 선근으로 능히 증장하여
보리에 수순하여 나아가려 하기에 그런 까닭으로 말하기를 서원이라
이름하며 또한 발심이라 이름하는 것이니
자체는 비록 같지만 뜻을 따라 다름이 있어서 마음과 서원이 같지
않는 것이다.
뜻을 따라 다름이 있다고 말한 것은 말하자면 대보리에 뜻을 일으켜
취향하는 것은 이 발심의 뜻이요
반드시 저 발심을 자기에게 섭속하는 것은 이 서원의 뜻이다.
묻겠다.
서원은 잘 결정한다고 한 것은 이 모든 십지의 자체548이거니 무슨
까닭으로 초지에 발심을 치우쳐 가리키는가.

서원은 잘 결정하는 것이라고 한 것은 위로 불지佛智를 구하는 것이 곧
이 서원인 까닭이다. 전 본분 가운데 이 논문을 가리켜 말하기를 서원은
잘 결정하는 것이라고 한 것은 초지 가운데 보리심을 일으키는 것과 같다
하였으니 곧 이 본분 가운데 서원이라고 한 것은 곧 이 논문을 가리킨
것이다 하였다. 발보리심發菩提心과 보리심菩提心의 차이뿐이다.
547 원문에 이처二處란, 주분住分과 본분本分이다.
548 體 자 아래 說分已下, 但是地相이라는 여덟 글자(八字)는 연자衍字이다.

답하여 말하기를 처음에 나아가 말한 까닭이다.
또 묻기를 서원은 잘 결정한다고 한 것은 이 자체요 설분 이하는 다만 십지의 모습뿐이거니 어떻게 모습을 가리켜 자체를 나타냄을 얻겠는가.
답하겠다.
총상으로 저 발심을 가리킨다면 십지의 모습 가운데 있다 할 것이어니와, 분별로 저 발심을 가리킨다면 곧 십지의 모습에 현시한 바 과분果分의 발심이 이 서원인 것이다.

이 서원을 잘 결정한다고 이름한 까닭이라고 한 아래는 세 번째 잘 결정하는 뜻을 해석한 것이니 서원은 희망하여 구하는 것이다. 만약 십지 이전의 서원이라면 잘 결정한다고 이름함을 얻을 수 없거니와 지금에는 이 증득한 지혜로 상응하는 서원이 진실로 능히 진리를 따르기에 그런 까닭으로 이름을 잘한다고(善) 한 것이니 이 잘한다고(善) 한 것은 곧 결정의 뜻이다.

이 진실한 지혜라고 한 것은 곧 잘한다고 한 아래는 네 번째 육리합석으로 회석한 것이니
그 가운데 두 가지가 있나니
먼저는 바로 해석한 것이요
뒤에 그런 까닭으로 『십지론』에 말하였다고 한 아래는 인용하여 증거한 것이나 문장을 돌이켜봄에 다하지 못한 것이 있나니 합당히[549] 잘 결정한다고 말한 것은 잘한다고 한 것은 곧 결정의

뜻이라 해야 할 것이다.

이것은 이미 초지에 들어갔다고 한 아래는 다섯[550] 번째 잘 결정한다는 것을 가린 것이니
십지 이전에도 또한 상심相心으로 잘 결정함이 있기는 하지만 진실한 지혜에 섭수되지 않기에 결정한다고 이름하지 않는 것이요
십지 이전에도 또한 결정함이 있기는 하지만 다시 진리에 지극히 수순하지 않기에 잘 결정한다고 이름함을 얻을 수 없는 것이다.
그런 까닭으로 『보살지지론』에 말하기를 결정이 세 가지가 있나니
첫 번째는 종성지[551]를 이름하여 결정이라 하는 것이니 결정코 불종성이 되는 것이요
두 번째는 해행지[552]를 이름하여 결정이라 하는 것이니 결정코 능히 발심하는 것이요
세 번째는 초지 이상을 이름하여 결정이라 한다 하였으니
지금에는 제 세 번째 해당하고 앞의 두 가지에 속하지 아니함을 가린 것이다.

만약 결정을 통틀어 논한다면이라고 한 아래는 여섯 번째 결정이라

---

549 원문에 합언슴言 운운은 『십지론十地論』에 선결정자善決定者는 즉시선결정卽是善決定이라는 말을 근간하여 말한 것이다.
550 원문에 第五라 한 第 자는 전후에 다 없기에 여기서도 제외한다.
551 一에 種性地는 십신十信, 십주十住, 십행十行을 포함하고 있다.
552 二에 解行地는 십향十向이다.

고 이름함을 얻는 것을 통틀어 나타낸 것이니
오직 『지지론』에 제 세 번째 결정의 뜻을 취하여[553] 나타내었을 뿐이다.
아래 별구 가운데 여섯 가지 결정이 있으되 낱낱이 다 지금의 여섯 가지 결정의 뜻[554]에 갖추어져 있다.

疏

後別句中에 此善決定이 有六種하니 卽經六句라 瑜伽地持에 皆 說此六하니 名次小異나 大旨不殊니라 此六行相이 前五自分이요 後一勝進이라 五中에 前四自利요 後一利他라 四中에 前三은 明 行體德이요 後一은 顯行功能이라 三中에 前二는 行體周圓이요 後一은 行德具備라 二中에 初一은 明行自體요 後一은 顯行離過 니 是故自體가 離過攝德은 爲因이요 二利行圓하야 成就佛果는 是此行相也니라

뒤에 별구[555] 가운데 이 잘 결정한다고 한 것이 여섯 가지가 있나니 곧 경문의 여섯 구절이다.

---

553 원문에 유취唯取 등 일곱 글자(七字)를 『잡화기』엔 衍이라 하나 『유망기遺忘記』엔 아니라 하고, 여섯 가지 결정決定의 뜻이 『보살지지론菩薩持地論』의 세 가지 결정의 뜻 가운데 오직 세 번째 뜻을 취하여 나타내었을 뿐이라고 하였다.
554 원문에 금지육의今之六義라고 한 것은 소문疏文에 잘 나타나 있다.
555 원문 후별後別 아래 초문에는 句 자가 있다. 따라서 보증한다.

『유가론』과 『지지론』에 다 이 여섯 가지 결정을 설하였으니
이름과 차례는 조금 다르지만 큰 뜻은 다르지 않다.
이 여섯 가지 행의 모습이 앞에 다섯 가지는 자분이요
뒤에 한 가지는 승진이다.
앞의 다섯 가지 가운데 앞에 네 가지는 자리요
뒤에 한 가지는 이타이다.
앞의 네 가지 가운데 앞에 세 가지는 행의 자체 공덕을 밝힌 것이요
뒤에 한 가지는 행의 공능을 나타낸 것이다.
앞의 세 가지 가운데 앞에 두 가지는 행의 자체가 두루 원만한 것이요
뒤에 한 가지는 행의 공덕을 갖춘 것이다.
앞의 두 가지 가운데 처음에 한 가지는 행의 자체를 밝힌 것이요
뒤에 한 가지는 행이 허물을 떠난 것을 나타낸 것이니
이런 까닭으로 자체가 허물을 떠나 공덕을 섭수하는 것은 원인이 되는[556] 것이요
자리행과 이타행이 원만하여 불과를 성취하는 것은 이것은 행의 모습이 되는 것이다.

鈔

後別句者는 釋此別句라 經前有三하니 初는 就總開別이요 瑜伽下는

---

[556] 원문에 위인爲因은 第四에 인결정因決定이다. 此下 영인본 화엄 9책, p.107, 9행에 此經文의 第四句에 구경究竟 운운은 是因善決定이라 하였다.

二에 指文引證이니 旣諸論皆說일새 故要爲六이라 此六行相下는 三에 通相料揀이니 先은 從後漸收요 後에 是故下는 順牒結示라

뒤에 별구라고 한 것은 이 별구를 해석한 것이다.[557]
경문 앞에 세 가지가 있나니
처음에는 총구에 나아가 별구를 열어 보인 것이요
『유가론』이라고 한 아래는 두 번째 논문을 가리켜 인용하여 증거한 것이니
이미 모든 논에서 다 설하였기에 그런 까닭으로 요약하여 여섯 가지로 한 것이다.
이 여섯 가지 행의 모습이라고 한 아래는 세 번째 통상으로 헤아려 가린 것이니
먼저는[558] 뒤로 좇아 점점 거두는 것이요
뒤에 이런 까닭이라고 한 아래는 첩석함을 따라 맺어 현시한 것이다.

疏

一에 無雜者는 卽觀相善決定이니 眞如觀은 一味相故라하니 謂正

---

[557] 원문에 석차별구釋此別句는 釋此別句에 有二하니 初는 경전대의經前大意요 二는 정석경문正釋經文이라. 초경전初經前(經前大意)에 有三하니 初는 취총개별就總開別 운운이다. 經前이란, 釋經之前이니 經文에 무잡전無雜前을 말한다. 무잡無雜 이하 경문經文이 정석경문正釋經文이다.

[558] 원문 先 자 아래에 從 자가 있어야 한다.

體緣如하야 境智一味가 爲觀之相이니 則無帶相之雜이라

첫 번째 잡란함이 없다고 한 것은 곧 관찰하는 모습을[559] 잘 결정하는 것이니
진여가 관찰하는 것은 한맛의 모습인 까닭이다 하였으니
말하자면 정체正體의 지혜로 진여의 경계[560]를 반연하여 경계와 지혜가 한맛인 것이 관찰하는 모습이 되는 것이니
곧 모습을 띤 잡란함이 없는 것이다.

鈔

一에 無雜等者는 文總有四하니 一은 牒經이요 二에 即觀相下는 論主立名이니 總中開出할새 故有決定이요 三에 眞如下는 即論釋也라 眞如觀은 釋觀이요 一味相은 釋相이니 理絶妄情일새 說之爲眞이요 諸法體同일새 目之爲如요 照理名觀이요 觀之體狀일새 故名觀相이라 四에 謂正體下는 疏釋上論이니 正體緣如는 轉釋眞如觀이라 言正體者는 揀非後得이니 是根本智가 名爲正體니 此是能觀이요 如는 是所觀이요 緣은 即觀義라 故唯識云호대 若時於所緣과 智都無所得인댄 爾時住唯識이니 離二取相故라하니라 境智는 即是二取니 離二取相일새 故爲一味니 即以一味로 爲觀之體相이라 一味는 是喩니 如海雖

---

559 원문에 관상觀相 운운은 『십지론十地論』에 一者는 관상선결정觀相善決定이니 운운하였다.
560 정체正體는 智이고 境은 진여眞如이다.

廣이나 同一鹹味하며 亦如衆藥을 煮之一器하면 其味無別하나니 能觀所觀을 皆無所得하야 卽爲一味니라 則無帶相之雜者는 以論會經이니 經云無雜이라하얏거늘 論에 以一味相으로 釋無雜也니라 若是地前에 現前立少物을 謂是唯識性인댄 以有所得故로 非實住唯識하리니 未能忘如가 爲帶如相일새 此相爲雜이어니와 今엔 俱無所得일새 故無此雜하니라

첫 번째 잡란함이 없다고 한 등은 소문에 모두 네 가지가 있나니
첫 번째는 경문을 첩석한 것이요
두 번째 곧 관찰하는 모습이라고 한 아래는 『십지론』 주가 세운 이름[561]이니
총구 가운데 열어 설출하였기에 그런 까닭으로 이 결정이 있는 것이요
세 번째 진여라고 한 아래는 곧 논주가 해석한 것이다.
진여가 관찰한다고[562] 한 것은 관찰함을 해석한 것이요
한맛의 모습이라고 한 것은 모습을 해석한 것이니
진리가 망정을 끊었기에 진眞이라 말하는 것이요
모든 법의 자체가 같기에 여如라 이름하는 것이요
진리를 비추기에 관찰한다 이름하는 것이요
관찰하는 자체의 모습이기에 그런 까닭으로 관찰하는 모습이라

---

561 원문에 입명立名이란, 육종선결정六種善決定이다.
562 원문에 진여관眞如觀 이하는 소가疏家의 해석이니 논문論文엔 없다.

이름하는 것이다.
네 번째 말하자면 정체의 지혜라고 한 아래는 소가가 위에 『십지론』 문을 해석한 것이니
정체의 지혜로 진여의 경계를 반연한다고 한 것은 진여가 관찰하는 것을 전전이 해석한 것이다.
정체의 지혜라고 말한 것은 후득지가 아님을 가린 것이니
이 근본지가 이름이 정체의 지혜가 되는 것이니
이것은 능히 관찰하는 것이요
진여라고 한 것은 이것은 관찰할 바요
반연한다고 한 것은 곧 관찰하는 뜻이다.
그런 까닭으로 『유식론』에[563] 말하기를

만약 때로 반연할 바와
지혜에 모두 얻을 바가 없다면
그때에 유식에 머물 것이니
두 가지 취하는 모습[564]을 떠난 까닭이다 하였다.

경계와 지혜라고 한 것은 곧 이것은 두 가지 취하는 모습이니
두 가지 취하는 모습을 떠났기에 그런 까닭으로 한맛이 되는 것이니
곧 한맛으로써 관찰하는 자체의 모습을 삼는 것이다.

---

563 『유식론』 운운은 유식 게송이다.
564 원문에 이취상二取相이란, 『유식론』에는 아집취我執取와 명언취名言取이다.

한맛이라고 한 것은 이것은 비유이니
마치 바다가 비록 넓지만 동일하게 짠맛인 것과 같으며
또한 수많은 약을 한 탕기에서 끓이면 그 맛이 차별이 없는 것과 같나니
능히 관찰하고 관찰하는 바를 다 얻을 바가 없어서 곧 한맛이 되는 것이다.

곧 모습을 띤[565] 잡란함이 없다고 한 것은『십지론』으로써 경문을 회석한 것이니
경문에 말하기를 잡란함이 없다 하였거늘『십지론』에 한맛의 모습으로써 잡란함이 없다는 것을 해석한 것이다.
만약 십지 이전에 현전에 성립한 작은 물건을 이 유식성이라 말한다면 얻을 바가 있는 까닭으로 진실로 유식에 머물지 못할 것이니 능히 진여를 잊지 못하는 것이 진여의 모습을 띠는 것이 되기에 이 모습은 잡란함이 되거니와
지금에는 함께 얻을 바가 없기에 그런 까닭으로 이 잡란함이 없는 것이다.

疏

二에 不可見者는 是眞實善決定이니 非一切世間境界라 出世間

---

[565] 相 자 아래 지잡之雜이라는 두 글자가 있는 것이 좋아 보증하였다. 타본他本엔 있기도 하다.

故라하니 謂此眞智는 超出世間의 可壞之法일새 故名眞實이요 眞實故로 非世智所見이라

두 번째 가히 볼 수 없다고 한 것은 이것은 진실을 잘 결정하는 것이니 일체 세간의 경계가 아니라 출세간의 경계인 까닭이다 하였으니
말하자면 이 진실한 지혜는 세간에 가히 무너지는 법을 뛰어났기에 그런 까닭으로 진실이라 이름하고
진실한 까닭으로 세간의 지혜로는 볼 바가 아닌 것이다.

鈔

二에 不可見者는 牒經이요 是眞實下는 二에 論立名也요 非一切下는 三에 是論釋義니 由此句하야 明行體離過라 行成離妄일새 故曰眞實이요 緣觀不覩일새 名非世間境이라 言出世間者는 轉釋非境이니 旣是出世인댄 世智安知리요 經云不可見이라하니 斯乃契實이라 反望情想虛妄인댄 由來不有일새 故名爲出이언정 非有世間對之出也니라 謂此眞下는 四에 疏釋이니 可知라

두 번째 가히 볼 수 없다고 한 것은 경문을 첩석한 것이요
이것은 진실이라고 한 아래는 두 번째 『십지론』주가 세운 이름이요
일체 세간의 경계가 아니라고 한 아래는 세 번째 이 『십지론』에서 해석한 뜻이니566

이 한 구절을 인유[567]하여 행의 자체가 허물을 떠난 것을 밝힌 것이다. 행이 이루어짐에 허망함을 떠나기에 그런 까닭으로 진실이라 말하는 것이요
연기로 관찰하여 보지 않기에 세간의 경계가 아니라고 이름하는 것이다.

출세간의 경계라고 말한 것은 전전이 세간의 경계가 아님을 해석한 것이니
이미 출세간의 경계라고 하였다면 세간의 지혜로 어찌 알겠는가. 경문에 말하기를 가히 볼 수 없다 하였으니
이것이 이에 진실에 계합한 것이다.
반대로[568] 마음에 생각이 허망한 줄 바라본다면 종래[569]로 있지 않았기에 그런 까닭으로 출세간이라 이름할지언정 세간이 있음을 상대하여 출세간이라 한 것이 아니다.

---

566 원문 義 자 아래에 謂此眞智下 疏釋於論이라 한 아홉 글자(九字)는 연자衍字이다. 『유망기』에는 衍이 아니라 하나 衍으로 보는 것이 옳다. 此下 초문 末行에 있기에 그렇다. 그렇지 않다면 차라리 末行에 謂此眞下 四疏釋可知라는 九字를 없애고 五行에 謂此眞智下 疏釋於論이라는 九字를 살려두는 것이 옳다 하겠다.
567 원문에 유차구由此句라 한 此句는 不可見이라 한 一句이다.
568 원문에 반망反望 운운은 그 뜻이 마음에 생각이 원래元來 스스로 공空한 까닭으로 출세간出世間이라 이름할지언정 진실로 세간世間을 가히 벗어날 것이 없다는 것이다. 즉 세간世間을 상대한 출세간出世間이 아니라는 것이다.
569 원문에 유래由來는 종래從來와 같은 뜻이다.

말하자면 이 진실한 지혜라고 한 아래는 네 번째 소가 해석한 것이니
가히 알 수가 있을 것이다.

疏

三에 廣大如法界者는 勝善決定이니 論總釋云호대 大法界故며 一切諸佛根本故라하니 此中上句는 出所如法界며 亦釋大義요 下句는 顯能如地智며 亦釋廣義라 法界를 所以名界者는 一은 是因義니 迷悟根故요 二는 是性義니 法本性故라 今能如地智로 爲佛根本일새 故得如之어든 況體合如에 無所如矣아 下開義釋이니 經標廣大어늘 釋以勝善하니 此云何同고 論總釋云호대 大勝高廣이 一體異名이니 法相義故라하니라 言一體者는 唯一味故요 異名者는 隨法相義故니 體無不在曰大요 而相非情取曰勝이요 理超數表爲高요 用無不該爲廣이니 上釋廣大二字니라 次엔 釋法界名云호대 一切法法爾故라하니 一切法者는 釋法字요 法爾者는 卽是界義니 性自爾故니라 下法爾字도 皆倣此知니라 此上은 釋所如法界요 下는 辯能如地智니 亦受四名이라 一은 雙釋大勝義云호대 復法界大眞如觀은 勝諸凡夫와 二乘智等이니 淨法法爾故라하니 此云淨者는 異前所如體가 該染淨故니라 此卽根本智地니 當體稱如하야 周遍名大요 形對凡小하야 超劣名勝이라 二는 釋廣義云호대 復法界大方便集地니 謂說大乘法이 法爾故者는 以證眞了

俗하야 廣集大行이니 旣通二智일새 故曰大乘이라 三은 釋高義云
호대 大白法界니 善法法爾故라하니 謂無漏善法이 出世表故니 卽
二智所成之善이라 故隨義立四나 不出境智一如하니라

세 번째 광대하여 법계와 같다고 한 것은 수승함을 잘 결정하는
것이니
『십지론』에 한꺼번에 해석하여 말하기를 큰 법계인 까닭이며 일체
모든 부처님의 근본인 까닭이다 하였으니
이 가운데 위에 구절은 소여所如의 법계를 설출한 것이며 또한 크다는
뜻을 해석한 것이요
아래 구절은 능여能如의 십지 지혜를 나타낸 것이며 또한 넓다는
뜻을 해석한 것이다.
법계를 계界라고 이름한 까닭은 첫 번째는 원인의 뜻이니 미혹하고
깨닫는 근본인 까닭이요
두 번째는 자성의 뜻이니 법의 본성인 까닭이다.
지금에는 능여의 십지 지혜로 부처님의 근본을 삼기에 그런 까닭으
로 소여570를 얻거든 하물며 소여의 자체가 능여에 계합함에571 소여가

---

570 소여所如는 법계法界이다.
571 원문에 황체합여況體合如 운운은 이 위에는 능여能如와 소여所如가 완연하여
    서로 부합하는 것을 계합한다 말하고, 여기서는 능여能如와 소여所如가 일여
    一如하여 서로 계합하는 것을 계합한다 말하는 것이니, 그렇다면 지금에
    광대廣大하여 법계法界와 같다고 말한 것은 능여能如와 소여所如가 서로
    계합한즉 가히 일여一如하다 말해야 할 것이어든 하물며 또한 능여能如와
    소여所如가 서로 계합하여 일미一味라 함이겠는가. 따라서 여기 소문疏文은

없겠는가.

아래[572]는 뜻을 열어 해석한 것이니

경문에 광대하다고 표하였거늘 수승함을 잘 결정한다고 해석하였으니

이것이 어떻게 같은가.

『십지론』에 한꺼번에 해석하여 말하기를 크고 수승하고 높고 넓은 것이 자체는 하나이지만 이름이 다를 뿐이니 법상의 뜻인 까닭이다 하였다.

자체는 하나라고 말한 것은 오직 한맛인 까닭이요

이름이 다를 뿐이라고 한 것은 법상의 뜻을 따른 까닭이니

자체가 있지 아니함이 없는 것을 크다고 말하고

모습이 정情에 취착하지 않는 것을 수승하다 말하고

진리가 숫자의 표시를 초월한 것을 높다고 하고

작용이 갖추어지지 아니함이 없는 것을 넓다고 하는 것이니

이상은 광대라는 두 글자를 해석한 것이다.

다음[573]에는 법계의 이름을 해석하여 말하기를 일체법이 법이 그러한

하열한 것을 들어 수승한 것에 비유한 것이요, 아래 초문鈔文은 먼저 일미一味를 거론하고 뒤에 하물며 다시 서로 계합이겠는가 하였으니, 곧 수승한 것을 들어 하열한 것에 비유한 것이니 그 뜻은 경계와 지혜를 잊어야 지혜가 곧 이 진여이거니 하물며 능여能如와 소여所如가 서로 계합함에 진여가 아니겠는가 하는 것이다.

572 아래란, 승선勝善 이하이다.

573 원문에 次란, 『십지론十地論』에 법상의고法相義故 다음에 일체법법이고一切法法爾故라 하였다는 말이다.

까닭이다 하였으니

일체법이라고 한 것은 법이라는 글자를 해석한 것이요

법이 그러하다고 한 것은 곧 이 계界의 뜻이니 자성이 스스로 그러한 까닭이다.

아래[574]에 법이 그러하다는 글자도 다 이것을 비례하면 알 수가 있을 것이다.

이 이상은 소여所如의 법계를 해석한 것이요

이 아래는 능여能如의 십지 지혜를 분별한 것이니

또한 네 가지 이름을 받는 것이다.

첫 번째는 크고 수승하다는 뜻을 함께 해석[575]하여 말하기를 다시 법계[576]의 큰 진여가 관찰하는 것은 모든 범부와 이승의 지혜 따위보다 수승하나니 청정한 법이 법이 그러한 까닭이다 하였으니

여기에 청정하다고 말한 것은 앞에 소여의 자체가 더럽고 청정함을 갖춘 것과는 다른 까닭이다.

이것은 곧 근본지의 지위이니 당체가 진여에 칭합하여 두루하는 것은 크다고 이름하고

형상이 범부와 소승을 상대하여 하열함을 초월한 것은 수승하다

---

[574] 원문에 下란, 此『十地論』바로 아래에 이승정법법이二乘淨法法爾와 대승법법이大乘法法爾와 법계선법법이法界善法法爾이다.

[575] 원문에 釋이란, 『십지론十地論』에서 해석한 것이다.

[576] 원문에 부법계復法界라고 한 것은, 復라고 한 것은 소여所如의 법계法界를 상대한 까닭으로 復(다시)라 말한 것이요, 법계法界라고 한 것은 스스로 능여能如에 속하는 것이다.

이름하는 것이다.

두 번째는 넓다는 뜻을 해석하여 말하기를 다시 법계의 큰 방편이 모인 지위이니

말하자면 대승법이 법이 그러하다고 말한 까닭[577]이라고 한 것은 진제를 증득하고 속제를 요달하여 큰 행을 널리 모으는 것이니 이미 두 가지 지혜[578]에 통하기에 그런 까닭으로 대승이라 말하는 것이다.

세 번째는 높다는 뜻을 해석하여 말하기를 크고 순백한 법계이니 선한 법이 법이 그러한 까닭이다 하였으니

말하자면 무루의 선한 법이 세상 밖을 벗어난 까닭이니 곧 두 가지 지혜로 이룬 바 선법이다.

그런 까닭으로 뜻을 따라 네 가지 이름[579]을 세웠지만 경계와 지혜가 일여一如함을 벗어나지 않는 것이다.

鈔

三에 廣大如法界者는 牒經이요 勝善決定은 卽論立名이라 此明行德이니 行合法界하야 隨義廣大할새 故名爲勝이라 此中上句出所如下는 二에 疏釋論이니 上句는 卽論云大法界故요 下句는 卽一切諸佛根本이니 以地智가 是諸佛根本故로 如法界之廣大也니라 法界所以下

---

577 원문에 법이고法爾故까지가 『십지론十地論』 문문이다.
578 원문에 이지二智는 근본지根本智와 후득지後得智이다.
579 원문에 사명四名이란, 첫 번째에 大와 勝을 쌍석雙釋하였기에 사명四名이다.

는 次에 別釋二句니 先은 釋所如法界요 後에 今能如地智下는 合上二義니 法界는 爲悟之根이요 今地智는 爲菩提智根이며 法界는 爲諸法性이요 今地智는 爲佛本性이라 況體合下는 二에 釋成上義니 地智가 所以得如法界者는 由契合故니 合則一味라 離於二取일새 故無所如하야 智卽是如거니 況復相契아 如是하야사 方是眞實如法界矣니라 言一體者下는 疏釋論이니 旣是一體異名일새 故不妨將勝하야 釋於廣大인댄 便更將高釋廣하야도 理亦無違니 四義同體故니라 法爾等者는 梵云호대 達摩駄都는 此云法界며 亦云法爾故라 一雙釋下는 論釋能如니 文有三段이나 義包四字하니라 於三段中에 皆初句는 標擧論意요 次는 擧論文이요 後는 疏釋論이라 故隨義下는 三에 總結上三節이라 又大字가 爲總일새 故上三節에 皆有大言하니라 餘之三義는 在三別中하니 雖無其名이나 義無遺矣니라 然其三段에 皆應有說과 大白이어늘 第二에 顯廣하야 云說大乘이라하고 第三에 顯高하야 特云白也라하니라

세 번째 광대하여 법계와 같다고 한 것은 경문을 첩석한 것이요 수승함을 잘 결정한다고 한 것은 논주가 세운 이름이다.
이것은 행의 공덕을 밝힌 것이니
행이 법계에 계합하여 뜻을 따라 넓기도 하고 크기도 하기에 그런 까닭으로 이름을 수승하다 한 것이다.
이 가운데 위에 구절은 소여의 법계를 설출한 것이라고 한 아래는 두 번째 소가가 『십지론』문을 해석한 것이니
위에 구절이라고 한 것은 곧 『십지론』문에 큰 법계인 까닭이라

한 것이요
아래 구절이라고 한 것은 곧 일체 모든 부처님의 근본이라 한 것이니 십지의 지혜가 이 모든 부처님의 근본인 까닭으로 법계의 광대한 것과 같은 것이다.

법계를 계라고 이름하는 까닭이라고 한 아래는 다음에 두 구절을 따로 해석한 것이니
먼저는 소여의 법계를 해석한 것이요
뒤에 지금에는 능여의 십지 지혜라고 한 아래는 위에 두 가지 뜻을 합한 것[580]이니
법계는 깨달음의 근본이 되는 것[581]이요
지금에 십지의 지혜는 보리 지혜의 근본[582]이 되는 것이며

---

580 원문에 합상이의合上二義는 此에 有二하니 一은 정석正釋이요 황체합하況體合下는 二에 석성상의釋成上義라. 三에 釋成上義라 한 三은 二 자의 잘못이다. 上二義란 能如와 所如의 二義이다.
581 원문에 위오지근爲悟之根은 이 위에는 법계法界를 한꺼번에 거론한 까닭으로 미오迷悟의 근본根本이라 말하였고, 지금에는 십지 지혜의 소여所如를 잡은 까닭으로 다만 깨달음의 근본(悟之本)이라고만 말하였다.
582 원문에 보리지근菩提智根이라 한 보리菩提는 여기서는 각覺이라 말하며 또 覺이라 말한 까닭으로 소문疏文에 불근본佛根本이라 한 佛 자가 보리菩提(覺)와 불佛을 포함하고 있으나, 소문에 불근본佛根本은 법계法界 가운데 초의初義니 즉 一에 인의因義로 미오迷悟의 근본이라 한 것이요, 차불본성此佛本性은 법계法界 가운데 후의後義니, 二에 성의性義로 법法의 본성本性이라 한 것이다.

법계는 모든 법의 자성이 되는 것이요
지금에 십지의 지혜는 부처님의 본성이 되는 것이다.
하물며 소여의 자체가 능여에 계합한다고 한 아래는 두 번째 위에 뜻을 해석하여 성립[583]한 것이니
십지의 지혜가 법계와 같다고 함을 얻는 까닭은 계합함을 인유한 까닭이니
계합한다면 곧 한맛이라 두 가지 취착이 없기에 그런 까닭으로 소여가 없어서 지혜가 곧 이 진여이거니 하물며 다시 서로 계합함에 진여가 아니겠는가.
이와 같이 하여야 바야흐로 진실로 법계와 같아지는 것이다.

자체는 하나라고 말한 아래는 소가가 『십지론』 문을 해석한 것이니
이미 자체는 하나이지만 이름이 다르기에 그런 까닭으로 수승함을 가져 넓고 크다고 해석함에 방해롭지 않다면 곧 다시 높은 것을 가져 넓다고 해석하여도 이치가 또한 어김이 없는 것이니
네 가지 뜻이 자체가 같은 까닭이다.
법이 그러하다고 한 등은 범어에 말하기를 달마타도라고 한 것은 여기에서 말하면 법계이며 또한 말하기를 법이 그러한 까닭이라 한다.
첫 번째는 함께 해석한다고 한 아래는 『십지론』 주가 능여를 해석한 것이니

---

583 원문 三에 釋成이라 한 三은 二 자의 잘못이다. 이미 말한 바 있다.

소문은 삼단이 있지만 그 뜻은 네 글자[584]를 포함하고 있다.
그 삼단 가운데 다 처음 구절은 『십지론』의 뜻을 표하여 거론한 것이요
다음에는 『십지론』 문을 거론한 것이요
뒤에는 소가가 『십지론』 문을 해석한 것이다.

그런 까닭으로 뜻을 따라 네 가지 이름을 세웠다고 한 아래는 세 번째 위에 삼절을 모두 맺는 것이다.
또 크다는 글자(大字)가 총이 되기에 그런 까닭으로 위에 삼절[585]에 다 크다는 말이 있는 것[586]이다.
나머지 세 가지 뜻[587]은 삼별三別 가운데 있나니
비록 그 이름이 없지만[588] 뜻은 유실함이 없는 것이다.
그러나 그 삼단에 다 응당 설說 자와 대백大白[589]이라는 말이 있어야 하거늘 제이단에 넓다는 뜻을 나타내어[590] 대승을 설한다고만 말하고

---

584 원문에 사자四字는 대大, 승勝, 광廣, 고高이다.
585 원문에 사절四節이라 한 四 자는 三 자의 잘못이다.
586 원문에 삼절개유대언三節皆有大言이라고 한 것은 一은 대진여大眞如요 二는 대방편大方便이요 三은 대백大白이다. 삼절三節은 삼단三段이다.
587 원문에 여지삼의餘之三義라고 한 것은 승勝, 고高, 광廣이다.
588 원문에 수무기명雖無其名은 뒤의 二節을 잡아 말한 것이니 初節은 수승하다 (勝)는 이름이 있는 까닭이다.
589 원문에 삼단개응유설대백三段皆應有說大白은 一段에 法界大白眞如라 하고 說淨法이 法爾故라 하며 二段에 法界大白方便이라 하고 說大乘法이 法爾故라 하며 三段에 大白法界라 하고 說善法이 法爾故라 해야 한다는 것이다.

제삼단에 높다는 뜻을 나타내어 다만 순백(白)하다고만 말하였을 뿐이다.

疏

四에 究竟如虛空하야 盡未來際는 是因善決定이니 此有二種하니 一은 成無常愛果因이니 是因如虛空하야 依是生諸色이나 色不盡故요 二는 常果因이니 得涅槃道故라 故經云호대 盡未來際라하니라 有釋云호대 一은 爲生因이니 生菩提의 有爲果故요 二는 爲了因이니 了涅槃의 無爲果故라하니 此順法相이요 不順經宗이라 以經宗은 常與無常이 非一異故니라 今更直釋論文하야 明此地智가 有其二能하리니 一은 寂而常用故로 爲無常因이니 用雖虧盈이나 而智無起滅호미 如所依空이 非無常故니 經에 明此智가 究竟如空이라 二는 用而常寂故로 爲常果因이니 雖涅槃永寂이나 而智體不無니 不爾인댄 將何窮未來際라하리요 若會三身者인댄 用爲化身이요 寂爲法身이요 智爲報身이니 非無常矣니라 設智로 爲了因이라도 亦雙了菩提涅槃이니 故論云호대 涅槃道라하니 道亦菩提故니라 若相融攝인댄 固不在言이니라 言無常愛者는 用適機故니라

네 번째 구경에 허공과 같아 미래 세계를 다한다고 한 것은 이것은

---

590 원문에 제이단현광第二段顯廣 운운은 第二의 현광顯廣과 第三의 현고顯高의 뜻은 약술略述하고 있으나 第一의 현승顯勝의 뜻은 없다. 따라서 약술略述한다면 第一은 顯勝故로 云大眞如觀이라는 말이 있어야 한다.

원인을 잘 결정하는 것이니
여기에 두 가지가 있나니
첫 번째는 무상한 사랑[591]의 결과를 이루는 원인[592]이니
이 원인은 허공과 같아서 이 허공을 의지하여 모든 색이 생기하지만
그 색이 다하지 않는 까닭이요[593]
두 번째는 영원한 결과[594]를 이루는 원인[595]이니
열반의 도를 얻은 까닭이다.
그런 까닭으로 『십지경』에 말하기를 미래 세계[596]를 다한다 하였다.
어떤 사람이 해석하여[597] 말하기를 첫 번째는 생인生因이 되나니
보리의 유위과를 생기하는 까닭이요

---

591 원문에 애愛란, 여기서는 대비大悲의 뜻이 들어 있다.
592 『십지론十地論』에는 因 자 아래에 선결정善決定 세 글자(三字)가 더 들어 있다.
593 원문에 부진고不盡故 아래에 『십지론十地論』에는 여경구경명허공고如經究竟明虛空故라는 말이 더 있다.
594 원문에 상과常果란, 곧 열반涅槃이다. 혜원慧遠 법사가 말하기를 모든 부처님과 보살이 대열반을 얻어 세간을 버리지 않는 것이 이 무상한 사랑의 결과이고 세간을 따라 생멸하는 까닭으로 무상하다 말하는 것이다. 대비심의 작용이 이치에 가히 사랑할 만한 것이 이름이 사랑의 결과가 되고 두 가지 열반이 그 영원한 결과가 되는 것이다. 해석하여 말한다면 이 해석은 다만 화신이 세간을 따라 생멸하는 것만 회석한 것뿐이고 아직 보신은 회석하지 못하였다.
595 『십지론十地論』에는 因 자 아래에 역시 선결정善決定 세 글자(三字)가 더 들어 있다.
596 원문 미래제未來際까지가 『십지론十地論』文이다.
597 원문에 유석有釋이라고 한 것은 『간정기刊定記』 第九卷에 혜원慧苑의 말이다.

두 번째는 요인了因이 되나니
열반의 무위과를 요달하는 까닭이다 하였으니
이것은 법상종을 따라 말한 것이요 이『화엄경』의 종취를 따라 말한 것은 아니다.
이『화엄경』의 종취는 영원한 것과 더불어 무상한 것이 하나도 아니고 다르지도 않는 까닭이다.
지금에 다시 바로『십지론』문을 해석하여 이 십지의 지혜가 그 두 가지 공능이 있음을 밝히리니
첫 번째는 고요하되 항상 작용하는 까닭으로 무상한 결과의 원인이 되는 것이니
작용은 비록 이지러지고 가득 참이 있지만 지혜는 생기하고 사라짐이 없는 것이 마치 의지하는 바 허공이 무상하지 않는 것과 같은 까닭이니
경에 이 지혜가 구경에 허공과 같다고 밝힌 것이다.
두 번째는 작용하지만 항상 고요한 까닭으로 영원한 결과를 이루는 원인이 되는 것이니
비록 열반이 영원히 고요하지만 지혜의 자체가 없지 않는 것이니 그렇지 않다고 한다면 무엇을 가져 미래의 세계를 다한다 하겠는가.
만약 삼신으로 회석한다면 작용은 화신이 되고 고요한 것은 법신이 되고 지혜는 보신이 되는 것이니 무상하지 않는 것이다.
설사 지혜로 요인을 삼을지라도[598] 또한 보리와 열반을 함께 요달하는

---

[598] 원문에 설지위요인設智爲了因 운운은 저『간정기』가 지혜로 요인了因을 삼는

것이니

그런 까닭으로 『십지론』에 말하기를 열반의 도[599]다 하였으니 도가 또한 보리인 까닭이다.

만약 서로 융합하여 섭수한다면[600] 진실로 말에 있지 않는 것이다. 무상한 사랑이라고 말한 것은 작용이 근기를 따르는 까닭이다.

鈔

用雖虧盈者는 正揀智體가 非無常義니 智體如空은 空은 非無常이요 所生之色이 有起有滅은 如用應機하야 說爲無常하니라 言究竟如空者는 謂畢竟에 無有不如空義니라 若會下는 二에 會三身이니 明報身이 不在無常因中이라 設智爲了因下는 三에 遮救니 恐彼救云호대 智爲了因인댄 了於涅槃이요 若爲生因인댄 生於菩提라할새 故今答云호대 性淨菩提는 亦了因所了라하니 本具智慧光明義故니라 故論云下는 四에 釋成上義라 古譯菩提하야 名之爲道라할새 是故疏云호대 道亦菩提라하니 明論에 亦說菩提涅槃하야 以爲常矣하니라 用은 是無常이니라 若別對菩提涅槃因者인댄 卽寂之照는 是菩提因이요

것을 허락하였다면 지혜로 생인生因을 삼는 것을 허락하지 않는 것은 말하지 않아도 알 수 있다는 것이다. 초문鈔文을 보면 더욱 분명하니 此下 鈔文을 보라. 바로 설지위요인하設智爲了因下는 소가疏家의 뜻이다.

[599] 원문에 열반도涅槃道라고 한 것은 『십지론十地論』에는 득열반도得涅槃道라 하여 得 자가 더 있다.

[600] 원문에 약상융섭若相融攝 운운은 別對한다면 보리인菩提因과 열반인涅槃因을 나누지만 융섭融攝한다면 그런 말이 필요 없다는 뜻이다.

卽照之寂은 是涅槃因이니 寂照旣融인댄 二果亦融일새 故云若相融
攝인댄 固不在言이라하니라

작용이 비록 이지러지고 가득 참이 있지만이라고 한 것은 지혜의
자체가 무상하지 않다는 뜻을 바로 가린 것이니
지혜의 자체가 허공과 같은 것은 허공은 무상하지 않는 것이요
생기한 바 색이 생기함이 있고 사라짐이 있는 것은 작용이 근기에
응하여 무상하다고 설하는 것과 같다.
구경에 허공과 같다고 말한 것은 말하자면 필경에 허공과 같지
아니함이 없다는 뜻이다.

만약 삼신으로 회석한다면이라고 한 아래는 두 번째 삼신을 회석한
것이니
보신이 무상한 결과의 원인 가운데 있지 아니함을 밝힌 것이다.
설사 지혜로 요인을 삼을지라도라고 한 아래는 세 번째 구원함을
막는 것이니
저가 구원[601]하여 말하기를 지혜로 요인[602]을 삼는다면 열반을 요달할

---

601 원문에 三에 차구중遮救中에 피구彼救라고 한 것은 저 『간정기』는 지혜로
열반을 상대하여 요인了因을 삼고 지혜로 보리를 상대하여 생인生因을 삼는
까닭으로 지금에 청량淸凉 스님이 설사 지혜로 요인了因을 삼을지라도 보리
와 열반을 함께 요달한다고 밝히는 것이다. 바로 아래 답한 가운데 자성청정
보리 운운은 그 보리를 요달한다는 것을 증거한 것이고, 열반을 요달한다는
것은 저 『간정기』도 또한 허락한 까닭으로 증거하지 않았다.

것이요

만약 생인을 삼는다면 보리를 생기할 것이다 할까 염려하기에 그런 까닭으로 지금에 답하여⁶⁰³ 말하기를 자성청정보리는 또한 요인으로도 요달하는 바다 하였으니

본래 지혜광명의 뜻을 구족한 까닭이다.

그런 까닭으로 『십지론』에 말하였다고 한 아래는 네 번째 위에 뜻을 해석하여 성립한 것이다.

고인이 보리를 해석하여 이름을 도道라 하기에 이런 까닭으로 소문에 말하기를 도가 또한 보리다 하였으니

『십지론』에도 또한⁶⁰⁴ 보리와 열반을 설하여 영원한 결과의 원인이 된다고 밝혔다.

작용은 이것은 무상한 결과의 원인이 되는 것이다.

만약 보리와 열반의 원인을 따로 상대한다면 고요함에 즉한 비춤은 이것은 보리의 원인이요

비춤에 즉한 고요함은 이것은 열반의 원인이니

고요함과 비춤이 이미 원융하다면 이과二果⁶⁰⁵도 또한 원융하기에

---

602 혹 了因"하야" 了於涅槃"인댄" 토吐라 한다. 그러나 아니다.

603 원문에 금답今答 운운은 소문疏文에 설지위요인設智爲了因이라도 역쌍료보리열반亦雙了菩提涅槃이라 한 것을 말한다.

604 원문에 논역설論亦說 운운은 二는 상과인선결정常果因善決定이니 득열반도得涅槃道라 한 것이다.

605 이과二果는 보리과菩提果와 열반과涅槃果이다.

그런 까닭으로 말하기를 만약 서로 융합하여 섭수한다면 진실로 말에 있지 않는 것이다 하였다.

疏

五에 遍一切佛刹하야 救護一切衆生者는 大善決定이니 隨順作利益他行故라하니 卽普覆名大니라 論又云호대 次前善決定하는 此願은 世間涅槃中에 非一向住故者라하니 謂由前因善하야 則大智가 不住生死하고 由此大善하야 則大悲가 不住涅槃이니 前에 雖有應用이나 亦智所成故니라 有云호대 取前常果因일새 故不住生死하고 取前無常果因과 及此大善일새 爲不住涅槃이라하니 亦不違理니라 然約雙遮인댄 則俱不住요 若約雙照인댄 卽二俱住니 謂大悲故로 常處生死等이니 是故論호대 云非一向住라하니라

다섯 번째 일체 부처님의 세계에 두루하여 일체 중생을 구호한다고 한 것은 큰[606] 것을 잘 결정하는 것이니
다른 사람을 이익케 하는 행을 수순하여 짓는 까닭이다 하였으니
곧 널리 덮는 것을 크다고 이름하는 것이다.
『십지론』에 또 말하기를 차례로 앞에[607] 잘 결정하는 이 서원은

---

606 원문에 인선人善이라 한 人 자는 大 자의 잘못이다.
607 원문에 차전次前 운운은 경문經文에 願은 선결정善決定하야 무잡無雜이라는 말을 말하는 것이다. 영인본 화엄 9책, p.96, 9행에 차원此願을 소이명선결정자所以名善決定者라 하였다.

세간과 열반 가운데 한결같이 머물지 않는 까닭이다 하였으니
말하자면 앞에 원인을 잘608 결정한다고 함을 인유하여 큰 지혜가
생사에 머물지 않고
여기에 큰 것을 잘 결정한다고 함을 인유하여 곧 큰 자비가 열반에
머물지 않는 것이니
앞609에 비록 응신의 작용이 있었지만 또한 지혜로 이룬 바인 까닭
이다.
어떤 사람이 말하기를 앞에 영원한 결과를 이루는 원인을 취하기에
그런 까닭으로 생사에 머물지 않고
앞에 무상한 결과를 이루는 원인과 그리고 여기에 큰 것을 잘 결정하
는 것을 취하기에 열반에 머물지 않는다 하였으니
또한 이치에 어긋나지 않는 것이다.

그러나 함께 막는 것을 잡는다면 곧 함께 머물지 않는 것이요
만약 함께 비춤을 잡는다면 곧 두 곳에 함께 머무는 것이니
말하자면 큰 자비인 까닭으로 항상 생사에 거처하는 등이니,
이런 까닭으로 『십지론』에 말하기를610 한결같이 머물지 않는 까닭이
다 하였다.

---

608 원문에 전인선前因善이란, 第四에 인선결정因善決定이다.
609 앞이란, 역시 第四에 인선결정因善決定이다.
610 원문에 시고논운是故論云이라고 한 것은 함께 머무는 것을 증거한 것이다.

鈔

前雖有應用者는 遮難이라 恐有難云호대 常果因은 是智요 無常果因 은 爲用이니 旣爲應用인댄 豈不是悲리요 合因善中에 已成不住라할 새 故爲此答하니라 有云下는 二에 敍異解하야 許不違理니 卽遠公意 라 謂常果因으로 能得涅槃일새 故於世間에 不一向住하고 無常愛果 因과 及此大善으로 能隨世間일새 故於涅槃에 不一向住라하니라 然 約雙遮下는 三에 廣釋不住之義니 復有二義하니 謂住와 不住라 論意 는 卽是雙住之義일새 云非一向住라하고 不言無住어니와 然卽由非 一向住일새 故成無住니 猶如船師가 非一向에 在此岸住하고 亦非一 向에 在彼岸住할새 故成無住하야 運載衆生하니라 而言謂大悲故로 常處生死等者는 等字多義니 一者는 等取大智故로 常處涅槃이니 是俱住義요 二는 大悲故로 不住涅槃하고 大智故로 不住生死니 卽二 俱不住니라 又一은 明俱不住者가 有二義故로 不住生死니 一은 見生 死過患일새 故不可住요 二는 由見生死本空일새 故無可住니 上二는 皆約智故로 不住니라 有二義故로 不住涅槃이니 一은 見涅槃이 本自 有일새 故不住요 二는 由不異生死일새 故不可住니라 又智與理冥하 야 無別異故며 能所絶跡故로 無能所住也니 則雙不住生死涅槃이라 上皆約智니라 二는 明俱住者가 有二義故로 住於生死니 一은 由見過 患하야 起大悲故로 住爲練除요 二는 見空故로 住不怖也니 上句는 約悲요 下句는 約智라 又有二義하니 一은 見過生厭故로 住요 二는 見空卽涅槃故로 住니 此卽常在生死나 恒在涅槃也니라 此二는 皆約 智니 前은 了相이요 後는 了性이라 有二義故로 常住涅槃이니 一은

常證理故로 住요 二는 常化衆生故로 住라 以所化衆生이 卽涅槃故니 上句는 約智요 下句는 雙具悲智라 又合生死涅槃二境하야 體無二故로 無偏住處일새 故云無住요 又卽住此無二之處일새 故亦云住니라 又合住不住之二行하야 以爲無礙니 良以不住로 爲住하고 住爲不住하야 唯一無分別行일새 故無二也니라 又合境行二門이니 以法界法門은 絶能所故며 平等法性은 唯一味故로 無境行之異也니라 上은 開則多門이나 合則無二라 開合無二하야 總爲一大無障礙門이니 言思斯絶故니라

앞에 비록 응신의 작용이 있었지만이라고 한 것은 비난함을 막는 것이다.
어떤 사람이 비난하여 말하기를 영원한 결과를 이루는 원인이라고 한 것은 이것은 지혜요
무상한 결과를 이루는 원인이라고 한 것은 응신의 작용이 되는 것이니
이미 응신의 작용이라고 하였다면 어찌 이것이 큰 자비가 아니겠는가. 합당히[611] 원인을 잘 결정하는 가운데 이미 머물지 않는다[612]고 한 것을 성립하는 것이다 할까 염려하기에 그런 까닭으로 이 답[613]을 한 것이다.

---

611 원문에 答 자는 合 자가 옳다.
612 원문에 부주不住라고 한 것은 부주생사열반不住生死涅槃이다.
613 원문에 차답此答이란, 雖有應用이나 亦智所成故라. 즉 비록 응신의 작용이 있었지만 또한 지혜로 이룬 바인 까닭이다 한 것이다.

어떤 사람이 말하기를이라고 한 아래는 두 번째 다른 해석을 서술하여 이치에 어긋나지 아니함을 허락한 것이니,
곧 혜원법사의 뜻이다.
말하자면 영원한 결과를 이루는 원인으로 능히 열반을 얻기에 그런 까닭으로 세간에 한결같이 머물지 않고
무상한 사랑을 이루는 결과의 원인과 그리고 여기에 큰 것을 잘 결정하는 것으로 능히 세간을 따르기에 그런 까닭으로 열반에 한결같이 머물지 않는다 하였다.

그러나 함께 막는 것을 잡는다면이라고 한 아래는 세 번째 머물지 않는다는 뜻을 널리 해석한 것이니
다시 두 가지 뜻이 있나니
말하자면 머무는 것과 머물지 않는 것이다.
『십지론』의 뜻은 곧 함께 머무는 뜻이기에 한결같이 머물지 않는다고만 말하고 머문 적이 없다고는 말하지 아니하였거니와, 그러나 곧 한결같이 머물지 아니함을 인유하기에 그런 까닭으로 머문 적이 없음을 이루는 것이니
마치 뱃사공이 한결같이 이쪽 언덕에도 머물러 있지 않고 또한 한결같이 저쪽 언덕에도 머물러 있지 않기에 그런 까닭으로 머문 적이 없음을 이루어 중생을 실어 나르는 것과 같은 것이다.
말하자면 큰 자비인 까닭으로 항상 생사에 거처하는 등이라고 말한 것은 등等이라는 글자가 수많은 뜻을 가지고 있나니
첫 번째는 큰 지혜를 등취하는 까닭으로 항상 열반에 머무는 것이니

이것은 함께 머문다는 뜻이요
두 번째는 큰 자비인 까닭으로 열반에도 머물지 않고 큰 지혜인 까닭으로 생사에도 머물지 않는 것이니
곧 두 곳에 함께 머물지 않는 것이다.
또 첫 번째는 함께 머물지 아니함을 밝힌 것이 두 가지 뜻이 있는 까닭으로 생사에 머물지 않는 것이니
첫 번째는 생사의 허물을 보기에 그런 까닭으로 가히 머물지 않는 것이요
두 번째는 생사가 본래 공[614]한 줄 봄을 인유하기에 그런 까닭으로 가히 머물지 않는 것이니
위에 두 가지는 다 지혜를 잡은 까닭으로 머물지 않는 것이다.
두 가지 뜻이 있는 까닭으로 열반에 머물지 않는 것이니
첫 번째는 열반이 본래 스스로 있음을 보기에 그런 까닭으로 머물지 않는 것이요
두 번째는 생사와 다르지 아니함을 인유하기에 그런 까닭으로 가히 머물지 않는 것이다.
또 지혜가 진리로 더불어 명합하여 다름이 없는 까닭이며 능소가 자취를 끊은 까닭으로 능소가 머물지 않는 것이니,
곧 생사와 열반에 함께 머물지 않는 것이다.
이상은 다 지혜를 잡은 것이다.

---

614 원문 空 자 아래에 故 자가 있는 것이 좋다. 북장경에는 있다.

두 번째는 함께 머무름을 밝힌 것이 두 가지 뜻이 있는 까닭으로 생사에 머무는 것이니
첫 번째는 허물을 봄을 인유하여 큰 자비를 일으키는 까닭으로 생사에 머물러 허물을 단련하여 제멸하는 것이요
두 번째는 공한 줄 보는 까닭으로 생사에 머물지만 두려워하지 않는 것이니
위에 구절은 자비를 잡은 것이요
아래 구절은 지혜를 잡은 것이다.
또 두 가지 뜻이 있나니
첫 번째는 허물을 보아 싫어함을 생기하는[615] 까닭으로 머무는 것이요
두 번째는 공한 것이 곧 열반인 줄 보는 까닭[616]으로 머무는 것이니 이것은 곧 항상 생사에 있지만 항상 열반에 있는 것이다.
이 두 가지는 다 지혜를 잡은 것이니
앞에는 모습을 아는 것이요
뒤에는 자성을 아는 것이다.
두 가지 뜻이 있는 까닭으로 항상 열반에 머무는 것이니
첫 번째는 항상 진리를 증득하는 까닭으로 머무는 것이요
두 번째는 항상 중생을 교화하는 까닭으로 머무는 것이다.
교화할 바 중생이 곧 열반인 까닭이니

---

615 원문에 一에 견과생염見過生厭이라고 한 것은 생염生厭은 생사生死를 싫어한다는 뜻이다. 따라서 대치對治하는 방편方便을 운영하여 生死中에 있음을 끊는 것이다.

616 원문 槃 자 아래에 故 자가 있어야 한다. 북장경北藏經에는 있다.

위에 구절은 지혜를 잡은 것이요

아래 구절은 자비와 지혜를 함께 갖춘 것이다.

또 생사와 열반의 두 경계가 계합하여 자체가 둘이 없는 까닭으로 치우쳐 머무는 곳이 없기에 그런 까닭으로 머문 적이 없다고 말하는 것이요

또 곧 이 둘이 없는 곳에 머물기에 그런 까닭으로 또한 머문다고 말하는 것이다.

또 머물고 머물지 않는 두 가지 행이 계합하여 걸림이 없는 것이 되나니

진실로 머물지 않는 것으로써 머무름을 삼고 머무는 것으로써 머물지 않는 것을 삼아 오직 하나로 분별하는 행이 없기에 그런 까닭으로 둘이 없는 것이다.

또 경계와 행의 두 가지 문門[617]을 계합하는 것이니

법계의 법문은 능소를 끊은 까닭이며

평등한 법성은 오직 한맛인 까닭으로 경계와 행이 다름이 없는 것이다.

이상은 열면 곧 수많은 문門이 되지만 합하면 곧 두 가지 문이 없는지라, 열고 합하는 것이 둘이 없어서 모두 한 가지 큰 장애가 없는 법문이 되는 것이니

말과 생각이 이에 끊어진 까닭이다.

---

617 원문에 三門이라 한 三은 二의 잘못이다. 『잡화기雜華記』는 삼문三門을 주문住門과 부주문不住門과 주부주문住不住門이라 하나 옳지 않다. 두 가지 문은 경계와 행이다.

疏

六에 爲一切下는 是不怯弱善이니 上入智地에 不怯弱故라 論經엔 闕於一切諸佛所護一句하고 但云호대 入智地에 不怯弱故라하니라 若準此經인댄 由佛護故로 入智無怯이니 言佛護者는 智造佛境에 佛智照故라 故佛所護와 與入智地가 反覆相成하나니라

여섯 번째 일체 모든 부처님의 호념하는 바가 된다고 한 아래는 이것은 겁내고 나약하지 않는 것을 잘 결정하는 것이니
위로 부처님의 지혜의 지위에 들어감에 겁내고 나약하지 않는 까닭이다.
『십지론경』[618]에는 일체 모든 부처님이 호념하는 바라고 한 한 구절은 빠졌고, 다만 말하기를 부처님의 지혜의 지위에 들어감에 겁내고 나약[619]하지 않는 까닭이라고만 하였다.
만약 이 경을 기준한다면 부처님이 호념함을 인유한 까닭으로 부처님의 지혜에 들어감에 겁내지 않는 것이니
부처님이 호념한다고 말한 것은 지혜가 부처님의 경계에 나아감에 부처님의 지혜로 비추는 까닭이다.
그런 까닭으로 부처님의 호념하는 바와 더불어 부처님의 지혜의

---

618 원문에 논경論經은 곧 『십지론경十地論經』이니 六者는 不怯弱善決定이니 入一切諸佛智地에 不怯弱故라하니라. 즉 여섯 번째는 겁내고 나약하지 않는 것을 잘 결정하는 것이니 일체 모든 부처님의 지혜의 지위에 들어감에 겁내고 나약하지 않는 까닭이라 한 것이다.
619 원문 怯 자 아래 약고弱故라는 글자가 있는 것이 좋아 보증하여 번역하였다.

지위에 들어가는 것이 반복하여 서로 성립하는 것이다.

鈔

爲一切下는 是不怯弱善決定은 文中有三하니 初는 論立名이니 於深能入일새 故不怯弱이라 與入智地者는 智造佛境에 卽入智地일새 故得佛護니 此는 以入智地로 成佛護하고 由得佛護하야 得入智地니 卽佛護로 成智地니라

일체 모든 부처의 호념하는 바가 된다고 한 아래는 이것은 겁내고 나약하지 않는 것을 잘 결정하는 것이라고 한 것은 소문 가운데 세 가지[620]가 있나니
처음에는 『십지론』에서 세운 이름이니
깊은 지혜에 능히 들어가기에 그런 까닭으로 겁내고 나약하지 않는 것이다.
더불어 부처님의 지혜의 지위에 들어간다고 한 것은 지혜가 부처님의 경계에 나아감에 곧 부처님의 지혜의 지위에 들어가기에 그런 까닭으로 부처님의 호념함을 얻는 것이니
이것은 부처님의 지혜의 지위에 들어감으로써 부처님의 호념함을 이루고

---

620 세 가지라고 한 것은 처음에는 『십지론』에서 세운 이름이고, 두 번째 위로 부처님의 지위에 들어간다고 한 아래는 『십지론』에서 해석한 것이고, 세 번째 『십지론경』이라고 한 아래는 소가가 해석한 것이다.

부처님의 호념함을 얻음을 인유하여 모든 부처님의 지혜의 지위에 들어감을 얻는 것이니
곧 부처님이 호념함으로 부처님의 지혜의 지위를 이루는 것이다.

㊪

論下에 六相圓融은 類前可見이라

『십지론』이 아래[621]에 육상원융은 앞의 여섯 가지 잘 결정함에 비류한다면 가히 볼 수가 있을 것이다.

㊬

論下에 六相圓融者는 論云호대 善決定者는 總相이요 餘者는 是別相이요 同相者는 善決定이라하니 謂六種을 同名善決定故니라 異相者는 別相故라하니 一은 觀相이요 二는 眞實이요 三은 勝이요 四는 因이요 五는 大요 六은 不怯弱이니 相別不同故라 不同前別에 分一總句하야 爲六決定하야 以爲別相하니라 成相者는 略說故요 壞相者는 一一廣說故니 如世界成壞하니라 前文已有일새 故云類前可見이라하니라

『십지론』이 아래 육상원융이라고 한 것은 『십지론』에 말하기를 잘 결정한다고 한 것은 총상이요

---

621 원문에 논하論下라고 한 것은 『십지론十地論』에 이 육종선결정六種善決定이 끝나면서 육상六相을 육종선결정六種善決定과 비교하여 說하였다.

나머지는 별상이요
동상은 잘 결정하는 것이다 하였으니
말하자면 여섯 가지를 다 잘 결정한다고 이름하는 까닭이다.
이상異相은 별상인 까닭이다 하였으니
첫 번째는 관찰하는 모습이요,
두 번째는 진실이요,
세 번째는 수승한 것이요,
네 번째는 원인이요,
다섯 번째는 큰 것이요,
여섯 번째는 겁내고 나약하지 않는 것이니
모습이 달라 같지 않는 까닭이다.
앞[622]의 별구 가운데 하나의 총구를 나누어 여섯 가지 결정을 삼아 별상을 삼은 것과는 같지 않는 것이다.
성상은 간략하게 설하는 까닭이요
괴상은 낱낱이 널리 설하는 까닭이니
세계가 이루어지고 무너지는 것과 같다 하였다.
앞의 문장에 이미 있었기에 그런 까닭으로 말하기를 앞의 여섯 가지 잘 결정함에 비류한다면 가히 볼 수가 있을 것이다 하였다.

---

622 앞이란, 영인본 화엄 9책, p.100, 5행이다.

經

佛子야 何等이 爲菩薩摩訶薩智地고

불자여, 어떤 등이 보살마하살의 지혜의 지위가 되는가.

疏

第二에 地相中四니 一은 寄問徵起요 二에 佛子下는 擧數顯同이요 三에 何等下는 徵數列名이요 四에 佛子야 此菩薩下는 結名顯勝이라 初一은 可知니라

제 두 번째 십지의 모습 가운데 네 가지가 있나니
첫 번째는 물을 것[623]을 의지하여 물음[624]을 일으킨 것이요
두 번째는 불자여, 보살마하살이라고 한 아래는 십지의 수를 들어 부처님이 말한 것과 같음을 나타낸 것이요
세 번째는 어떤 등이 열 가지가 되는가 한 아래는 십지의 수를 물어 십지의 이름을 열거한 것이요
네 번째는 불자여, 이 보살의 십지라고 한 아래는 이름을 맺어 수승함을 나타낸 것이다.
처음에 한 가지는 가히 알 수가 있을 것이다.

---

623 원문에 문問이란, 대중大衆이 물을 것을 가상한 것이다.
624 원문에 징徵이란, 금강장金剛藏이 묻는 것이다. 즉 대중이 물을 것을 가상하여 금강장이 묻는 것이다.

經

佛子야 菩薩摩訶薩智地가 有十種하니 過去未來現在諸佛이 已
說當說今說할새 我亦如是說하니라

불자여, 보살마하살의 지혜의 지위가 열 가지가 있나니
과거 미래 현재 모든 부처님이 이미 설하셨고 당래에 설하실 것이고
지금에 설하시기에 나도 또한 이와 같이 설합니다.

疏

二中에 以生成住持故로 三世同說이니 同說之言은 文在地相이나
義兼地體하니라

두 번째 가운데 보살의 지혜의 지위가 생기하고 성만하여 주지하는
까닭으로 삼세에 다 같이 설하는 것이니
다 같이 설한다는 말은 그 글이 지위의 모습에 있지만 뜻은 지위의
자체를 겸하고 있는 것이다.

鈔

二中에 以生成住持故者는 出同說所以라 然生之與成을 望於佛果
인댄 始起爲生이요 終滿爲成이며 亦可生爲因이요 成爲緣이라 因有
二種하니 一은 證이요 二는 敎라 果亦有二하니 一은 是性淨이요 二는

方便淨이라 望性淨果인댄 證道爲因이요 敎道爲緣이며 望方便淨果인댄 敎道爲因이요 證道爲緣이라 因果功德이 皆因地智하야 而住에 地智能持하나니 有斯勝能일새 故三世同說하니라 同說之言者는 地體가 最爲要勝故니라 又依論經인댄 初無寄問徵起하고 說不怯弱善竟에 便云호대 諸佛子야 此菩薩十地는 是過去未來現在諸佛이 已說今說當說故라하니라 論先云호대 復此十地가 生成佛智하야 住持故니 如經의 諸佛子야 此菩薩十地等이라하야 方牒向前所說經文하니 明是三世에 同說地體의 六決定也니라

두 번째 가운데 보살의 지혜의 지위가 생기하고 성만하여 주지하는 까닭이라고 한 것은 다 같이 설하는 까닭을 설출한 것이다.
그러나 생기하고 더불어 성만한 것을 불과에서 바라본다면 처음 일어나는 것은 생기함이 되는 것이요
끝에 가득한 것은 성만함이 되는 것이며
또한 가히 생기하는 것은 원인이 되는 것이요
성만한 것은 조연이 되는 것이다.
원인에 두 가지가 있나니[625]
첫 번째는 증도인證道因이요
두 번째는 교도인敎道因이다.
결과에도 또한 두 가지가 있나니

---

[625] 원문에 인유이종因有二種이라고 한 것은 果를 상대한 因이니, 위에 因과 緣을 포함하고 있다 하겠다.

첫 번째는 성정과性淨果요
두 번째는 방편정과方便淨果이다.
성정과에서 바라본다면[626] 증도는 원인이 되고
교도는 조연이 되며
방편정과에서 바라본다면[627] 교도는 원인이 되고
증도는 조연이 되는 것이다.
인과의 공덕이 다 십지의 지혜를 인하여 머무름에 십지의 지혜가 능히 주지하나니
이 같은 수승한 공능이 있기에 그런 까닭으로 삼세에 다 같이 설하는 것이다.

다 같이 설한다고 말한 것은 십지의 자체가 가장 중요하고 수승한 까닭이다.
또 『십지론경』을 의지한다면 애초에 물을 것을[628] 의지하여 물음을

---

626 원문에 망성정과望性淨果 운운은 교도敎道를 의지하여 수행修行하여 진리를 증득하여 자성의 청정과淸淨果를 이루는 까닭으로 증도證道는 친친이 되고 교도敎道는 소소가 되는 것이다. 즉 유식唯識에서 말하는 친인인親因因과 소연연疏緣緣을 근간하여 말하고 있다 하겠다.
627 원문에 망방편정과望方便淨果 운운은 먼저 진리를 증득하고 뒤에 교도敎道의 행행을 일으켜 방편方便을 이루는 까닭으로 교도敎道는 친친이 되고 증도證道는 소소가 되는 것이다. 역시 유식唯識에서 말하는 친인인親因因과 소연연疏緣緣을 근간하여 말하고 있다 하겠다.
628 원문에 초무기문初無寄問 운운은 『십지론경十地論經』엔 此經처럼 佛子야 何等이 爲菩薩摩訶薩智地인가라는 말이 없다는 것이다. 구체적으로 초무기

일으킨 것은 없고 겁내고 나약하지 않는 것을 잘 결정한다고 한 것을 설하여[629] 마침에 곧 말하기를 모든 불자여, 이 보살의 십지는 과거 미래 현재 모든 부처님이 이미 설하셨고 지금에 설하시고 당래에 설하시는 까닭이다 하였다.

『십지론』에 이보다 먼저[630] 말하기를 다시 이 십지가 부처님의 지혜를 생기하고 성만하여 주지하는 까닭이니

『십지경』에 모든 불자여, 이 보살의 십지라 한 등[631]과 같다 하여 바야흐로 앞에서 설한[632] 바 경문을 첩석하여 해석하였으니 분명히 이것은 삼세에 다 같이 설한 십지 자체의 여섯 가지 결정이다.

문징기初無寄問徵起는 『십지경十地經』과 『십지론十地論』에 다 없다는 말이고, 석불겁약釋不怯弱 이하는 論의 말이다. 釋不怯이라 한 釋 자는 說 자가 옳다.

629 원문에 석불겁釋不怯이라 한 釋 자는 說 자가 옳다.
630 원문에 선先이란, 제불자諸佛子야 차보살십지此菩薩十地란 말 前을 말하는 것이니, 주지고住持故까지를 先으로 본다.
631 등等이란, 此菩薩十地가 是過去未來現在諸佛이 已說今說當說이라는 말을 등취等取한 것이다.
632 원문에 소인所引이라 한 引 자는 說 자가 아닌가 의심한다. 즉 向前所說經文은 六決定文也라. 번역하면 앞에서 설한 바 경문은 여섯 가지 결정문決定文을 말하는 것이라는 뜻이다. 나는 說 자로 고쳤다.

> 經

何等爲十고 一者는 歡喜地요 二者는 離垢地요 三者는 發光地요 四者는 焰慧地요 五者는 難勝地요 六者는 現前地요 七者는 遠行地요 八者는 不動地요 九者는 善慧地요 十者는 法雲地라

어떤 등이 열 가지가 되는가.
첫 번째는 환희지요
두 번째는 이구지요
세 번째는 발광지요
네 번째는 염혜지요
다섯 번째는 난승지요
여섯 번째는 현전지요
일곱 번째는 원행지요
여덟 번째는 부동지요
아홉 번째는 선혜지요
열 번째는 법운지입니다.

> 疏

三에 列名中에 爲對治十障하고 證十眞如하며 成十勝行하고 說於十地하니라 及引諸論은 並如下廣釋中辯하니라

세 번째 십지의 이름을 열거한 가운데 열 가지 장애를 상대하여

다스리고 열 가지 진여를 증득하며
열 가지 수승한 행을 이루고 열 가지 지위를 설하는 것이다.
그리고 모든 논을 인용한 것은 모두 아래[633] 널리 해석한 가운데
분별한 것과 같다.

鈔

三에 列名中下는 疏文有三하니 初는 總明이니 卽唯識論이니 指在說分이라 然本論엔 此中에 文有三段하니 初는 列十障이요 二는 釋十地名이요 三은 總以喩顯이라 今疏엔 唯廣第二하고 喩顯은 略無하니라 初段은 卽今總明이니 今當具顯하리라 故論問云호대 何故로 定說菩薩十地고 對治十障故라 何者十障고 一者는 凡夫我相障이요 二者는 邪行障이요 三者는 暗鈍障이요 四者는 解法慢障이요 五者는 身淨慢障이요 六者는 微細煩惱習障이요 七者는 細相習障이요 八者는 於無相에 有加行障이요 九者는 不能善利益衆生障이요 十者는 於諸法中에 不得自在障이라하니 義如下說하니라

세 번째 십지의 이름을 열거한 가운데라고 한 아래는 소문이 세 가지가 있나니[634]
처음에는 한꺼번에 밝힌 것이니 곧 『유식론』이니

---

633 원문에 下란, 설분說分이다. 설분說分은 대만본 화엄소초 44권, p.1 이후이다.
634 원문에 소문유삼疏文有三이라고 한 것은 一은 총명總明이고, 二는 별석別釋이고, 三은 요간料揀이다.

설분說分에 있다고 가리킨 것이다.
그러나 본 『십지론』에는 이 가운데 문장이 삼단이 있나니
처음에는 열 가지 장애를 열거한 것이요
두 번째는 십지의 이름을 해석한 것이요
세 번째는 모두 비유로써 나타낸 것이다.
지금 소문에는 오직 제이단만 널리 해석하고 제삼단에 비유로 나타낸[635] 것은 생략하여 없다.[636]
제일단은 곧 지금에 한꺼번에 밝힌 것이니
지금에 마땅히 갖추어 나타내겠다.
그런 까닭으로 『십지론』에 물어 말하기를 무슨 까닭으로 결정코 보살의 십지를 설하는가.
열 가지 장애를 상대하여 다스리는 까닭이다.
어떤 것이 열 가지 장애가 되는가.
첫 번째는 범부 아상의 장애요
두 번째는 삿된 행의 장애요
세 번째는 어둡고 둔함의 장애요
네 번째는 법을 안다고 교만하는 장애요
다섯 번째는 몸이 청정하다고 교만하는 장애요
여섯 번째는 미세한 번뇌 습기의 장애요
일곱 번째는 미세한 모습 습기의 장애요

---

635 원문에 유현喩顯 두 글자(二字)는 『잡화기雜華記』도 『유망기遺忘記』도 衍이라 하나 있어도 무방無妨하다. 유현喩顯은 제삼단第三段이다.
636 원문에 약표略標라 한 標 자는 無 자가 옳다. 나는 고쳤다.

여덟 번째는 무상에 가행加行이 있는 장애요
아홉 번째는 능히 잘 중생을 이익케 하지 못하는 장애요
열 번째는 모든 법 가운데 자재를 얻지 못하는 장애다 하였으니
그 뜻은 아래[637]에 설한 것과 같다.

疏

今依本論하야 略釋地名하리라 論云호대 成就無上自利利他行하야 初證聖處에 多生歡喜일새 故名歡喜地라하니라 此有二義하니 一은 二利創成故요 二는 聖位新得故니 遂本期心일새 故生歡喜니라

지금에 본『십지론』을 의지하여 십지의 이름을 간략하게 해석하겠다.
『십지론』에 말하기를 더 이상 없는 자리와 이타의 행을 성취하여 처음 성인의 처소를 증득함에 다분히 환희를 내기에 그런 까닭으로 환희지라 이름한다 하였다.
여기에 두 가지 뜻이 있나니
첫 번째는 자리와 이타를 비로소 이루는 까닭이요
두 번째는 성인의 지위를 새로 얻는 까닭이니
본래 기약한 마음을 이루었기에 그런 까닭으로 환희를 내는 것이다.

---

637 아래란, 앞서 말한 설분이다.

鈔

今依本論者는 卽論第二段也라 論先徵云호대 何故로 十地初를 名歡喜하며 乃至十을 名法雲고하니라 此有二義는 上則論文이요 此下疏釋이라 一에 二利創成은 是其敎行이니 由前修習일새 今得初成이요 非前能加일새 故云無上이라하니라 二에 聖位新得은 卽是證行이니 理卽聖家일새 故名爲處요 此地證始일새 故名爲初니라 無上은 揀前이요 初證은 揀後니 上二喜事일새 故生歡喜니 卽是喜心이라

지금에 본 『십지론』을 의지한다고 한 것은 곧 『십지론』의 제이단이다.
『십지론』에 먼저 물어 말하기를 무슨 까닭으로 십지에 초지를 환희지라 이름하며 내지 제십지를 법운지라 이름하는가 하였다.
여기에 두 가지 뜻이 있다고 한 것은 이 위[638]에는 곧 『십지론』 문이요
이 아래는 소가가 해석한 것이다.
첫 번째 자리와 이타를 비로소 이룬다고 한 것은 이것은 교행이니 앞에 수습함을 인유하였기에 지금에 처음 이룸을 얻는 것이요 앞에 능히 가피하지 아니하였기에[639] 그런 까닭으로 말하기를 더

---

638 원문에 上이란, 차유이의此有二義 이상을 말한다.
639 원문에 비전능가非前能加라고 한 것은 前이란 前에 삼현三賢이다. 즉 앞에 삼현三賢에도 또한 이리二利가 있었지만 그러나 능히 이 초지初地의 이리二利를 가피加被하지는 않았다는 것이다.

이상 없다 하였다.

두 번째 성인의 지위를 새로 얻었다고 한 것은 곧 이것은 증행이니 진리가 곧 성인의 집이기에 그런 까닭으로 이름을 처소라 하는 것이요

이 지위에서 증득하는 것이 처음이기에 그런 까닭으로 이름을 처음이라 하는 것이다.

더 이상 없다고 한 것은 앞과 다름을 가린 것이요

처음 증득하였다고 한 것은 뒤와 다름을 가린 것이니

위에 두 가지가 환희할 일이기에 그런 까닭으로 환희를 내는 것이니 곧 이것은 희심喜心이다.

疏

二는 離能起誤心하야 犯戒한 煩惱垢等하야 淸淨戒具足할새 故名 離垢地라하니라 此有三義하니 一은 卽因離니 謂離能起誤犯煩惱요 二는 果行離니 謂離犯戒惡業일새 故云等也니라 三은 對治離니 謂淸淨戒具足이라

두 번째[640]는 능히 잘못된 마음을 일으켜 계를 범한 번뇌의 때 등[641]을 떠나[642] 청정한 계를 구족하기에 그런 까닭으로 이구지라 이름한다

---

640 원문에 二란, 이구지離垢地이다.
641 원문에 번뇌구등煩惱垢等이라고 한 것은 번뇌煩惱는 능기能起의 원인이고, 구등垢等은 소기所起의 결과이다.

하였다.
여기에 세 가지 뜻이 있나니[643]
첫 번째는 곧 원인을 떠나는[644] 것이니
말하자면 능히 잘못을 일으켜 범한 번뇌를 떠나는 것이요
두 번째는 결과의 행위를 떠나는 것이니
말하자면 계를 범한 악업을 떠나기에 그런 까닭으로 등等이라 말한 것이다.
세 번째는 상대하여 다스려 떠나는[645] 것이니
말하자면 청정한 계를 구족하는 것이다.

鈔

此有三義下는 釋論이니 一에 因離者는 三離之義니 本地에 具足거니와 今當略釋하리라 因惑起業일새 名惑爲因이요 攬因成行일새 名業爲果요 行體淸淨일새 故能對治니라 然惑有二하니 一은 麤요 二는 細라 犯亦有二하니 一은 麤요 二는 細라 細卽誤犯이요 麤卽故犯이라 由麤煩惱하야 起於故犯하고 由細煩惱하야 起於誤犯거니와 今無細惑일새 故不起誤어니 何況故耶아 此之三義는 卽同十住毘婆沙論하니라

---

642 원문에 이능기리능기下는 『십지론十地論』文이다.
643 원문에 차유삼의此有三義下는 소가의 해석(疏釋)이다.
644 원문에 인리因離 운운은 강자권岡字卷 22장을 보면 자세히 알 수 있다.
645 원문에 대치리對治離라고 한 離는 소리所離를 바라여 離라 이름한 것이다.

여기에 세 가지 뜻이 있다고 한 아래는 소가가 『십지론』을 해석한 것이니
첫 번째 원인을 떠나는 것이라고 한 것은 세 가지 떠난다는 뜻이니 본 이구지에 갖추어 설하였거니와 지금에 마땅히 간략하게 해석하겠다.
번뇌(惑)를 인하여 업業을 일으키기에 번뇌를 이름하여 고苦의 원인이라 하는 것이요
원인을 잡아 행을 이루기에 업을 이름하여 고苦의 결과라 하는 것이요
행의 자체가 청정하기에 그런 까닭으로 능히 상대하여 다스리는 것이다.
그러나 번뇌(惑)에 두 가지가 있나니
첫 번째는 큰 번뇌요
두 번째는 작은 번뇌이다.
범하는 것에도 또한 두 가지가 있나니
첫 번째는 크게 범하는 것이요
두 번째는 작게 범하는 것이니
작게 범한다고 한 것은 곧 잘못하여 범하는 것이요
크게 범한다고 한 것은 곧 일부러 범하는 것이다.
큰 번뇌를 인유하여 일부러 범함을 일으키고 작은 번뇌를 인유하여 잘못하여 범함을 일으키거니와 지금에는 작은 번뇌가 없기에 그런 까닭으로 잘못하여 범함을 일으키지 않았거니 어찌 하물며 일부러 범하겠는가.

여기에 세 가지 뜻은 곧 『십주비바사론』[646]에 설한 것과 같다.

疏

三은 隨聞思修等하야 照法顯現할새 故名明地라하니라 此唯一義니 謂三慧로 照當地所聞之法이라 若準下論인댄 更有一義하니 謂得四地에 慧光明相故니 如明得定等이라 故下論云호대 彼無行과 無生行慧가 此名光明이니 依是光明일새 故名明地라하니라 然이나 唯識과 此經에 皆名發光이니 謂成就勝定과 大法總持하야 能發無邊妙慧光故라하니라 此則三義니 一에 定은 爲能發이요 二에 持는 爲能持요 三에 後地의 慧光은 爲所發所持라 然이나 三慧는 就初요 發光은 約後니 故受名不同하니라

세 번째는 문·사·수 등을 따라 법을 비추어 밝게 나타내기에 그런 까닭으로 발명지[647]라 이름한다 하였다.
이것은 오직 한 가지 뜻뿐이니
말하자면 세 가지 지혜(三慧)로 당지當地에서 들은 바 법을 비추는 것이다.
만약 이 아래 『십지론』[648]을 기준한다면 다시 한 가지 뜻이 있나니

---

646 『십주비바사론十住毘婆沙論』은 용수龍樹의 저술著述이다.
647 원문에 명지明地라고 한 것은 『십지경론十地經論』에는 第三은 명지明地라 하고, 第四는 염지焰地라 하였다.
648 원문에 하론下論이란, 아래 說分論이니 第五卷이다.

말하자면 제사지에 지혜광명의 모습을 얻는 까닭이니 명득정明得
定[649]과 같은 등[650]이다.

그런 까닭으로 아래『십지론』[651]에 말하기를 저 무행無行과 무생행無
生行[652]의 지혜가 이 이름이 광명이니

이 광명光明을 의지하기에 그런 까닭으로 발명지(明地)라 이름한다
하였다.

그러나『유식론』과 이 경에 다 발광지라 이름하였으니

말하자면 수승한 삼매와 대법의 다라니[653]를 성취하여 능히 끝없는

---

649 명득정明得定이라고 한 것은 이것은 도화道火 전의 모습이니 아직 불이 나오기 전에 밝은 모습이 먼저 나타나는 것으로 곧 마치 햇빛이 아직 나오기 전에 밝은 색이 먼저 열리는 것과 같다.

650 등等이란, 사정四定 가운데 명득정明得定을 제외함이니, 사정四定은『불교사전佛敎辭典』을 참고할 것이다.

651 원문에 하론下論이란, 아래 說分論이니 第三卷이다. 아래『십지론』에 말하였다고 한 것은 무분별행의 지혜는『십지경』에 저 일체법에 여실한 깨달음이라고 한 것과 같나니 무행과 무생행의 지혜를 떠나지 않는 까닭이다. 이와 같은 지혜광명은 선정방편과 결정한 지혜로 관찰함을 떠나지 않는 것이니 저 지혜는 이 가운데 이름이 광명이니 이 광명을 의지하기에 그런 까닭으로 발명지라 이름한다 하였다.

652 무행無行은 무자상無自相이요 무생無生은 무공상無共相이니 삼지三地 가운데 나타나 있다.

653 원문에 승정대법총지勝定大法總持라고 한 것은『십지론十地論』에 말하기를 수승한 삼매三昧를 얻어 사혜思慧와 수혜修慧를 발생하고 총지摠持(다라니)를 얻어 문혜聞慧를 발생한다 하였으니, 이것은 第三地中에서 수행修行할 바 세 가지 지혜이다.

묘한 지혜광명[654]을 발생하는 까닭이다 하였다.
여기에 곧 세 가지 뜻이 있나니
첫 번째 수승한 삼매는 능발能發이 되는 것이요
두 번째 다라니는 능지能持가 되는 것이요
세 번째 후지後地[655]의 지혜광명은 소발所發과 소지所持가 되는 것이다.
그러나 세 가지 지혜라고 한 것은 처음에 나아가 말한 것이요
광명을 발생한다고 한 것은 뒤[656]를 잡아 말한 것이니
그런 까닭으로 이름을 받는 것이 같지 않는[657] 것이다.

鈔

此唯一義下는 疏釋中三이니 初는 順今論釋이라 聞思修等은 是所知法이니 順法正解일새 故名爲照요 照法分明일새 稱爲顯現이라 言當地所聞者는 以此地中에 亡軀求法故니라 若準下는 二에 引下論重釋

---

654 원문에 무변묘혜無邊妙慧라고 한 것은 第四地中에 지혜이다. 그러나 초문鈔文에서는 위성취승정謂成就勝定下는 『유식론唯識論』의 해석이다 하였으니, 여기 『잡화기』의 해석과는 오인하지 말 것이다. 여기 『잡화기』는 『십지론十地論』을 인용하여 해석한 것이다.
655 후지後地는 제사염혜지第四焰慧地이다.
656 원문에 초후初后(就初·約后)라고 한 것은 당지當地 가운데 初·后로 나눈 것이다.
657 원문에 수명부동受名不同이라고 한 것은 論에는 명지明地라 하고, 此經에는 발광지發光地라 한 까닭을 말한 것이다.

이라 彼無行慧者는 義如下釋하니라 然唯識下는 三에 引他經論釋이니 以此一地가 與經名別일새 故引他論이라 於中有四하니 一은 雙標經論이요 二에 謂成就下는 唯識論釋이요 三에 此則三義下는 疏釋論文이요 四에 然三慧下는 會今地論이니 謂唯識은 以得三慧하야사 方發證智일새 故慧光爲後니라

이것은 오직 한 가지 뜻뿐이라고 한 아래는 소가가 해석한 가운데 세 가지가 있나니
첫 번째는 지금에 『십지론』을 따라[658] 해석한 것이다.
문·사·수 등이라고 한 것은 이것은 소지所知의 법이니
법을 따라 바로 해석하기에 그런 까닭으로 이름을 비춘다고 하는 것이요
법을 비추어 분명하게 하기에 이름을 밝게 나타낸다고 한 것이다.
당지에서 들은 바라고 말한 것은 이 제삼지 가운데서 몸을 잊고 법을 구하는 까닭이다.

만약 이 아래 『십지론』을 기준한다면이라고 한 아래는 두 번째 아래 『십지론』을 인용하여[659] 거듭 해석한 것이다.
저 무행의 지혜라고 한 것은 뜻이 아래 설분에 해석한 것과 같다.
그러나 『유식론』이라고 한 아래는 세 번째 이 경과 저 『유식론』을

---

658 원문 순금順今 아래에 論 자가 있어야 한다. 북장경에는 순금順今 아래에 경문經文이라는 글자가 있어 순금경문順今經文이라 하니 살펴볼 것이다.
659 원문 이인二引 아래에 下 자가 있어야 한다.

인용하여 해석한 것이니

이 제 삼의 한 지위[660]가 이 경으로 더불어 이름이 다르기에 그런 까닭으로 저 『유식론』을 인용한 것이다.

그 가운데 네 가지가 있나니

첫 번째는 이 경과 『유식론』을 함께 표한 것이요

두 번째 말하자면 성취한다고 한 아래는 『유식론』의 해석이요

세 번째 여기에 곧 세 가지 뜻이 있다고 한 아래는 소가가 『유식론』문을 해석한 것이요

네 번째 그러나 세 가지 지혜라고 한 아래는 지금에 『십지론』을 회석한 것이니

말하자면 『유식론』[661]은 세 가지 지혜를 얻어야 바야흐로 증득한 지혜를 일으키기에 그런 까닭으로 지혜의 광명으로 뒤를 삼은 것이다.

疏

四는 不忘煩惱薪을 智火能燒할새 故名焰地라하니 焰卽慧焰일새 故此名焰慧地니라 此에 亦兼下二義니 今卽根本智火로 能燒前地에 聞持不忘하고 恃以成慢하는 之煩惱故요 二는 就後得智起用

---

660 원문에 차일지此一地란, 제삼발광지第三發光地를 논論에서 명지明地라 한 것을 말한다. 그러나 제사염혜지第四焰慧地를 논論에서는 염지焰地라 하였다.

661 원문에 위유식謂唯識이라고 한 것은 그 삼혜三慧의 뜻을 『유식론唯識論』을 인용하여 증거한 것이다.

이니 故下論云호대 彼證智法明이 摩尼寶光中에 放阿舍光明하야 入無量法門의 義光明智處하야 普照示現하나니 以是義故로 此地를 釋名爲焰이라하니라 問이라 約初義者인댄 前後諸地에 豈不燒惑가 有二義故로 此偏受名이니 一은 就寄位言인댄 此地가 寄當出世間無漏故요 二는 以三學言인댄 此地가 當慧니 初得慧故니라

네 번째는 잊지 못한 번뇌의 나무를 지혜의 불로 능히 태우기에 그런 까닭으로 염지燄地라 한다 하였으니
염燄이라고 한 것은 곧 지혜의 불꽃이기에 그런 까닭으로 이 경에서는 염혜지라고 이름한 것이다.
여기에 또한 두 가지 뜻을 겸하고[662] 있나니
지금에는 곧 근본지의 불로 능히 앞의 지위에서 듣고 받아 가진[663] 것을 잊지 않고 믿어 교만을 이루는 번뇌를 태우는 까닭이요
두 번째는 후득지에 나아가 작용을 일으키는 것이니
그런 까닭으로 이 아래 『십지론』[664]에 말하기를 저 증득한 지혜의 법명法明이 마니보배광명 가운데 아함阿舍의 광명을 놓아 한량없는 법문의 의리광명지혜의 처소에 들어가 널리 비추어 시현하나니 이 뜻을 쓴 까닭으로 이 지위를 해석하여 이름을 염지라 한다 하였다.
물겠다.
처음에 뜻을 잡는다면 앞과 뒤의 모든 지위에 어찌 번뇌를 태우지

---

662 겸하兼下라 한 下 자는 연자衍字이다.
663 원문에 문지聞持는 삼혜三慧이다.
664 원문에 하론下論이라고 한 것은 第六卷이다.

않는가.
두 가지 뜻이 있는 까닭으로 이 지위에서만 치우쳐 염혜지라는 이름을 받은 것이니
첫 번째는 지위를 의지함에 나아가 말한다면 이 염혜지가 출세간의 무루지에 해당(寄當)하는 까닭이요
두 번째는 삼학으로써 말한다면[665] 이 염혜지가 혜학에 해당하는 것이니, 처음 지혜를 얻는 까닭이다.

鈔

此亦兼下는 疏釋二義니 前約內證이요 後約外用이라 據能燒惑인댄 應名火地언만 但火能燒호대 未必有焰하니 今取有焰일새 故能普照니라

여기에 또한 두 가지 뜻을 겸하고 있다고 한 아래는 소가가 두 가지 뜻으로 해석한 것이니
앞에 뜻은 안으로 증득[666]한 것을 잡은 것이요
뒤에 뜻은 밖으로 작용[667]하는 것을 잡은 것이다.
능히 번뇌를 태우는 것을 의거한다면 응당 화지火地라 이름해야 할 것이지만 다만 불은 능히 태우기는 하지만[668] 반드시 불꽃이

---

665 원문 學 자 아래 言 자가 위에서처럼 있는 것이 좋아 보증하였다.
666 원문에 내증內證은 증도證道이고 근본지根本智이다.
667 원문에 외용外用은 교도敎道이고 후득지後得智이다.

있는 것은 아니니
지금에는 불꽃이 있는 것을 취하기에 그런 까닭으로 능히 널리 비추는 것이다.

疏

五는 得出世間智인 方便善巧하야 能度難度일새 故名難勝이라하니라 此唯一義니 謂眞俗無違하야 極難勝故니라 以三地同世하야 未能得出이요 四地雖出이나 而不能隨하야 多滯二邊하야 難以越度어니와 今得出世하며 又能隨俗하야 巧達五明하고 眞俗無違하야 能度偏滯가 實爲難勝이니 此初得故로 偏受其名하니라

다섯 번째는 출세간의 지혜인 방편선교를 얻어 능히 제도하기 어려운 것을 제도하기에 그런 까닭으로 난승지라 이름한다 하였다. 이것은 오직 한 가지 뜻뿐이니
말하자면 진제와 속제가 어김이 없어 지극히 이기기 어려운 까닭이다.
앞의 삼지는 세간과 같아 아직 벗어남을 얻지 못한 것이요 제사지는 비록 벗어났지만 능히 세간을 따르지 아니하여 다분히 이변二邊에 막혀 제도함을 초월하기가 어려웠거니와 지금 제오지에는 출세간의 지혜를 얻으며

---

668 원문에 단화능소但火能燒 운운은 저 재 가운데 불은 다만 불만 있고 불꽃은 없는 까닭이다.

또 능히 속제를 따라 선교로 오명五明을 통달하고 진제와 속제가 어김이 없어 능히 치우쳐 막힘을 제도하는 것이 진실로 이기기 어려움이 되는 것이니
여기에서 처음 얻는 까닭으로 치우쳐 그 난승지라는 이름을 받는 것이다.

鈔

五得出世間智下는 先擧論文이라 遠公意云호대 上二句는 解難이요 能度難度는 卽釋勝義라하얏거니와 今疏는 但通釋하니라 此唯下는 疏釋이니 於中有二하니 先은 總明이요 後에 以三地下는 別顯이라 初三地下는 是一難度요 四地下는 是二難度요 多滯已下는 結前難度니 謂三滯世요 四滯出世일새 云滯二邊이니 上明所度之境이라 今得出世下는 是能度之法이니 此句는 由得四地에 已度世間일새 故論云호대 十平等心을 實難得故라하니라 又能隨下는 卽是論文에 巧方便智니 已入五地에 能度出世니 前三은 滯俗違眞이요 第四는 滯眞違俗이어니와 今已度前故로 化衆生이나 而無著일새 故俗不違眞이요 證出世智나 而起用일새 故眞不違俗이니 則前四地가 不能勝也니라 若爾인댄 六地已上은 豈不然耶아할새 故疏通云호대 此初得故라하니라

다섯 번째는 출세간의 지혜를 얻는다고 한 아래는 먼저 『십지론』 문을 거론한 것이다.
혜원법사는 뜻에 말하기를 위에 두 구절은 어려운 뜻을 해석한

것이요

능히 제도하기 어려운[669] 것을 제도한다고 한 것은 수승한 뜻을 해석한 것이라 하였거니와 지금에 소가는 다만 통틀어 해석[670]하였을 뿐이다.

이것은 오직 한 가지 뜻뿐이라고 한 아래는 소가가 해석한 것이니 그 가운데 두 가지가 있나니

먼저는 한꺼번에 밝힌 것이요

뒤에 앞의 삼지라고 한 아래는 따로 나타낸 것이다.

처음에 앞의 삼지[671]라고 한 것은 이것은 첫 번째 제도하기 어려운 것이요

제사지라고 한 아래는 이것은 두 번째 제도하기 어려운 것이요

다분히 이변에 막혔다고 한 이하는 앞에 제도하기 어렵다고 한 것을 맺는 것이니

말하자면 앞의 삼지는 세간제(世諦)에 막히고 제사지는 출세간제(出世諦)에 막히기에 이변에 막혔다고 말하는 것이니

이상은 제도할 바 경계를 밝힌 것이다.

지금 제오지에는 출세간의 지혜를 얻었다고 한 아래는 이것은 능히 제도하는 법이니

이 구절은 제사지에서 이미 세간을 제도함을 얻은 것을 인유하기에

---

669 원문 해난解難 아래에 能 자가 있어야 한다.
670 원문에 통석通釋이라고 한 것은 난의難義와 승의勝義를 통석通釋하였다는 것이다.
671 원문 삼지三地 아래에 북장北藏에는 下 자가 있다.

그런 까닭으로 『십지론』 제오지에[672] 말하기를 열 가지 평등한 마음을 진실로 얻기 어려운 까닭이다 하였다.

또 능히 속제를 따른다고 한 아래는 곧 이 『십지론』 문에 선교방편의 지혜이니
이미 오지에 들어감에 능히 출세간의 지혜로 제도하는 것이니
앞의 삼지는 속제에 막혀 진제를 어기는 것이요
제사지는 진제에 막혀 속제를 어기거니와 지금에 제오지는 이미 앞에 두 가지에 막힌 것을 다 제도한 까닭으로 중생을 교화하지만 집착하지 않기에 그런 까닭으로 속제가 진제를 어기지 않는 것이요 출세간의 지혜를 증득하였지만 작용을 일으키기에 그런 까닭으로 진제가 속제를 어기지 않는 것이니
곧 앞의 사지가 능히 이길 수 없는 것이다.
만약 그렇다고 한다면 육지 이상은 어찌 그렇지 않겠는가 하기에 그런 까닭으로 소문에 통석하여 말하기를 여기에서 처음 얻는 까닭이다 하였다.

---

672 원문에 논운십평등심論云十平等心이라고 한 것은 제오지론第五地論에는 十平等深淨心은 同念不退轉心故라 하였으니, 즉 열 가지 평등하고 깊고 청정한 마음이라고 한 것은 같은 생각으로 퇴전하지 않는 마음인 까닭이라는 것이다. 그리고 제오지경에는 열 가지 평등하고 깊고 청정한 마음으로 제 다섯 번째 보살지菩薩地에 들어감을 얻는다 하였다.

疏

六은 般若波羅蜜行의 有間大智가 現前할새 故名現前地라하니 謂妙達緣生하야 引無分別을 名般若行이요 親如目觀를 名曰現前이요 對後彰劣을 名爲有間이니 以第七地는 常在觀故니라

여섯 번째는 반야바라밀행의 간단이 있는 큰 지혜가 현전하기에 그런 까닭으로 현전지라 이름한다 하였으니
말하자면 인연으로 생기함을 묘하게 요달하여 무분별 지혜를 이끌어 내는 것을 반야행이라 이름하는 것이요
친히 진여를 눈으로 보는 것을 현전이라 이름하는 것이요
뒤를 상대하여 하열함을 밝히는 것을 간단히 있다 이름하는 것이니 제칠지는 항상 관찰함이 있는[673] 까닭이다.

鈔

六般若下는 先은 擧論이요 後에 謂妙達下는 疏釋이라 於中有三하니 初는 解大智니 準龍樹云인댄 智有二種하니 一은 小요 二는 大라 小는 謂因分에 緣照之解라하니 卽妙達緣生이요 大는 謂果分에 滅觀智心이라하니 卽疏에 引無分別이라 今取所引일새 故云大智라하니라 二에 親如目下는 釋現前義요 三에 對後下는 釋有間字라 若遠公意인댄

---

673 원문에 상재관常在觀이라고 한 것은 제칠지第七地 이전은 항상 관찰함이 없다. 즉 관찰함이 간단이 있다. 그러나 칠지는 항상 간단없이 관찰한다는 것이다.

二智가 皆有間이요 二智가 皆現前이라하니라

여섯 번째는 반야바라밀행이라고 한 아래는 먼저 『십지론』을 거론한 것이요
뒤에 말하자면 인연으로 생기함을 묘하게 요달한다고 한 아래는 소가가 해석한 것이다.
그 가운데 세 가지가 있나니
처음에는 큰 지혜를 해석한 것이니
용수의 『비바사론』[674]을 기준하여 말한다면 지혜가 두 가지 있나니
첫 번째는 작은 지혜요,
두 번째는 큰 지혜이다.
작은 지혜라고 한 것은 말하자면 인분因分에 인연으로 생기함을 비추는 지해(解)[675]다 하니
곧 인연으로 생기함을 묘하게 요달한다 한 것이요
큰 지혜라고 한 것은 말하자면 과분果分에 적멸을 관찰하는 지혜의 마음이다 하니
곧 소문에 무분별 지혜를 이끌어 낸다 한 것이다.
지금에는 이끌어 낸 바를 취하기에 그런 까닭으로 말하기를 큰 지혜라 한다 하였다.

---

674 원문에 용수龍樹는 용수龍樹의 『십주비바사론十住毘婆沙論』이다.
675 원문에 해解는 소지小智요 지智는 대지大智이다.

두 번째 친히 진여를 눈으로 본다고 한 아래는 현전의 뜻을 해석한 것이요

세 번째 뒤를 상대하여 하열함을 밝힌다고 한 아래는 간단이 있다(有間)는 글자를 해석한 것이다.

만약 혜원법사의 뜻[676]이라면 두 가지 지혜가 다 간단이 있는 것이요 두 가지 지혜가 다 현전한다 할 것이다.

疏

七은 善修無相行하야 功用究竟하야 能過世間과 二乘의 出世間道일새 故名遠行이라하니라 此或三義니 一은 善修無相하야 到無相邊일새 故名遠行이요 二는 功用至極일새 故名遠行이요 三은 望前超過일새 故名遠行이라 合唯一義니 善修無相行은 釋行字요 功用下는 皆釋遠字라 然善修에 有二義하니 一은 前地有間은 不名善修어니와 今常在觀일새 故云善修요 二는 捨有之無는 非善修無어니와 今有無雙離일새 故名善修니라 云何雙離고 謂空中方便慧故로 離有요 有中殊勝行故로 離無라 下釋遠中에 功用究竟은 正明遠義니 如極一界之邊故니라 遠은 何所過고 望前三地인댄 相同世間거늘 過之已遠이요 望四五六인댄 相同二乘거늘 今亦超過니라 五地에 眞俗無違는 何異此中에 有無雙離리요 略有三異하니 一은

---

676 원문에 약원공의若遠公意라고 한 것은 반야般若의 행행이 이지二智를 구족한 까닭으로 큰 지혜라 한다는 것이다.

彼가 猶未能過二乘故요 二는 雖以眞入俗이나 猶於雙行에 未自在故요 三은 彼가 尙未得甚深般若일새 故於雙行에 非深妙故니라

일곱 번째는 무상행을 잘 닦아 공용功用이 구경[677]하여 능히 세간과 이승의 출세간도를 지났기에 그런 까닭으로 원행지라 이름한다 하였다.
여기에 혹 세 가지 뜻이 있나니
첫 번째는 무상행을 잘 닦아[678] 무상의 끝에 이르기에 그런 까닭으로 원행지라 이름하는 것이요
두 번째는 공용이 지극하기에 그런 까닭으로 원행지라 이름하는 것이요
세 번째는 앞의 지위를 바라봄에 초과하기에 원행지라 이름하는 것이다.
합하면 오직 한 가지 뜻뿐이니
무상행을 잘 닦는다고 한 것은 행이라는 글자를 해석한 것이요

---

677 공용功用이 구경究竟이라고 한 것은 제팔지第八地는 무공용無功用이기에 제칠지第七地는 유공용有功用의 끝(究竟)이다.
678 원문에 一에 선수무상善修無相이라고 한 등은 선수무상善修無相이라고 한 것은 칠지七地 가운데 무상無相이고, 도무상변到無相邊이라고 한 것은 팔지八地 가운데 무상無相이니, 이 무상無相이 제칠지第七地와 제팔지第八地에 통하는 까닭이다. 따라서 이 제칠원행지第七遠行地의 삼의三義 가운데 첫 번째는 뒤에 팔지八地를 바라봄에 원행지遠行地라 이름하는 것이고, 두 번째는 제칠지第七地의 당지當地를 원행지遠行地라 이름하는 것이고, 세 번째는 앞에 지위를 바라봄에 원행지遠行地라 이름하는 것이다.

공용이라고 한 아래는 다 원이라는 글자를 해석한 것이다.
그러나 잘 닦는다고 한 것에 두 가지 뜻이 있나니
첫 번째는 앞의 지위[679]에 간단이 있는 것은 잘 닦는다 이름할 수 없거니와 지금에는 항상 관찰함이 있기에 그런 까닭으로 잘 닦는다고 말하는 것이요
두 번째는 유有를 버린 무無는 잘 닦은 무가 아니거니와 지금에는 유와 무를 함께 떠나기에 그런 까닭으로 잘 닦는다고 이름하는 것이다.
어떤 것을 함께 떠난다 하는가.
말하자면 공空 가운데 방편의 지혜인 까닭으로 유를 떠나는 것이요 유 가운데 수승한 행인 까닭으로 무를 떠나는 것이다.

아래 원이라는 글자를 해석하는 가운데 공용이 구경이라고 한 것은 원의 뜻을 바로 해석한 것이니
한 세계의 끝을 다하는 것과 같은 까닭이다.
멀다고 한 것은 어디를 초과하는 바인가.
앞의 삼지를 바라본다면 모습이 세간과 같거늘 그것을 초과하는 것이 이미 먼 것이요
사지와 오지와 육지를 바라본다면 모습이 이승과 같거늘 지금에 또한 초과하는 것이다.
제오지에 진체와 속제가 어김이 없는 것은 어찌 이 칠지 가운데

---

[679] 원문에 지전地前은 전지前地의 잘못이다.

유와 무를 함께 떠나는 것과 다르겠는가.
간략하게 세 가지 다름이 있나니
첫 번째는 저 오지가 오히려 능히 이승을 초과하지 못한 까닭이요
두 번째는 비록 진제로써 속제에 들어가지만 오히려 두 가지 행에 자재하지 못한 까닭이요
세 번째는 저 오지가 오히려 깊고도 깊은 반야를 얻지 못하였기에 그런 까닭으로 두 가지 행에 심묘深妙하지 못한 까닭이다.

鈔

此或三義下는 疏釋論이라 於中有二하니 初는 爲三義釋이니 次第로 對論三節하면 可知니라 二에 合唯一下는 爲一義釋이니 先은 標요 二에 然善下는 別釋二字니 文並可知니라

여기에 혹 세 가지 뜻이 있다고 한 아래는 소가가 『십지론』문을 해석한 것이다.
그 가운데 두 가지가 있나니
처음에는 세 가지 뜻으로 해석한 것이니
차례와 같이 논에 삼절을[680] 상대한다면 가히 알 수가 있을 것이다.
두 번째 합하면 오직 한 가지 뜻뿐이라고 한 아래는 한 가지 뜻으로 해석한 것이니

---

[680] 논에 삼절이라고 한 것은 일절은 선수무상행善修無相行이고 이절은 공용구경功用究竟이고 삼절은 능과세간이승출세간能過世間二乘出世間이다.

먼저는 표한 것이요

두 번째 그러나 잘 닦는다고 한 아래는 잘 닦는다(善修)는 두 글자를 따로 해석한 것이니

소문은 모두 가히 알 수가 있을 것이다.

疏

八은 報行純熟無相無間일새 故名不動地라하니라 此亦三義니 一은 捨三界行生하고 受變易果일새 故云報行이니 依此起行하야 任運而成일새 故功用不動이요 二는 得無生忍과 無相妙慧일새 則有相不動이요 三은 此二無間일새 煩惱不動이라 合唯一義니 謂前地無相은 已得無間하야 相及煩惱에 亦不能動이나 而爲功用所動일새 無不動名거니와 今由無功用故로 令無相觀으로 任運無間케할새 故三不能動이니 下輪王과 梵王之喩로 可以證此하나라

여덟 번째는 과보행이 순숙하여 모습도 없고 간단도 없기에 그런 까닭으로 부동지라 이름한다 하였다.

여기에 또한 세 가지 뜻이 있나니

첫 번째는 삼계의 행으로 태어남을 버리고[681] 변역의 과보를 받기에

---

681 원문에 一은 사삼계행생捨三界行生이라고 한 것은 삼계행생三界行生은 삼계三界에 천류遷流하여 생기生起하는 것으로, 곧 분단생기分段生起니 이것을 버리고 이 제팔지第八地 가운데 처음 변역신變易身을 받는 것이 비증보살悲增菩薩의 일이다.

그런 까닭으로 과보행이라 말하는 것이니
이것을 의지하여 행을 일으켜⁶⁸² 마음대로 이루기에 그런 까닭으로
공용에 동요하지 않는 것이요
두 번째는 무생법인과 무상의 묘한 지혜를 얻기에 곧 유의 모습에
동요하지 않는 것이요
세 번째는 이 두 가지가 간단이 없기에 번뇌에 동요하지 않는 것이다.
다 합하면 오직 한 가지 뜻뿐이니
말하자면 앞의 지위에 모습이 없는 것은 이미 간단이 없음을 얻어
모습과 그리고 번뇌에 또한 능히 동요하지 않지만 공용에 동요하는
바가 되기에 동요하지 않는다 이름할 수 없거니와, 지금에는 무공용
을 인유한 까닭으로 무상관無相觀으로 하여금 마음대로 간단이 없게
하기에 그런 까닭으로 세 가지에 능히 동요하지 않는⁶⁸³ 것이니
아래 전륜성왕과⁶⁸⁴ 범왕의 비유로 가히 이것⁶⁸⁵을 증거하는 것이다.

---

682 원문에 의차기행依此起行이라고 한 것은 의차依此란 위에 변역變易의 과보果報
를 가리키는 것이고, 기행起行이란 전칠지前七地에서 수행修行한 바 행行이
여기 제팔지第八地에서 일어나는 것이다.
683 세 가지에 능히 동요하지 않는다고 한 것은 공용과 유의 모습과 번뇌에
동요하지 않는 것이다.
684 아래 전륜성왕 운운한 것은 아래는 제칠지와 제팔지이니 전륜성왕은 제칠지
이고 범왕은 제팔지이다.
685 이것이란, 다 합하면 오직 한 가지 뜻뿐이니 곧 세 가지에 동요하지 않는다는
것이다.

鈔

此亦三義下는 疏釋이니 第一義는 釋報行純熟이라 曲有二義하니 一은 以變易果爲報요 二에 依此下는 約行德釋이니 所有行德이 由前修起일새 故名報行이요 成就在今일새 故云純熟이니 卽下經의 釋名中에 名爲無功用地니 先已成就故니라 二는 釋無相이요 三은 釋無間이니 卽下經에 名爲力持地니 他不能動故니 意明功用不動이라 下輪王喩者는 七地菩薩이 煩惱及相에 已不動故로 而非報行不動이라 梵王捨欲하고 生於梵天이 卽功用不動일새 故證合唯一義니라 遠公意云호대 離功用相일새 名爲無相이요 空有雙現일새 故曰無間이니 則無相無間은 俱非前地의 無相無間也니라

여기에 또한 세 가지 뜻이 있다고 한 아래는 소가가 해석한 것이니 첫 번째 뜻은 과보행이 순숙함을 해석한 것이다.
자세하게는 두 가지 뜻이 있나니[686]
첫 번째는 변역의 과보로 과보를 삼는 것이요
두 번째 이것을 의지하여 행을 일으킨다고 한 아래는 행의 공덕을 잡아 해석한 것이니
소유한 공덕이 앞에 닦은 것을 인유하여 일어나기에 그런 까닭으로 과보행이라 이름하는 것이요
성취하는 것이 지금에 있기에[687] 그런 까닭으로 순숙하다 말하는

---

686 두 가지 뜻이 있다고 한 것은 첫 번째 뜻에 두 가지 뜻이 있다는 것이다.
687 원문에 성취재금成就在今이라고 한 것은 곧 전지前地에서 이미 성취한 것을

것이니
곧 아래 이 경에 이름을 해석한 가운데[688] 이름을 무공용지라 한 것이니
먼저 이미 성취한 까닭[689]이다.

두 번째는 모습이 없는 것을 해석한 것이요
세 번째는 간단이 없는 것을 해석한 것이니
곧 아래 이 경에 이름을 역지지力持地라 한 것이니, 저 번뇌에 능히 동요하지 않는 까닭이니 그 뜻은 공용[690]에 동요하지 아니함을 밝힌 것이다.
아래 전륜왕의[691] 비유라고 한 것은 제칠지의 보살이 번뇌와 그리고 모습에 이미 동요하지 않는 까닭으로 과보행이 동요하지 않는다는 것이 아니라 범왕[692]이 욕계를 버리고 범천에 태어나는 것이 곧

인유하여 지금 제팔지第八地에서 성취한다는 의미이다.
688 아래 이 경에 이름을 해석한 가운데라고 한 것은 곧 제 팔에 부동지중不動地中이니 칭자권稱字卷 67장 下에 있다.
689 원문에 선이성취先已成就라고 한 것은 전지前地에서 먼저 이미 성취하고 지금 제팔지第八地에서 또한 성취한다는 의미이다. 바로 앞에 순숙하다는 의미로 가히 알 수 있겠다.
690 공용이라고 한 것은 번뇌의 잘못이 아닌가 한다. 소문에 세 번째는 번뇌에 동요하지 않는 것이라 하였기에 그렇다.
691 아래 전륜왕이라 한 아래는 제칠지중第七地中이니 주자권珠字卷 89장과 칭자권稱字卷 31장을 참고할 것이다. 소문 주석에 이미 전륜성왕은 제칠지에 비유하고 범왕은 제팔지에 비유하였다.

공용에 동요하지 않는 것이기에 그런 까닭으로 다 합하면 오직 한 가지 뜻뿐이라고 한 것을 증거한 것이다.
혜원법사의 뜻에 말하기를 공용의 모습을 떠나기에 이름을 무상이라 하는 것이요
공과 유를 함께 나타내기에 그런 까닭으로 말하기를 간단이 없다 하는 것이니
곧 모습이 없고 간단이 없다고 한 것은 앞의 지위에 모습도 없고 간단도 없다고 한 것이 모두 아니다[693] 하였다.

疏

九는 得無礙力하야 說法하야 成就利他行일새 故名善慧地라하니라 得無礙慧라도 尙未稱善거니와 遍說遍益케할새 方名爲善이니라

아홉 번째는 걸림이 없는 힘을 얻어 법을 설하여 이타행을 성취하기에 그런 까닭으로 선혜지라 이름한다 하였다.
걸림이 없는 지혜를 얻을지라도 오히려 선혜라 이름하지 않거니와 두루 설하여 두루 이익케 하기에 바야흐로 이름을 선혜라 하는

---

692 범왕이란, 색계초선천왕이다.
693 원문에 구비俱非라고 한 것은 지금에 소가疏家는 앞에 삼의三義로 해석한 것은 차제팔지此第八地에 모습도 없고 간단도 없는 것이고, 뒤에 일의一義로 해석한 것(合唯一義)은 앞의 지위에 모습도 없고 간단도 없다는 것이다. 그러나 혜원慧遠스님은 앞의 지위에 모습도 없고 간단도 없다는 것이 모두 아니다 하였다.

것이다.

鈔

得無礙慧下는 疏釋이라 然其論文은 義通一地어니와 剋字取義인댄 卽說成就니라 於中有三하니 初에 得無礙力은 卽口業成就니 謂內具無礙之智하고 外以美妙言說이 名無礙力이라 二에 說法成就者는 卽智成就요 三에 利他行者는 卽法師自在成就니 故疏云호대 遍說遍益케할새 方名爲善이라하니라

걸림이 없는 지혜를 얻었다고 한 아래는 소가가 해석한 것이다.[694] 그러나 그『십지론』문은 뜻이 제구 한 지위에만 통하거니와 글자에 나아가 뜻을 취한다면 곧 설성취說成就[695]이다.
그 가운데 세 가지가 있나니
처음에 걸림이 없는 힘을 얻는다고 한 것은 곧 구업성취口業成就니 말하자면 안으로 걸림이 없는 지혜를 갖추고 밖으로 미묘한 말로써 말하는 것이 이름이 걸림이 없는 힘이다.

---

694 소가가 해석한 것이라고 한 것은 구체적으로 말하면 아홉 번째 걸림이 없는 힘을 얻었다고 한 아래는 먼저『십지론』문을 거론한 것이요 걸림이 없는 지혜를 얻었다고 한 아래는 소가가 해석한 것이니 따라서 鈔 자 아래 구득九得이라 한 九 자는 연자衍字이다.
695 설성취說成就라고 한 것은 네 가지 성취 가운데 제 네 번째 설성취 가운데 경문이니 설성취 가운데도 또한 구업성취, 지성취, 법사자재성취가 있는 까닭으로 여기에 분배하였다. 야자권夜字卷 7장 이하를 참고하여 볼 것이다.

두 번째 법을 설하여 성취한다고 한 것은 곧 지성취智成就요
세 번째 이타행이라고 한 것은 법사자재성취法師自在成就니
그런 까닭으로 소문에 말하기를 두루 설하여 두루 이익케 하기에
바야흐로 이름을 선혜라 한다 하였다.

疏

十은 得大法身하야 具足自在일새 故名法雲이라하니라 此有二義
하니 一에 得大法身은 語法雲體요 具足自在는 釋法雲義니 謂能
雲雨說法하는 自在用故니 此는 約能說爲名이라 二에 得大法身은
此明法義니 是大法器故요 具足自在는 此釋雲義니 能受如來의
雲雨說故니라 下釋名分에 自當廣釋하리라

열 번째는 큰 법신을 얻어 자재함을 구족하기에 그런 까닭으로
법운지[696]라 이름한다 하였다.
여기에 두 가지 뜻이 있나니
처음에 큰 법신을 얻는다고 한 것은 법운지의 자체를 말한 것이요
자재함을 구족한다고 한 것은 법운지의 뜻을 해석한 것이니
말하자면 능히 운우雲雨로 설법하는 자재한 작용인 까닭이니
이것은 능히 설법함을 잡아 이름한 것이다.
두 번째 큰 법신을 얻는다고 한 것은 이것은 법의 뜻을 밝힌 것이니,
이것은 큰 법기法器인 까닭이요

---

696 雲 자 아래 『십지론十地論』에는 地 자가 있다.

자재함을 구족한다고 한 것은 이것은 운의 뜻을 해석한 것이니, 능히 여래의 운우로 설법함을 받는 까닭이다.
아래 석명분[697]에 스스로 마땅히 폭넓게 해석하겠다.

鈔

十得大法下는 先擧論이요 後에 此有下는 疏釋이 有二하니 一은 以法身爲雲이니 此地에 菩薩法身이 普周一切法界일새 云大法身이요 二는 以佛說爲雲하고 能受爲法이니 卽法器故니라 論釋第十하야 卽云호대 得大法身하야 具足自在라하니 恐濫於佛일새 故寄對顯異니라 先은 對下歎勝이니 論云호대 如是受法王位는 猶如太子가 而得自在요 後는 對上彰劣이니 論云호대 是處에 有微細智障일새 故不自在러니 對治此障일새 故說佛地라하니라 釋曰謂金剛心後에 微細障盡하고 種智現前故니라 第三은 次下論云호대 總喩十地라하니 疏略不出거니와 今當具之리라 於中二喩니 一은 喩十地의 在障未出이요 二는 喩十名의 所顯之德이라 前中亦二니 先은 喩菩薩云호대 又如懷孕在藏하야 菩薩十地도 亦復如是하나니 以諸地有障故라하며 二는 喩如來니 於中又二니 先은 喩體圓이요 後는 喩用極이라 前中論云호대 如子出時하야 佛亦如是하나니 事究竟故라하며 二는 喩用極이니 論云호대 又如生時에 諸根覺了하야 佛亦如是하나니 於一切境界에 智明了故라하니 在文可知니라 但喩於障이 與前小異하니 前之十障은 在十地前이니 如第十地에 於諸法中에 不自在障이 在於九地하나니 若

---

697 아래 석명분釋名分이라고 한 것은 곧 제십지중第十地中이다.

斷此障하면 則得十地니라 今明十障은 障在當地하야 乃障於後하나
니 如十地有障하야 未得成佛故로 猶喩在胎하고 出胎生時에 方喩於
佛하나니 無有障故니라

열 번째는 큰 법신을 얻는다고 한 아래는 먼저『십지론』을 거론한
것이요
뒤에 여기에 두 가지 뜻이 있다고 한 아래는 소가가 해석한 것이
두 가지가 있나니
첫 번째는 법신으로써 구름(雲)을 삼는 것이니
이 십지에 보살의 법신이 널리 일체 법계에 두루하기에 큰 법신이라
말하는 것이요
두 번째는 부처님의 설법으로써 구름을 삼고 능히 받아가지는 것으
로 법을 삼는 것이니
곧 법기인 까닭이다.
『십지론』[698]에 제십지를 해석하여 곧 말하기를 큰 법신을 얻어 자재함
을 구족한다 하니 부처님과 혼돈할까 염려하기에 그런 까닭으로
상대를 의지하여 다름을 나타낸 것이다.
먼저는 아래 천자를 상대하여 수승함을 찬탄한 것이니
『십지론』[699]에 말하기를 이와 같이 법왕의 지위를 받는 것은 마치
태자가[700] 자재함을 얻는 것과 같다 한 것이요

---

698 원문에 論은 곧『십지론十地論』제일권第一卷이다.
699 원문에 論은『십지론十地論』제일권第一卷이다.
700 太子 아래에『십지론十地論』엔 於諸王子라는 네 글자(四字)가 더 있다.

뒤에는 위에 부처님을 상대하여 하열함을 밝힌 것이니

『십지론』[701]에 말하기를 이곳에 미세한 지혜의 장애가 있기에 그런 까닭으로 자재하지 못하더니 이 장애를 상대하여 다스리기에 그런 까닭으로 불지라 말한다 하였다.

해석하여 말하면 금강심 이후에 미세한 장애가 다하고 일체종지가 현전함을 말하는 까닭이다.

제 세 번째는 이 다음 아래 논문[702]에 말하기를 모두 십지에 비유한다 하였으니

소문에는 생략하고 설출하지 아니하였거니와 지금에 마땅히 갖추어 설출하겠다.

그 가운데 두 가지 비유가 있나니

첫 번째는 십지에 장애가 있어 아직 벗어나지 못함에 비유한 것이요 두 번째는 열 가지 이름에 현시한 바 공덕에 비유한 것이다.

앞의 비유 가운데 또한 두 가지가 있나니

먼저는 보살에 비유하여 말하기를 또 마치 아이를 품어 태장에 두는 것과 같아서 보살의 십지도 또한 다시 이와 같나니 모든 지위에 장애가 있는 까닭이다 하였으며

두 번째는 여래에 비유한 것이니

그 가운데 또 두 가지가 있나니

---

701 원문에 論은 역시 『십지론十地論』 제일권第一卷으로, 위에 說한 문장文章과 연결된 문장이다.

702 원문에 차하론次下論이란, 위에 설불지說佛地라고 말한 다음 논문論文이요, 논운총유십지論云總喩十地라고 한 것은 의인意引이다.

먼저는 자체가 원만함에 비유한 것이요
뒤에는 작용이 지극함에 비유한 것이다.
앞의 비유 가운데 논문에 말하기를 자식을 출생할 때와 같아서 부처님도 또한 이와 같나니 사실이 구경인 까닭이다 하였으며
두 번째는 작용이 자극함에 비유한 것이니
『십지론』문에 말하기를 또 태어날 때에 제근이 깨달아 아는 것과 같아서 부처님도 또한 이와 같나니 일체 경계에 지혜가 분명하게 아는 까닭이다 하였으니
논문에 있어 가히 알 수가 있을 것이다.
다만 저 장애에 비유한 것이 앞의 열 가지 장애로 더불어 조금 다르나니
앞의 열 가지 장애[703]는 십지 이전에 있나니 마치 제십지에 모든 법 가운데 자재하지 못한 장애가 구지에 있는 것과 같나니
만약 이 장애를 끊는다면 곧 십지를 얻는 것이다.
지금에 열 가지 장애를 밝힌 것은 장애가 당지當地에 있어서 이에 뒤의 성불을 장애하나니
마치 십지에 장애가 있어서 성불을 얻지 못한 까닭으로 오히려 태중에 있음에 비유하고 태중에서 나와 태어날 때에 바야흐로 부처님께 비유하는 것과 같나니

---

703 원문에 전지십장前之十障이라고 한 것은 영인본 화엄 9책, p.118, 4행(古本水字卷 57장, 4행)에 있다. 다만 앞에서는 초지장初地障이 저 삼현三賢에 있어 초지初地를 장애하는 등이고, 지금에는 초지장初地障이 저 초지初地에 있어 이지二地를 장애하는 것이니 조금 다르다 하겠다.

장애가 없는 까닭이다.

第二는 喩前十名之德이니 論但有喩하고 而無合法이라 而於胎中에 分爲十時하야 以喩十地하니라 論云호대 藏有十時하니 一은 陀羅婆身時라하니 遠公云호대 前三은 梵語니 難解라하고 彼疏엔 不釋하얏거니와 今以類取인댄 卽俱舍와 涅槃之梵語也라 陀羅婆者는 卽最初에 羯剌藍이니 涅槃云호대 歌羅邏라하니 則大同也니라 俱舍엔 譯爲凝滑이라하며 亦云和合이라하니라 順今論意니 卽喩初地에 如智契合하야 離於生澁하고 初託聖胎故니라 論云호대 二者는 得捭羅婆身時라하니 釋曰卽當俱舍에 次生頞部曇이니 此云胞也니라 喩如二地에 初成戒身之體니라 論云호대 三者는 尸羅陀身時라하니 卽俱舍에 閉尸니 此云軟肉이라 如第三地에 忍辱柔軟하며 亦禪定柔軟也니라 論云호대 四者는 堅身時라하니 下皆唐言이라 卽俱舍云호대 閉尸에서 生鍵南이라하니 鍵南은 此云堅也라 正與此同하나니 以四地에 出世法身이 堅固하며 又精進이 堅牢故니라 論云호대 五者는 形相似色身時라하니 卽俱舍에 次鉢羅奢佉라하니 此云支節이라 與形相似로 義同이니 謂五地에 涉俗하야 不住道行이 則於一身에 有支節分段也라 上之五位는 屬胎中名色支니라 其第五位는 兼六處支니 俱舍에 更有兩句云호대 後髮毛爪等과 及色根諸相이라하니라 論云호대 六者는 性相似身時라하니 卽猶屬上支節之位니라 已具六處가 如頭等六分하나니 六地中에 成智身性이니라 論云호대 七者는 業動身時라하니 於其胎中에 已能動轉이니 卽七地中에 得方便智하야 起殊勝行故니라 論云호대 八者는 滿足身時라하니 釋曰此下는 喩後三地에 行德滿足이라

論云호대 於中有三種하니 根滿足時와 男女相別滿足時와 廣長諸相滿足時라하니 釋曰根滿足者는 卽六根也라 卽俱舍云호대 及色根也라하니 如八地에 報行純熟이라 二에 男女相別滿足時는 卽俱舍云호대 諸相이라하니 謂九地에 分自利利他二行故니라 三에 廣長諸相滿足者는 亦俱舍諸相攝이니 謂第十地에 得大法身하야 充滿一切하며 一切功德이 皆已滿故니라 下論結云호대 如是十時가 諸地로 相似故라하니 釋曰上來論文에 總喩十地는 大旨易了일새 故疏不存이나 恐尋論者가 不能曉了하야 鈔具釋也니라

제 두 번째는 앞에 열 가지 이름의 공덕에 비유한 것이니
『십지론』에는 다만 비유만 있고 법합이 없다.
태장 가운데 나누어 십시十時로 하여 십지에 비유하였다.
『십지론』에 말하기를 태장에 십시가 있나니
첫 번째는 타라바의 몸인 때(陀羅婆身時)라 하니
혜원법사가 말하기를 앞에 세 글자는 범어이니 알기 어렵다 하고 저 소문에서는 해석하지 않았거니와 지금에 유사한 것으로써 취한다면 곧 『구사론』704과 『열반경』의 범어이다.
타라바라고 한 것은 곧 최초에 갈랄람獨刺藍705이니 『열반경』에 말하기를 가라라歌羅邏라 하였으니 곧 크게는 같다.
『구사론』에는 번역하여 응활凝滑이라 하였으며 또한 말하기를 화합

---

704 『구사론俱舍論』은 제칠권第七卷이다.
705 갈랄람은 태내오위胎內五位의 하나이니 태중胎中에서 생긴 지 7일 상태. 미음의 꺼풀처럼 끈끈하고 조금 응고된 것과 같은 것이다.

이라 하였다.
지금에는 『구사론』의 뜻을 따르나니
곧 초지에 진여와 지혜가 계합하여 생삽生澁을 여의고 처음 성태聖胎에 의탁함을 비유한 까닭이다.
『십지론』[706]에 말하기를 두 번째는[707] 패라바의 몸인 때(捭羅婆身時)라 하니
해석하여 말하면 곧 『구사론』에 이 다음에 알부담頞部曇이 생긴다고[708] 함에 해당하는 것이니
여기에서 말하면 태보(胞胎)이다.
비유하자면 제이지에 처음 계신戒身의 자체를 이루는 것과 같다.
『십지론』에 말하기를 세 번째는 시라타의 몸인 때(尸羅陀身時)라 하니
곧 『구사론』에 폐시閉尸[709]이니 여기에서 말하면 부드러운 살이다.
제삼지에 인욕이 부드러우며 또한 선정이 부드러운 것과 같다.
『십지론』에 말하기를 네 번째는 견고한 몸인 때(堅身時)라 하니
이 아래는 다 당나라 말[710]이다.

---

706 원문에 論은 역시 『십지론十地論』 제일권第一卷이다.
707 者 자 아래 得 자는 『십지론』에는 없어 지웠다.
708 이 다음에 알부담頞部曇이 생긴다고 한 것은 첫 번째 타라바의 몸이 생긴 다음에 알부담의 몸이 생긴다는 것이니 탁태 이후 8일에서 14일의 태아이다. 『불교사전』에는 수포水泡라고 번역하였다.
709 폐시閉尸는 혈육血肉, 육단肉團이라 번역한다. 탁태托胎 후 三七日이니, 이때 피와 살이 엉겨 굳어지지 않는 상태이다.
710 원문에 하개당언下皆唐言이라고 한 것은 此上에는 다 범어梵語로 말하였기에

곧 『구사론』에 말하기를 폐시閉尸에서 건남鍵男[711]이 생긴다 하니 건남은 여기에서 말하면 굳은 살이다.
바로 이 『십지론』으로 더불어 같나니 제사지에 출세간의 법신이 견고하며 또 정진이 견고한 까닭이다.
『십지론』에 말하기를 다섯 번째는 형상이 흡사한 색신[712]인 때라 하니
곧 『구사론』에 이 다음[713]에 발라사거鉢羅奢佉[714]라 한 것이니 여기에서 말하면 팔다리의 마디(肢節)이다.
『십지론』에 형상이 흡사하다고 한 것으로 더불어 뜻이 같나니 말하자면 제오지에 세속을 간섭하여 머물지 않는 도행道行이 곧 한 몸에 팔다리 마디의 분단이 있는 것이다.
이상에 오위五位는 태중의 명색지(支)에 속하는 것이다.
그 제오위는 육처지六處[715]支를 겸하고 있나니
『구사론』에 다시 두 구절이 있어[716] 말하기를 뒤에 머리카락과 털과

하는 말이다.
711 건남鍵男은 견육堅肉, 견후堅厚라 번역한다. 탁태托胎 후 四七日이니, 이때에 살이 엉기어 굳어진다.
712 원문에 五者는 형상사색신形相似色身이라고 한 것은 태중胎中에 신체身體의 지절肢節이 완연히 사람의 형상形像과 같나니, 이것은 사람의 외형外形을 잡아 말한 것이다.
713 다음이란, 第四에 견신시堅身時 다음이란 말이다.
714 발라사거鉢羅奢佉는 지절肢節이라 번역한다. 탁태托胎 후 五七日부터 태어날 때까지이다. 이상은 『구사론俱舍論』에서 본 태내오위胎內五位이다.
715 육처六處는 곧 육입六入이다.

손톱 등과 그리고 색근色根과 제상諸相이다 하였다.
『십지론』에 말하기를 여섯 번째는 성상性相이 흡사한 몸[717]인 때라 하니
곧 오히려 위에 제 다섯 번째 지절의 지위에 속하는 것이다.
이미 육처를 구족한 것이 머리 등 육분六分[718]과 같나니 육지 가운데 지신智身[719]의 자성을 이루는 것이다.
『십지론』에 말하기를 일곱 번째는 업이 동전한 몸인 때라 하니 그 태중에 이미 능히 동전하는 것이니 곧 제칠지 가운데 방편지를 얻어 수승한 행을 일으키는 까닭이다.
『십지론』에 말하기를 여덟 번째는 만족한 몸인 때라 하니
해석하여 말하면 이 아래는 뒤의 삼지에 행덕이 만족함에 비유한 것이다.
『십지론』에 말하기를 그 가운데 세 가지가 있나니

---

716 원문에 갱유이구更有二句란, 제오위第五位에 다시 두 구절이 있다는 것이다.
717 원문에 六者는 성상사신性相似身이라고 한 것은 태중胎中에서 신체身體의 지절肢節이 이루어지면 곧 유식唯識의 자성(知覺之性)이 따라 생기나니, 성상性相이 서로 흡사한 것이니 내생內生을 잡아 말한 것이다. 곧 이미 외형外形이 있는 까닭으로 내성內性이 생기함을 얻은즉 이는 외형外形이 내성內性을 이룸이 되는 것이다.
718 육분六分 아래에 六地中이라는 세 글자가 빠졌기에 보증하였다. 육분六分은 두頭와 사지四支와 원체元體이다. 즉 육근이 의지하는 바이다.
719 지신智身이란, 비유로는 지각知覺이고, 법法으로는 반야般若이니 智身 두 글자(二字)가 이미 법法과 비유를 합합한 까닭으로 此中에는 유독 그 법합法合이 없는 것이다.

육근이 만족[720]한 때와 남녀男女의 모습이 다름을 만족[721]한 때와 모든 모습을 널리 장양하여 만족[722]한 때라 하니
해석하여 말하면 육근이 만족한 때라고 한 것은 곧 육근만족이다. 곧 『구사론』에 말하기를 그리고 색근이다 하였으니
제팔지에 과보행이 순숙한 것과 같다.
두 번째 남녀의 모습이 다름을 만족한 때라고 한 것은 곧 『구사론』에 말하기를 모든 모습이다 하였으니
말하자면 제구지에 자리와 이타의 두 가지 행을 나누는 까닭이다.
세 번째 모든 모습을 널리 장양하여 만족한 때라고 한 것은 또한 『구사론』의 모든 모습[723]이라고 한 것에 섭속하는 것이니
말하자면 제십지에 큰 법신을 얻어 일체에 충만하며 일체공덕이 이미 충만한 까닭이다.
이 아래 『십지론』[724]에 맺어 말하기를 이와 같은 십시十時가 모든 지위로 상사한 까닭이다 하니
해석하여 말하면 상래의 『십지론』문에 모두 십지에 비유한 것은 대의를 쉽게 알 수 있기에 그런 까닭으로 소문에는 두지 않았지만 논문을 찾는 사람이 능히 알지 못할까 염려하여 초문에 갖추어 해석하였다.

---

720 원문에 육근만족六根滿足은 제팔지第八地이다.
721 원문에 남녀만족男女滿足은 제구지第九地이다.
722 원문에 제상만족諸相滿足은 제십지第十地이다.
723 원문에 제자諸字라 한 字는 相 자의 잘못이다.
724 원문에 하론下論이란, 광장제상만족시廣長諸相滿足時라고 한 아래 논문이다.

疏

此十得名이 略有四對하니 一은 約法喩니 焰慧法雲은 法喩合目이
요 餘皆就法이라 二는 約體用이니 歡喜善慧는 約體爲名이요 餘皆
就用이라 三은 約自他니 離垢不動은 就他受稱이요 餘는 皆自義立
名이라 四는 約當位相形이니 難勝遠行은 形他受稱이요 餘는 皆當
位受名이라 此十이 圓融인댄 地地皆具요 若約行布인댄 則前前之
名은 應該後後나 後後之稱은 不該前前이니 如歡喜之名은 義該
十地나 法雲之稱은 不預前九하니라 今엔 爲顯別相하야 各從初得
으로 受名이니 下文重顯하리라

이 십지가 이름을 얻는 것이[725] 간략하게 사대四對가 있나니
첫 번째는 법과 비유를 잡은 것이니
염혜지와 법운지는 법과 비유를 합하여 이름한 것이요
나머지는 다 법에 나아가 이름한 것이다.
두 번째는 자체와 작용을 잡은 것이니
환희지와 선혜지는 자체를 잡아 이름한 것이요
나머지는 다 작용에 나아가 이름한 것이다.
세 번째는 자의와 타의를 잡은 것이니
이구지와 부동지는 타의에 나아가 이름을 받은 것이요

---

[725] 원문에 차십득명此十得名下는 第三에 요간득명料揀得名이니, 初는 상대변相對
辨이요, 二에 차십원융此十圓融下는 약원융행포변約圓融行布辨이다. 초사대
변初四對辨에 약유사대略有四對 운운이다.

나머지는 다 자의에 나아가 이름을 세운 것이다.
네 번째는 당위當位의 모습을 잡은 것이니
난승지와 원행지는 형상이 다름에 나아가 이름을 받은 것이요
나머지는 다 당위에 나아가 이름을 받은 것이다.
이 열 가지가 원융을 잡는다면 지위 지위마다 다 구족할 것이요,
만약 행포行布를 잡는다면 곧 앞에 앞에 이름은 응당 뒤에 뒤에
이름을 갖추지만 뒤에 뒤에 이름은 앞에 앞에 이름을 갖추지 못할
것이니
마치 환희지의 이름은 그 뜻이 십지를 갖추지만 법운지의 이름은
앞의 구지에 나아가지 못하는 것과 같다.
지금에는 별상을 나타내기 위하여 각각 처음 얻은 것으로 좇아
이름을 받은[726] 것이니
아래 문장에서 거듭 나타내겠다.

---

[726] 원문에 초득수명初得受名이라고 한 것은 곧 위에 행포行布의 뜻이다.

經

佛子야 此菩薩十地는 三世諸佛이 已說當說今說하시니라

불자여, 이 보살의 십지는 삼세에 모든 부처님이 이미 설하셨고 당래에 설하실 것이고 지금에 설하십니다.

疏

四는 結名顯勝이니 可知니라

네 번째는 이름을 맺어 수승함을 나타낸 것이니 가히 알 수가 있을 것이다.

經

佛子야 我不見有諸佛國土에 其中如來가 不說此十地者니

불자여, 나는 모든 부처님의 국토에 그 가운데 여래가 이 십지를 설하시지 않는 분을 보지 못하였나니

疏

第三에 彰地要勝者는 爲欲令物로 生渴仰故니라 文中二니 初는 明不見不說이니 反顯十方報化皆說이라

제 세 번째 십지의 중요하고 수승함을 밝히는 것은 중생으로 하여금[727] 갈앙하는 마음을 내게 하고자 하는 까닭이다.
경문 가운데 두 가지가 있나니
처음에는 설하시지 아니함을 보지 못한 것을 밝힌 것이니
반대로 시방에 보신과 화신이 다 설하심을 나타낸 것이다.

---

727 원문에 위욕령물爲欲令物 운운은 十地論 第一卷에 顯此勝法은 爲令時衆으로 增渴仰故라하니라. 즉 『십지론』 제일권에 이 수승한 법을 나타내는 것은 그때 대중으로 하여금 더욱 갈앙하는 마음을 내게 하려는 까닭이다 하였다.

經

何以故요 此是菩薩摩訶薩이 向菩提最上道며 亦是淸淨法光明門이니 所謂分別演說菩薩諸地니라 佛子야 此處는 不可思議니 所謂諸菩薩의 隨證智니라

무슨 까닭인가.
이것은 보살마하살이 보리를 향하는 최상의 길이며
또한 이것은 청정한 법의 광명의 문이니
말하자면 보살의 모든 지위를 분별하여 연설하는 것입니다.
불자여, 이곳은 가히 사의할 수 없나니
말하자면 모든 보살의 증득한 지혜를 따르는 것입니다.

疏

二는 徵釋所由라 徵云호대 佛國不同하고 化儀亦異어니 如何十地를 要皆說耶아 釋意云호대 此最勝故라하니 謂萬法皆如라 體如成聖이니 離斯證智하면 皆是隨宜일새 故爲要勝이라 文有四句하니 初二句는 總標顯勝이니 初句證行이니 謂諸佛이 證此爲因하야 成菩提故며 餘皆助道故니 此最上最勝이라

두 번째는 그 이유를 묻고 해석한 것이다.
묻는 뜻에 말하기를 부처님의 국토가 같지 않고 교화하는 의식도 또한 다르거니 어떻게 십지를 다 설하기를 요망하는가.

해석한 뜻에 말하기를 이 십지는 가장 수승한 까닭이다 하였으니
말하자면 만법萬法이 다 진여라, 진여를 체달하여 성인을 이루는[728] 것이니
이 증득한 지혜를 떠난다면 다 이것은 마땅함을 따르는[729] 것이기에 그런 까닭으로 중요하고 수승하다 한 것이다.
경문에 네 구절이 있나니
처음에 두 구절은 수승함을 나타내는 것을 한꺼번에 표한 것이니
처음 구절은 증행證行이니
말하자면 모든 부처님이 이것[730]을 증득함으로 원인을 삼아 보리를 이루는 까닭이며
나머지는 다 조도助道인 까닭이니
이것이 가장 높고 가장 수승한 것이다.

謂諸佛證此者는 釋經道字니 十地證智로 爲佛因故니라 今經엔 但云最上이라하고 論經엔 則云增上勝妙法故라할새 疏云最上最勝이라하니라

---

[728] 원문에 성성成聖은 증행證行이고, 이사리斯 운운은 명교明教이다. 혹은 이사離斯 운운은 질문한 사람에게 답하는 뜻을 맺는 것이다.

[729] 원문에 수의隨宜란, 곧 삼승권교三乘權教의 증지중證智中에 뜻이니 곧 청정광명淸淨光明을 포함하고 있다 하겠다.

[730] 원문에 此란, 도道를 말한다.

말하자면 모든 부처님이 이것을 증득하였다고 한 것은 경에 도라는 글자를 해석한 것이니
십지에 증득한 지혜로 부처님의 원인을 삼는 까닭이다.
지금 경에는 다만 최상이라고만 말하고 『십지론경』[731]에는 곧 더욱 높고 수승하고 묘한 법인 까닭이라 말하였기에 소문에 가장 높고 가장 수승하다 말한 것이다.

疏

次句에 阿舍法門者는 名爲法體요 光明者는 顯照一切餘法門故니라

다음 구절에 아함법문이라고 한 것은 이름이 법의 자체가 되는 것이요
광명이라고 한 것은 일체 나머지 법문을 밝게 비추는 까닭이다.

鈔

言次句阿舍法門은 名爲法體者는 則顯光明是用이라 體有二義하니 一은 卽上地法이 由此證眞일새 故能了俗이 名爲光明이요 二는 卽後得智爲體하야 能了一切餘法이니 餘法門者는 差別法也니라

---

731 원문에 논경論經이란 즉『십지경』이니,『십지경』에는 이것이 이 보살마하살의 더욱 높고 수승하고 묘한 법인 까닭이다 하였다.

다음 구절에 아함[732]법문이라고 한 것은 이름이 법의 자체가 된다고 말한 것은 곧 광명은 작용이 됨을 나타낸 것이다.
자체에 두 가지 뜻이 있나니
첫 번째는 곧 위에 십지법이 이 진제를 증득함을 인유하기에 그런 까닭으로 능히 속제를 아는 것이 이름이 광명이 되는 것이요
두 번째는 곧 후득지가 자체가 되어 능히 일체 나머지 법문을 아는 것이니
나머지 법문이라고 한 것은 차별한 법문이다.

疏

後二句는 別顯其相이니 初句는 釋前阿含이니 云分別說은 卽明前法光明은 是敎體用이요 此句는 是敎所照法門이니 故論云호대 分別十地事者는 顯示世間智로 所知法故라하니라

뒤에 두 구절은 따로 그 모습을 나타낸 것이니
처음 구절은 앞의 아함을 해석한 것이니
분별하여 연설한다고 말한 것은 곧 앞에 법의 광명을 밝힌 것은 이것은 교의 자체와 작용이요
이 구절은 이 교의 비출 바 법문이니
그런 까닭으로 『십지론』에[733] 말하기를 십지를 분별하는 일은 세간의

---

732 원문 아함阿含이라고 한 아래에 言 자는 연자衍字로 보거나 아니면 차라리 次 자 위에 있어야 옳다. 나는 次 자 위에 두고 번역하였다.

지혜로 알 바 법문을 현시한 까닭이다 하였다.

鈔

後二句者는 初句는 卽經에 所謂分別演說菩薩諸地라하니라

뒤에 두 구절이라고 한 것은 처음 구절은 곧 이 경에 말하자면 보살의 모든 지위를 분별하여 연설하는 것이다 한 것이다.

疏

後句는 顯上證道니 非地前世智所知일새 名不可思議니 故論云호대 顯示出世間智故라하니라 說證將默일새 故呼佛子야하니라 已說本分이라

뒤에 구절은 위에 증도證道를 나타낸 것이니
십지 이전에 세간의 지혜로 알 바가 아니기에 가히 사의할 수 없다 이름하는 것이니
그런 까닭으로 『십지론』에 말하기를 출세간의 지혜로 현시하는 까닭이다 하였다.

---

733 『십지론』 운운은 『십지론』 제일권에 여기 인용한 소지법고所知法故 아래에 이 일은 가히 사의할 수 없나니 말하자면 보살마하살의 모든 지위에 지혜는 출세간의 지혜로 현시하는 것이요 이것은 세간의 분별지위에 지혜로 능히 보살의 청정한 도를 이룰 수 없는 까닭이다 하였다.

증도를 설함에 장차 침묵하기에 그런 까닭으로 불자여, 하고 부른 것이다.
이미 본분은 설하였다.

鈔

後句는 顯上證道者는 卽經에 佛子야 此處는 不可思議니 所謂菩薩의 隨證智라하니라 此有二句어늘 疏云一者는 是義句故니라 若分二者 인댄 上句는 歎勝超劣이요 下句는 示其體相이라

뒤에 구절은 위에 증도를 나타낸 것이라고 한 것은 곧 이 경에 불자여, 이곳은 가히 사의할 수 없나니 말하자면 모든 보살의 증득한 지혜를 따르는 것이다 한 것이다.
여기에 두 구절이 있거늘 소문에 하나로 말한 것은 이것은 의구義句[734]인 까닭이다.
만약 두 가지로 나눈다면 위에 구절은 수승함을 찬탄하여 하열함을 초월하게 하는 것이요
아래 구절은 그 자체의 모습을 현시한 것이다.[735]

---

734 의구義句란, 뜻으로 한 구절로 본다는 것이다.
735 그 자체의 모습을 현시한 것이라고 한 아래에 다른 본에는 본분은 마친다(本分 竟)는 말이 있기도 하다.

청량 징관(清涼 澄觀, 738~839)

중국 화엄종의 제4조.
절강성浙江省 월주越州 산음山陰 사람으로, 속성은 하후夏侯, 자는 대휴大休, 탑호는 묘각妙覺이다.
11세에 출가하여 계율, 삼론, 화엄, 천태, 선 등을 비롯, 내외전을 두루 수학하였다. 40세(777년) 이후 오대산 대화엄사에 머물면서『화엄경』을 여러 차례 강설하였으며, 이를 토대로『대방광불화엄경소』60권,『대방광불화엄경수소연의초』90권을 저술하고 강의하였다. 796년에는 반야삼장의『40권 화엄경』번역에 참여하였고, 덕종에게 내전에서 화엄의 종지를 펼쳤다. 덕종에게 청량국사清涼國師, 헌종에게 승통청량국사僧統清涼國師라는 호를 받는 등 일곱 황제의 국사를 지냈다.
저서로『화엄경주소華嚴經註疏』,『화엄경수소연의초華嚴經隨疏演義鈔』,『화엄경강요華嚴經綱要』,『화엄경략의華嚴經略義』,『법계현경法界玄鏡』,『삼성원융관문三聖圓融觀門』등 400여 권이 있다.

관허 수진貫虛 守眞

1971년 문성 스님을 은사로 출가, 1974년 수계, 해인사 강원과 금산사 화엄학림을 졸업하고, 운성, 운기 등 당대 강백 열 분에게 10년간 참문수학하였다.
1984년부터 수선안거 10년을 성만하고, 1993년부터 7년간 해인사 강원 강주로 학인들을 지도하였다.
대한불교조계종 교육위원, 역경위원, 교재편찬위원, 중앙종회의원, 범어사 율학승가대학원장 및 율주를 역임하였다.
현재 부산 승학산 해인정사에 주석하면서, 대한불교조계종 고시위원장, 단일계단 계단위원·교수아사리·갈마아사리, 동명대학교 석좌교수, 동명대학교 세계선센터 선원장, 국민권익위원회 자문위원 등의 소임을 맡고 있다.

청량국사화엄경소초 55 - 십지품 ②

초판 1쇄 인쇄 2025년 7월 10일 | 초판 1쇄 발행 2025년 7월 25일
청량 징관 찬술 | 관허 수진 현토역주 | 펴낸이 김시열
펴낸곳 도서출판 운주사

(02832) 서울시 성북구 동소문로 67-1 성심빌딩 3층
전화 (02) 926-8361 | 팩스 0505-115-8361

ISBN 978-89-5746-879-1 94220
ISBN 978-89-5746-592-9 (총서)   값 27,000원
http://cafe.daum.net/unjubooks 〈다음카페: 도서출판 운주사〉